KB010008

초암다실의 미학

−차와 선의 만남−

후루타 쇼킨(古田紹欽) 지음
이현옥 옮김

민족사

2023

이 책은 후루타 쇼킨(古田紹欽) 저(著)

『草庵茶室の美学』(淡交社, 1990)의 완역서(完譯書)임

금지원(金地院, 곤치인)의 팔창석(八窓席)

금지원(金地院, 곤치인)은 교토(京都) 오산(五山)의 수사(首寺)인 임제종 대본산인 남선사(南禅寺, 난젠지)의 부속 절로 교토에 위치한다. 부속 절이라고는 하나 단독 대사원과 같은 규모에 막강한 부와 권력을 지니고 있다. 고보리 엔슈(小堀遠州, 1579~1647)가 금지원에 만든 정원은 일본의 특별명승지로 지정되어 있다.

금지원의 팔창석은 교토의 세 손가락 안에 드는 대표적인 다실 중 하나인데(나머지 두 곳은 대덕사의 부속 절인 고봉암의 망전석과 만주원의 팔창헌), 이 역시 고보리 엔슈 작품이다. 창이 8개 있어서 팔창석이라고 불렀지만, 메이지 시대 때 수리하다가 창 2개를 제거해서 지금은 6개밖에 없다. 초암다실의 육창은 불교의 육근설(눈·귀·코·혀·몸·뜻)의 여섯 감각 기관을 의미하며, 팔창은 눈이 둘, 귀가 둘이라서 여덟 기관으로 간주한 것이다. 맑은 날 오전에 팔창석의 장지에 비치는 햇살은 무지개 색을 띠어 말로 형용할 수 없을 만큼 아름답다고 한다.

묘희암(妙喜庵, 묘키안) 대암(待庵, 다이안)의 도코노마(床の間)

묘희암(妙喜庵, 묘키안)은 교토에 있는 불교 사원으로, 그 명칭은 송(宋)의 대혜종고의 호(号)
에서 유래되었다. 일본 국보 다실 세 곳 중 하나인 대암(待庵, 다이안)이 있는 것으로 유명
하다. 대암(待庵)은 일본의 다성(茶聖)인 센노리큐가 직접 만들어 현존하는 리큐의 유일한

초암다실이다. 1582년 야마자키 전란(山崎の戰) 때, 도요토미 히데요시(豊臣秀吉)는 리큐를 진중(陣中)으로 불러 이 다실을 짓게 해서 차(茶)로 전쟁의 위로를 받았다. 다실은 전란 후 해체되었다가, 1596~1615년에 이곳 묘희암으로 이전되었다.

대암의 다실 지붕은 맞배지붕에 얇은 널빤지로 덮여 있으며, 실내 크기는 겨우 다다미 2장 넓이인데, 일본 다다미방의 정면에 바닥을 한 층 높여 만들어 족자나 명품 다기로 장식하는 공간으로 사용되는 도코노마가 리큐의 취향을 잘 드러내고 있다.

대암의 도코노마는 천장과 좁은 벽의 모든 모서리 안쪽을 둥글게 만들고 온통 벽토(壁土)로 칠해 둘러친 무로도코(室床) 형식으로, 측면과 뒷면의 경계를 알 수 없어 어두우면서도 안쪽 길이가 길어 결과적으로 도코노마의 공간을 넓게 보이게 한다. 벽은 볏짚 부스러기를 표면에 노출시켜 자연 그대로의 소박한 정취를 느낄 수 있게 마무리가 되어 있으며, 천장은 한쪽 면은 낮고 평평하게, 다른 면은 비스듬히 길게 뻗어 있어 연출 효과를 높이고 있다. 창은 세 군데 나 있는데, 리큐가 초암다실의 낮은 출입구인 니지리구치를 처음 만든 곳이 바로 이 대암이라고 한다. 대암은 일본 다실 건축의 원형으로 불린다.

초암다실의 니지리구치(좌측 위)와
로지(露地, 우측 아래)

　　무(無)의 관문을 상징하여 몸을 낮추고 구부려서 출입해야 하는 초암다실의 낮은 출입
구인 니지리구치와 신중한 마음가짐과 평범한 일상 속에 진리가 있음을 상징하는 로지(露
地). 다실 정원인 로지(露地)는 내로지(內露地)와 외로지(外露地)의 이중구조로 되어 있다.
고요한 깨달음의 세계를 상징하는 로지는 속세를 벗어난 맑고 깨끗한 마음으로 다회(茶會)
에 임하도록 한다.

대덕사 고봉암 망전다실(大德寺 孤篷庵 忘筌茶室)

대덕사의 부속 절인 고봉암(孤篷庵)에 있는 망전(忘筌)다실은 다이묘 차인(大名茶人)이자
건축가이며 조원가(造園家)이기도 한 고보리 엔슈(小堀遠州, 1579~1647)가 직접 설계한 서
원다실(書院茶室)이다. 망전(忘筌)이라는 말은 장자의 '득어망전(得魚忘筌-고기를 잡았으면
통발은 잊으라)'에서 따온 것인데, 목적을 달성했으면 도구는 필요 없다는 뜻으로 만년의 고
보리 엔슈의 심경을 나타내고 있다.

　망전다실은 다다미 12장이 전면적으로 빈틈없이 깔린 다실로, 모난 곳을 깎은 네모난
기둥을 사용하고, 수평으로 대는 나무인 나게시(長押)와 벽지를 바른 벽, 그리고 맹장지
등의 칸막이가 있는 전형적인 서원 다실의 양식을 하고 있다. 창의 모양은 주로 사각형이
거나 둥글지만, 사진에 보이는 망전다실의 창은 화두형(花頭形)으로 연꽃잎의 형태를 취
하고 있다. 1793년 화재로 전소(全燒)되었는데, 엔슈를 숭배하던 마츠에(松江) 영주인 마츠
타이라 후마이(松平不昧) 등이 재건했다.

대덕사 고봉암 망전다실의 창문(大德寺 孤篷庵 忘筌茶席 窓門)

고봉암 망전다실은 완전한 서원 다실(書院茶室)이지만, 마루 끝에 교묘하게 초암다실 정원인 로지의 장치가 들어가 있다. 마루 끝에 있는 중간 미닫이틀 아랫부분이 훤히 뚫려 있어 몸을 구부리고 들어가는 초암다실의 낮은 출입구인 니지리구치의 역할을 하며, 윗부분에만 석양의 강한 빛을 차단하기 위해 흰 종이를 바른 보통의 장지를 끼우고 있다.

　이런 형식의 창(舟入の窓)을 통해 밖의 경치를 잘라내어 로지의 수수발(手水鉢)이나 석등을 실내와 하나로 이어지게 만들고 있다. 또 이 창을 통해 안쪽 다실정원인 로지의 경관이 보인다. 소위 '팔경(八景)의 정원'인데, 고보리 엔슈의 고향인 비파호(琵琶湖)를 모방한 팔경(오우미 팔경, 近江八景)의 풍경이 펼쳐진다. 이 '팔경(八景)의 정원'이라는 서쪽 정원에 면한 넓은 툇마루가 일품이다.

초암다실의 내부

사진은 데마에자(点前座)를 중심으로 초암다실의 내부를 찍은 모습인데, 데마에자는 다실에서 손님을 초대한 주인이 손님에게 차를 우려서 내어놓는 장소이다. 이 데마에자와 손님이 앉는 장소의 경계는 보통 중간 기둥[中柱]이 그 역할을 한다. 중간 기둥은 굴곡(屈曲)된 목재를 사용하여 다실 안에서 튀어나오게 세우는데, 그 위치는 로(炉) 끝에 둔다. 로(炉)는 다실에서 물을 끓이기 위해 불을 지펴 가마를 거는 곳으로, 다다미 일부를 네모나게 잘라 다다미 아래에 설치하며 '이로리'라고도 한다.

초암다실의 천장은 높이가 꽤 낮은데, 흔히 천장의 모양에 변화를 주어 낮고 좁은 공간을 넓게 보이고자 하는 시도를 많이 한다. 사진 속의 천장은 천장의 면이 수평으로 되어 있는 평평한 형태의 천장[平天井]이다. 다실 창은 채광과 환기뿐 아니라 여러 가지 특수 기능을 가진다. 창의 명칭도 창의 구조나 형태, 개폐(開閉) 방식에 따라 여러 명칭이 있는데, 다실의 창은 다실 크기에 비해 수가 많으면서도 결코 방 안이 밝지는 않아 다도삼매의 경지에 들기에 적당하다.

여암(如庵, 조안)

일본의 3대 국보 다실은 교토 묘희암 내에 있는 대암(待庵), 교토 대덕사 용광원 내에 있는 밀암(密庵), 그리고 사진 속의 아이치켄 이누야마시(愛知県 犬山市)의 우라쿠엔(有楽苑)에 있는 여암(如庵, 조안), 이렇게 세 곳이다. 이 중 항상 견학할 수 있는 곳은 여암뿐이다.

우라쿠엔(有楽苑)은 일본 정원으로 유명한 곳인데, 이곳에 있는 여암은 오다 노부나가의 동생이며 다도 명인인 오다 우라쿠사이(織田有楽斎)가 교토 건인사(建仁寺, 겐닌지)에 세운 것을 이곳으로 이전한 것이다. 우라쿠엔에 들어서면 여암과 옆의 건물을 둘러싸고 일본식 정원이 조성되어 있으며, 사진처럼 나무들이 늘어서 있는 모습을 볼 수 있는데, 정적에 둘러싸인 초암다실의 분위기를 잘 즐길 수 있다.

차례

초암다실의 미학

저자 서문

본서의 초판은 1967년 2월 설화사(雪華社)에서 간행되었으며, 그 뒤 재판되었다. 이 책이 처음 간행된 당시를 돌아보면 어떤 계기에서였는지 잘 기억나지 않으나, 육우(陸羽)[1]나 채양(蔡襄)[2] 등의 중국 고전부터 일본의 다도사(茶道史)에 알려져 있는 많은 서적을 탐독했던 기억이 난다.

차와 선(禪)의 결합은 역사적으로 오래되어 중국 선종(禪宗)의 전개시대로까지 더듬어 올라갈 수 있는데, 그 선종사를 문화사와의 연관선상에서 파악해 갈 때, 자연히 차를 마시는 사실과 현상에 깊은 관심을 가지게 되었다. 나름 그런 흥미는 일본의 다도로 향하게 되었고, 그 다도가 일본의 사상과 문화에 어떤 영향을 미쳤는지 알아보고 싶었다. 이 책은 그런 의도의 소산이다. 이번에 개정판이 간행되어 이 책을 다시 새로이 세상에 내놓게 된 것이 본인으로서는 빚진 것을 갚는 것처럼 기쁘다.

구판의 후기에 다음과 같은 내용을 적어 놓았다.

---

1 陸羽(733~804) : 중국 당나라의 문인. 차를 만들고 마시는 것에 관한 지식을 정리한 『다경(茶經)』 3권 등을 저술하였으며, 중국의 차 문화에 크게 기여하였다.
2 蔡襄(1012~1067) : 중국 북송의 문인, 서예가, 정치가. 용단차(龍團茶)를 만들어 인종에게 바쳐, 채양의 차를 받은 인종에게 군모(君謨)라는 자(字)를 하사받음.

본 책의 내용은 3부로 구성되어 있다. 즉 1에서 10장까지와 11장 및 12장이다. 1에서 10장까지는 1964년 1월부터 10월까지, The Japan Architect(일본 건축)에 연재한 영문 원고를 토대로 다시 쓴 일본어 글이다. 영문에서는 The Philosophy of Chashitsu(다실의 철학)으로 되어 있다. 11장과 12장은 『도설다도대계(圖說茶道大系)』 속에 쓰여 있던 것이다. 전자는 신건축사(新建築社), 후자는 카도가 와 서점(角川書店)에 의해 발행되었다.

본서는 위에서 보는 것처럼 영문으로도 나와 있는데, 책 제목을 「The Philosophy of Chashitsu(다실의 철학)」이라고 한 것은 정확하 게 본서에서 전달하고자 하는 뜻을 그대로 나타낸 것이다. 다시 한 번 이런 글을 써달라는 요청이 들어와도 이제 나로서는 도저히 불 가능할 것이다.

이 책을 간행할 당시의 기백은 상기하는 것만으로도 한없이 그 리워진다. 이 개정판의 간행에 즈음해서 설화사(雪華社)가 보내주 신 호의와 담교사(淡交社)의 우스이 시로(臼井史朗)씨와 실무를 담 당하신 편집부의 이와노 요이치(岩野陽一)씨가 해 주신 노력에 대 해서 깊은 감사를 보낸다.

1990년 음력 7월

가마쿠라(鎌倉) 마쯔가오카 문고(松ヶ岡文庫)에서 쓰다

초암차(草庵茶)의 물음

　우리말 표현 중에 '의지의 한국인'이라는 말이 있습니다만, 저는 『초암다실의 미학』의 역자 이현옥 선생님 역시 그러한 분으로 생각하고 있습니다. 그 증거가 바로 이 책의 번역 출판을 '마침내' 이루어내고 말았다는 점에 있습니다.

　정확히 몇 년 전인지는 기억에 없습니다만, 저희 학교 법당(정각원)의 스님께서 이현옥 선생님을 소개해 주셨습니다. 그때 선생님은 이미 『초암다실의 미학』의 초벌 번역을 마치시고, 출판을 모색하던 단계였습니다. 아마도 이 책이 '일본의 다도'에 관한 책이고, 저 역시 일본의 불교에 대해서 관심을 갖고 공부하던 중이었기에 인연이 되었던 것입니다. 그러나 우리나라 독서계의 형편이 지금이나 그때나 '일본에 관한' 책은 여전히 출판사의 투자를 이끌어 내기 어렵습니다.

　어차피 시절인연이 와야 할 일이니, 우선 "『초암다실의 미학』을 『일본불교사공부방』에라도 조금씩 연재를 하는 것이 좋겠다."는 제안을 선생님께 드렸습니다. 『일본불교사공부방』은 제가 편집, 발행하는 잡지입니다. 그리하여 2015년 8월에 나온 제14호부터 2022년 11월에 나온 제23호까지 모두 10회에 걸쳐서 연재하게 되었습니다. 원서를 기준으로 하면, 마지막의 「후기」를 제외하고 전체 12장의 내용 전부 다 『일본불교사공부방』을 통해 발표되었던 것입니다.

이러한 과정에서 일본 근대 문학을 전공하신 선생님께서는 동국대 불교대학원에 입학하여 차명상(茶瞑想)을 전공으로 석사 논문을 쓰기까지 하였고, 마침내는 이 책의 번역 출판이 이루어지게 되었습니다. 앞에서 말씀드린 '의지의 한국인'이라는 말이 이현옥 선생님에게도 해당된다는 점에 독자 여러분들께서도 수긍하실 줄 믿습니다. 그 고투(苦鬪)를 지켜봤던 저로서는 참으로 대단하다는 생각이 들지 않을 수 없습니다. 출판, 축하드립니다.

그런 인연 덕분이겠습니다만, 초암차는 물론 다도(茶道) 자체에 대해서도 문 밖의 사람일 수밖에 없는 저에게 '추천사'를 의뢰해 주셨습니다. 분에 넘치는 숙제인 줄 알면서도 흔쾌히 수락할 수밖에 없는 것도 위에서 말씀드린 바와 같은 인연을 이미 지어 왔기 때문이었습니다.

이렇게 이현옥 선생님과의 인연 이야기 외에 특별히 제가 덧보탤 말씀은 사실 별로 없습니다. 다만 그렇게 하고 마치기에는 뭔가 제 역할을 다하지 못하는 것 같아서 고민 끝에 차와 관련한 저 자신의 경험을 말씀드리고자 합니다.

아마도 2003년 봄의 어느 날이었을 것으로 생각됩니다. 제가 일본의 교토에 있는 '불교대학(佛敎大學)'에서 객원연구원 생활을 하고 있을 때입니다. 교토에서 유학생활을 하는 후배의 소개로 '우라센케(裏千家)'에서 하는 한 차회(茶會)에 초대 받아서 가본 적이 있습니다. 알고 보니 교토에 와 있는 외국의 유학생들을 초청하여 일본의 다도를 알려주는 행사였습니다. 도시락으로 식사 대접을 먼저 받은 뒤, 2층이었던 것 같습니다만, 굉장히 넓은 방에 한 백여 명은 족히 넘었을 것 같은 외국 유학생들이 둘러앉아 차례차례 말차(末茶)를 대접받았습니다.

차를 우려내서 외국에서 온 유학생들을 접대하는 일본의 차인(茶人)을 바라보면서, 한국에서 들었던 일본의 다도에 대한 비평 하나를 음미해 본 일이 있습니다. 일본의 다도는 지나치게 형식적이라는 이야기입니다. 실제 다도에 문외한인 제가 보더라도, 일본의 행다(行茶)에는 많은 의례와 형식이 있었습니다. 그렇지만 어쩌면 차 한 잔 마시기 위하여 복잡한 절차를 거치면서 현대인들은 '기다림'을 익혀 가는 것은 아닐까. 현대 문명의 속도전을 생각할 때, 어쩌면 느림과 기다림의 미학이 필요한 것은 아닐까. 그런 생각을 했습니다.

또 하나의 이야기는 이번 학기 수업 중에 한 학생의 발표를 듣고서였습니다. 제가 개설한 「일본의 불교와 문화」라는 과목의 수업이었습니다. 일본 불교사의 여러 인물들에 대해서 조사해서 발표를 하는 숙제를 부여했습니다. 그런데 10여 명의 학생들 중에서

두 학생이 다도의 인물을 선택하는 것 아니겠습니까. 무라타 쥬코(村田珠光)와 센 리큐(千利休)에 대해서였습니다.

그 중에 센 리큐에 대해서 발표한 학생은 인도에서 우리나라에 와 스님이 된 분입니다. 인도인이지만 한국불교의 스님입니다. 발표를 마치고, 제가 질문을 했습니다.

"스님, 다도를 공부하고 있습니까?"
"아닙니다."
"그럼, 차 마시는 것을 좋아하십니까?"
"아닙니다."
"그런데 어떻게 센 리큐를 발표하게 되었습니까?"
"단순, 소박, 뭐 그런 것들이 수행하고 통하는 것 같아서입니다."

이 인도에서 온 젊은 스님의 생각에 답이 있는 것 같습니다. 아니, 센 리큐의 물음이 살아 있는 것 아닐까요? 현대 문명을 살아가는 우리들에게, 적어도 불교의 가르침에 따라서 살아가려는 사람들에게 던지는 질문이 있는 것 아닐까요? 좀 더 소박하게 살아갈 수 없는가? 일본어로 말하면, '와비(작은 것에서 아름다움을 보는 미학적 태도)'의 삶을 살아갈 수 없는가?

시대는 변했지만, 작은 것에서, 소박하고 단순한 것에서 아름다움이나 진실됨을 보지 못하는 한 수행과는 멀어지는 것 아닐까요?

그런 점에서, 센 리큐가 제기하는 '초암차의 물음'은 묵직하고도 둔중(鈍重)한 것이었습니다.

이 물음 때문에 굳이 전문적인 다도가들이 아닌, 자와 같은 범부(凡夫)들에게도 이 책『초암다실의 미학』은 의미가 있는 것이 아닌가 생각됩니다. 우리 중생들 역시 차회에 초대받은 정객(正客)일 것이기 때문입니다.

2023년 6월 24일

김호성 / 동국대 교수

『초암다실의 미학』 소개

1. 「차(茶)에 먹히지 않는」 안내서, 『초암다실의 미학』

　"세상에 차를 마시는 사람은 많지만, 도(道)를 알지 못하는 사람은 차에 먹힌다."고 리큐는 말했다. 여기서 도(道)는 불교의 선(禪)을 의미하는데, 『초암다실의 미학』은 차(茶)에 먹히지 않도록 차와 도(禪)의 접점을 초암다실의 미학적 구조를 통해 이미지로 보고 체험하도록 안내하는 책이다.

　『초암다실의 미학』에는 '차(茶)와 선(禪)의 이어짐'이라는 부제가 있다. 이것은 차를 마시는 다도와 득도를 위한 선의 수행이 같은 경지라는 '다선일미(茶禪一味)'의 관점에서 말하는 것인데, 저자인 후루타 쇼킨(古田紹欽)은 '다도' 하면 연상되는 다도의 예의법도나 수많은 다도구의 배치를 정식으로는 일체 논하지 않는다. 다만 초암이라는 공간에 미학적으로 접근하여 그 공간의 사상적 의미를 조목조목 열거하면서, 초암다실 그 자체가 궁극적으로 다선일미의 세계임을 또 불법 수행의 도량임을 보여 주고 있다. 그래서 부제를

'눈으로 체험하는 선(禪)의 세계'라고 붙이는 편이 더 타당하겠다는 생각이 든다.

물질만능주의와 비인간적인 경쟁이 극심한 지금의 현대 산업 사회는 온갖 스토리가 횡행하고 난무하는 SNS(Social Network Service) 정보화·디지털 세상이다. 이런 정보화의 물결과 현대사 회의 스트레스에 휩쓸리지 않는 자기 자신을 지킬 필요성이 절실 해서인지, 요즈음 명상이 큰 사회적 명제로 떠오르고 있다. 서구 의 명상 열풍이 한반도에까지 올라와 있는 것이다.

명상은 일상의 삶에서 스트레스에 대응하는 힘을 의식적으로 함양시키는 치유적 효력과 현실적 고통에서 벗어나고자 하는 목 적이 강하다. 많은 신체의 고통·정신적 고통이 대부분 마음에서 오는데, 명상은 마음에서 시작되는 고통의 원인을 알아차림으로 써 고통에서 벗어나고 고통을 예방하며 건강을 회복하는 것을 목 적으로 하기 때문인 것 같다.

최근 미국과 유럽 등 서구를 중심으로 명상이 유행처럼 번지고 있는데, 그 선도자로는 존 카밧진(Jon Kabat-Zinn, 1944~)을 꼽을 수 있다. 미국 메사추세츠 대학교 의과대학 명예교수이며, 스트레 스감소 클리닉(The Stress Reduction Clinic) 창시자인 존 카밧진은 1979년 '마음챙김에 근거한 스트레스 완화'라는 'MBSR(Mindful- ness Based Stress Reduction)' 프로그램을 처음 선보여 과학적으로 입증되는 많은 임상효과를 통해 마음챙김의 대중화에 이바지하였 는데, 이 마음챙김 역시 명상의 일종이다.

초기불교인 인도 명상에 접한 서양의 명상은 1970년 후반부터 마음챙김 수행법으로 서구에 알려지기 시작했는데, 이른바 제1 세대 서양지식인 명상가인 존 카밧진 및 허버트 벤슨(Herbert Benson, 1935~ , 이완 명상) 등에 의해 선도된다. 존 카밧진은 베트남의 틱낫한(Thich Nhat Hanh, 1926~2022), 한국의 숭산스님(1927~2004)과 같은 선승(禪僧)들의 제자이기도 한데, 그의 마음챙김 명상법은 불교의 수행 전통에 뿌리를 두고 있다. 간화선과 위빠사나 수행을 오래 참구하신 인경스님은, "인도 산스크리트어로는 'dhyana', 팔리어로는 'jhana'가 중국에서는 선나(禪那) 또는 선정(禪定)으로 번역되며, 영어로는 'meditation'으로 표현되는데, 오늘날은 서구문화가 일상화되면서 명상 붐이 일어나고 있지만, 禪·meditation·명상의 원류는 모두 'jhana'(Pali어)로 이들은 서로 동의어라고 할 수 있다.[3]"라고 정의했다. 『초암다실의 미학』은 이런 명상의 원조인 선(禪)의 세계를 형이상학적 접근이 아닌, 초암다실이라는 구조적 접근을 통해 시각적·체험적으로 명료하게 밝히고 있는 책이다.

2. 『초암다실의 미학』의 구성과 주안점

'본 책의 내용은 3부로 구성되어 있다'는 저자의 말처럼, 『초암다

---

3 인경(2022), 『쟁점으로 살펴보는 현대 간화선』, 조계종 출판사, pp.45~46.

실의 미학』은 그 내용이 3부로 나뉘어져 있다. 1부인 1에서 10장까지는 초암다실의 공간이 지니는 철학성을 논한 뒤 센노리큐의 다도로 수렴하고 있으며, 2부인 11장은 선차(禪茶)의 의미와 그 계보, 그리고 먹과 선(禪)의 관계를 밝히고 있다. 3부인 12장은 선차의 본 고장인 대덕사의 역사와 계보를 정리하고 있다.

『초암다실의 미학』은 부제가 '차(茶)와 선(禪)의 이어짐'인 것처럼, 목차의 순서는 초암다실의 구조나 다실로의 출입 순서가 아니라 초암다실과 선과의 접점을 부각시킬 수 있는 항목을 우선하여 배치하고 있다. 1장인 서문은 서원다실에서 초암다실로 변화해 간 다실의 변천 역사와 초암다실을 완성시켜간 무라타 쥬코, 다케노 죠오, 센노리큐에 대한 간단한 언급 및 이 초암다실을 뒷받침하는 선(禪)사상에 대한 간략한 소개 등을 하고 있다.

2장부터 시작되는 본문에서는 선에서의 오묘한 깨달음인 무(無)의 관문을 상징하는 낮은 출입구인 「니지리구치」, 속계를 떠나 고요한 깨달음의 세계를 상징하는 「다실정원인 로지」, 일심득도와 평상심시도를 나타내는 「징검돌」, 인간의 안이비설신의(眼耳鼻舌身意)를 상징하는 감각기관인 「다실의 창」, 불상을 걸어 예배했던 불당이 그 원형인 「도코노마」, 마음으로 체득하는 미를 발견하게 한 묵적과 묵화의 「족자」, 마음으로 볼 수 있어야 하며 일심득도의 대상이 되는 「꽃」, 마음의 수련 대상이 되는 「물」 등으로 전개된다.

2장에서 10장까지는 이들 대상과 선과의 사상적 관계 및 의미를 차례로 밝힌 뒤, 그 결론으로서 '대오(大悟)의 차'를 지향하는 「리큐의 다도」를 부연 설명하며 1부를 마무리한다.

초암차는 와비차이며 선차인데, 제2부는 선차란 무엇인가를 정리한 항목으로 무라타 쥬코와 다케노 죠오를 이어 완성된 리큐의 와비차인 '선차를 이어간 계보'와 '먹색의 미학'을 통해 선차의 의미를 밝히고 있다.

「선차의 계보」에서는 리큐의 친손자로 리큐의 뒤를 이어 정신적인 초암차로 시종일관한 센 소탄(千宗旦), 지족(知足)을 다도의 근본으로 삼은 마츠타이라 후마이(松平不昧), 다도의 근본은 도구를 사용하는 사람의 마음에 있다는 이이 나오스케(井伊直弼) 등을 열거하면서 선차의 본질을 규명하고 있는데, 그들의 차 생활을 들여다보는 것만으로도 마음이 정화되고 안정되는 느낌이다. 다도구에 대한 고민은 차인이라면 누구나 한번쯤 해봤을 터인데, 이 항목은 선차, 도구차, 감상차에 대한 개념을 명확하고도 분명히 해줌으로써 선차를 지향하는 차인의 길을 걸림 없이 열어 보이고 있다.

제2부의 「먹의 예술」에서는 선문화의 기반 위에서 전개된 와비·사비는 차 미학의 중요한 요소인데, 묵적과 묵화라는 먹의 세계를 통해 고담(枯淡)한 예술의 경지가 된 와비·사비는 결국 선이 지향하는 근원적 목표인 '무(無)'로 이어짐을 시사하고 있다.

선이 지향하는 근원적 목표는 '무(無)'를 자각하는 것인데, 선승의 묵적은 바로 이 '무(無)'를 그려내고자 한다는 것이다. 이 '무(無)'는 만사를 내려놓고 집착을 끊을 때, 마음의 아만(我慢)과 아집(我執)을 버리고 무아(無我)의 경지에 다다를 때 체험되는 것으로, 본문에서는 "마음의 정직함과 신중함"을 지니고 "교만하지 않게" 등을 몸소 행하고 실천하는 구체적인 차인(茶人)의 수행으로 도달할 수 있다는 것을 초암다실을 통해 보여 주고 있다.

제3부 「대덕사의 차」는 당시 일본 다도사(茶道史)에서 지도적인 위치에 있었던 대덕사의 계보를 통해 대덕사가 부흥하여 일본 다도문화(茶道文化)의 중심이 된 과정과 차가 음료나 유희에 머물지 않고 정신적인 의미를 가지게 된 연유를 밝히고 있다.

대덕사라는 대(大)가람의 대들보(大梁) 즉, 대량흥종(大梁興宗)이라는 선사(禪師) 호(號)를 받은 고게츠 소간(江月宗玩, 1574~1643), 다도는 마음의 법이라는 다도관(茶道觀)을 지니며 대덕사의 선 그 자체를 흥성하도록 이끈 다쿠안 소호(沢庵宗彭, 1573~1645), 차의 미를 마음의 문제로 여기며 분수에 맞는 차를 주장하는 세이간 소이(清巖宗渭, 1588~1662) 등 대덕사에 입주하거나 대덕사의 부흥에 조력한 사카이의 남종사 혹은 동해사에 머무르며 대덕사의 선(禪)과 대덕사의 차(茶)를 계승한 인물들의 계보를 살핀다. 이들을 통해 대덕사의 차 문화, 넓게는 일본 초암차가 유희의 차 문화가 아닌 선(禪)을 지향하는 정신적 의미를 지니게 된 근원을 밝히고 있다.

3. 차와 선

　명상에 관한 기록은 약 5,000년 전 탄트라(Tantras)라고 불리는 인도의 고대 성전에 처음 나오지만, 약 2600년 전 석가모니가 출현해 명상을 통해 최초로 깨달음을 얻음으로써 오늘날 시행되는 다양한 명상법은 대부분 석가모니의 명상법에 그 기원을 두고 있다. 그런데 인도에서 동북아의 중국으로 건너온 불교는 당(唐, 618~907) 대에 이르러 선(禪)과 차(茶)로 조우하게 된다.

　중국에서 선(禪)불교의 개척자는 인도에서 건너온 달마대사(457~528)인데, 그 선이 활성화되는 것은 6조 혜능(638~713.8)에 의해 남종선, 소위 조사선이 뿌리내리면서부터이다. 그 뒤 6조 혜능의 뒤를 이은 남악회양(677~744), 그 제자인 마조도일(708~788)과 함께 그의 기라성 같은 문하생들의 활동으로 선종은 황금시기를 맞게 된다.

　당시 당나라에는 육우(陸羽, 733~804)라는 학자가 차의 경전으로 불리는 세계 최초의 차 전문서인 『다경(茶經)』(780)을 집필하는데, 이 『다경(茶經)』에는 차의 근원·음다법·제다법·차 산지·차 도구·차 문헌 등이 기록되어 있어, 이 차 교과서의 출간으로 일반 백성들도 차를 제조해서 마실 수 있게 됨으로써 당 후반기에 차의 대중적 보급이 이루어졌다. 『다경(茶經)』에 의하면, 차의 원산지는 중국으로, 기원전 2700년경인 신농(神農)시대부터 차를 마셨다고 기록되어 있다.

이렇게 당(唐) 대에는 선과 차가 동시에 활성화되었는데, 특히 불가(佛家)에서는 불음주(不飮酒) 계율을 지키고 참선을 하는 도구로 차를 많이 애용함으로써 선종은 차의 대중화에 기여하게 된다. 그 뒤 마조도일의 직제자인 백장회해(百丈懷海, 749~814)는 선승들이 지켜야 할 규약인 「백장청규(百丈淸規)」를 만들었는데, 선종 교단의 형식적 기틀을 마련한 이 「백장청규」에도 다례(茶禮)와 관련된 의식이 『백장청규증의기(百丈淸規證義記)』 6권에 자세히 상술되어 있어 선과 차가 불가분의 관계에 있었음을 다시 한 번 확인하게 된다. 현존하는 최고(最古)의 청규는 송나라(북송)의 종색선사(宗賾禪師, 1009?~1092?)의 「선원청규(禪苑淸規)」이며, 백장선사가 만든 「고청규(古淸規)」는 현재 재구성이 어려운 것으로 판단되는데, 여하튼 중국에서 형성된 선차문화(禪茶文化)는 식품의 영역인 차를 정신 수련의 영역으로까지 확장하면서 차명상의 기원이 되고 있다.

선차문화에서 선(禪)과 차(茶)는 모두 깨달음의 방편인데, 차를 선의 경지로 끌어올린 이는 조주(조주종심趙州從諗, 778~897)선사이다. 차는 예로부터 다선일여(茶禪一如)라 하여 차(茶)와 선(禪)은 하나라고 여기는데 그것은 차를 끓여서 마시는 일련의 과정이 참선과 같은 맥락을 가지기 때문이다. '끽다거(喫茶去)'라는 조주의 화두는 조사선의 핵심사상인 일상생활이 곧 도(道)라는 평상심시도(平常心是道)와 만물일체사상(萬物一體思想)을 대표하는 화두의 하나로, '차나 마시게[喫茶去]'는 내면자증(內面自證: 자기 자신에게로 돌아가라)하라는 의미로 각자에게 스스로 통찰을 일깨우는 차명상 화두의 제1호이다.

중국 당대는 우리나라의 통일신라시대(676~935)에 해당하는데, 신라에서는 선진문물을 배우기 위해 많은 인재들이 당으로 유학을 갔다. 승려들도 그 한 부류로서 당나라에 건너가 선종을 배워 귀국해서 구산선문(九山禪門)을 열게 되는데, 그 구산선문의 맥을 이은 것이 오늘날의 조계종이다.

조계종 종헌에는 종조(宗祖)가 도의(道義, ?~ 825)국사라고 명기되어 있는데, 도의국사는 마조도일의 직제자인 서당지장의 제자로 최초로 혜능의 남종선을 신라에 전한 인물로서 추앙받고 있다. 통일신라 말에서 고려 초기 무렵 구산선문이 개창된 이래로 한국에서는 선을 수행의 핵심원리로 지켜오고 있다. 특히 구산선문을 개창한 스님들 중 일곱 분이 차(茶)를 수행에 도입하고 활용한 마조도일선사의 문중이었기 때문에 한국에서도 선수행과 함께 차는 수행의 도반으로 자연스럽게 자리를 잡는다.

일본의 선(禪)과 차의 만남은 가마쿠라시대(鎌倉時代: 1192~1333) 초기, 송(宋: 960~1277)으로 유학 간 선승 묘안 에이사이(明庵榮西, 1141~1215)가 선불교(임제종)와 차(차종)를 가지고 귀국함으로써 이루어졌다. 에이사이선사가 『끽다양생기(喫茶養生記)』(1121)라는 차 전문서적을 쓰면서 일본에서는 차가 대중화되는 계기가 되었는데, 일본에서도 가마쿠라 후기 선원에 영평대청규(永平大淸規)가 정비되어 가는 과정에서 다례(茶禮)가 생겨났고, 이런 과정에서 차와 선의 깊은 관계가 시작되었다. 이어 무로마치시대(室町

時代, 1336~1573)에 이르러서는 투차(鬪茶) 풍속과 서원차가 번성하면서 화려하고 사치스러운 다회가 활성화되었다. 차(茶)가 투차라는 예능놀이에서 정신성과 문화성을 겸비한 차노유로 변화된 것은 무로마치시대 중기로, 이때 초암차의 창시자라고 할 수 있는 무라타 쥬코(村田珠光, 1423~1502)가 등장한다. 차도구 등의 호사스러움을 물리치고 간소하고 정적(靜寂)함을 본질로 삼는 초암차는 무라타 쥬코를 시조로 하여 다케노 죠오(武野紹鷗, 1502~1555), 그리고 센노리큐(千利休, 1522~1591, 한국에서는 흔히 센리큐로 불림)에 이르러 완성된다.

센노리큐는 일본의 다성(茶聖)이라 불리는데, 다도에 관한 그의 견해를 기록한 『남방록(南方錄)』의 1권 「각서(覺書)」 첫 항이 "초암다도는 제일 먼저 불법으로 수행 득도하는 일이다."라는 구절로 시작하면서, 작은 다실인 초암에서의 다도는 불교의 선 세계와 깊이 연관되어 있음을 밝힌다. 이어 센노리큐의 증손자인 센 소탄(千宗旦, 1578~1659)은 에도시대의 차인 센케(千家) 3대의 시조(始祖)가 되는데, 철저한 정신주의의 차를 지향하며 '다도(茶道)와 선(禪)은 동일한 것'이라는 『다선동일미(茶禪同一味)』의 유서(遺書)를 남긴다. 쟈쿠안 소타쿠(寂庵宗澤)는 센 소탄의 이런 정신을 더욱 심화시킨 『선차록(禪茶錄)』(1828)을 발간하는데, 이 책의 핵심은 '찻일[茶事]은 선도(禪道)를 근본[宗]으로 하는 일'이라는 것이다. 「선차기에 관하여」라는 항목에서는, 선차의 기물은 명품이 아닌 깨끗한 한마음을 도구로 하지 않으면 안 된다고까지 주장하고 있다. 즉 『선차록(禪茶錄)』은 책 제목에서 알 수 있듯이 '선차(禪茶)의 길[道]을 철저하게 드러내어 일본 다도와 선과의 관계를 보여 주는 다서'라고 할 수 있다.

근대에 이르기까지 중국과 한국, 그리고 일본의 선차는 이렇게 맥을 이어오고 있음을 알 수 있는데, 색을 보고 맛을 볼 수 있는 물질적인 차가 추상적이고 난해하며 형이상학적인 선을 알기 쉽게 전달하는 수단으로 쓰임으로써 차는 선종의 이해와 보급에도 도움을 주며 차와 선은 서로 보완적인 관계를 가지게 된다.

이렇게 동북아에서 차와 선은 불가분의 관계로 같이 발달하게 되는데, 차와 선이 동시에 아우러지는 대표적인 장소가 바로 일본의 초암다실이다. 6조 혜능의 선맥(禪脈)을 이은 조계종이 우리나라 불교의 본류이며, 차와 선이 도반으로 걸어온 역사를 살펴볼 때 이 차와 선이 함께 융합되어 있는 초암다실은 우리도 반드시 고찰해야 할 가치가 있다고 본다.

1. 서론

일본 다실의 변천을 역사적으로 살펴보면 대략 넓고 큰 다실에서 좁고 작은 다실의 형태로 바뀌고 있다. 일반 건물의 역사는 그 반대가 많은데, 일본 다실은 거꾸로 좁고 작게 바뀌는 양상을 보여준다.

이 좁고 작게 만들어진 다실을 초암다실이라고 한다. 초암다실은 소박한 다실로, 그 의미상의 관점에서는 와비다실[1]이라고도 한다. 16세기에 센노리큐(센리큐, 리큐)[2]가 출현해서 이 초암다실을

---

1 와비다실: 와비차(佗茶)는 다도의 한 양식으로, 서원의 호화로운 다도에 대해 무라타 쥬코 이후 다케노 죠오, 센노리큐에 이르러 완성된 다도로서 간소하고 수수하고 한적한 와비의 경지를 중시하는 차를 말한다. 넓은 의미로는 센노리큐 계통의 다도 전체를 가리키는데, 이런 와비차가 행해지던 다실이 와비다실이며 초암다실이다. 와비에 대해서는 주14) 참조.

2 센노리큐(千利休, 한국에서는 흔히 센리큐로 불림, 1522~1591): 향년 70세. 아즈치·모모야마시대 차인이며, 와비차의 대성자. 오사카의 사카이(堺)에서 태어났으며 일본 다도를 대성시킨 인물. 호는 소에키(宗易), 다법을 정리하여 초암풍의 다실을 완성하였으며, 오늘날 일본 다도의 중심을 이루는 유파인 우라센케를 비롯한 오모테센케, 무샤노센케 등으로 구성되는 산센케(三千家)의 시조가 되는 인물. 오다 노부나가(織田信長, 1534~1582)와 도요토미 히데요시(豊臣秀吉, 1536~1598)의 다도 스승. 줄여서 '리큐'라고도 부른다.

완성했다고 하는데, 그것은 어떤 의미에서 완성이라는 걸까?

초암다실과는 달리 넓고 크며 호사스러운 다실이 있는데, 그것을 서원다실이라고 한다. 서원(書院)이란 서재를 겸한 거실의 중국식 호칭이다. 헤이안시대(平安時代: 794~1192)에는 집을 지을 때 침실을 위주로 한 귀족의 주택양식이 중심이었던 반면, 무로마치시대(室町時代: 1336~1573)의 무사계급은 서재를 겸한 거실인 이 서원을 위주로 한 주택양식을 선호하였다. 이런 서원 건축양식이 소위 일본식 주택양식의 전형이 되는데, 여기에서 서원다실이 생겨난다.

서원다실(書院茶室)은 넓고, 다다미방이나 도코노마(床の間)[3]처럼 모모야마시대(桃山時代: 1573~1602)에 완성된 일본식 주택건축양식을 기본으로 하는데, 귀족이나 무사, 승려들이 중국에서 건너온 다도구(茶道具)나 다완, 서화 등을 즐기는 유흥의 장소였으며, 차는 향응의 도구로 쓰였다.[4]

반면, 초암다실(草庵茶室)은 도회지에 있으면서 산촌의 운치를 느낀다는 시중산거(市中山居)를 지향하며 초암의 간소함을 도입한 다실로서, 실내 넓이가 다다미 4장 반 이하로 된 작은 건물이다. 짚이나 참억새 등으로 이은 지붕·흙벽·뼈대창[5]·낮은 출입구[6] 등으로 구성된 것이 그 특징인데, 센노리큐(千利休)가 이 형식을 완

---

3 도코노마(床の間): 주18) 참조, 6장에서 상세하게 다룸.
4 서원다실(書院茶室)에 대한 역자 각주를 본문에 보충.
5 뼈대창: 하지창(下地窓), 주82) 참조.
6 낮은 출입구: 니지리구치(躪口), 주17) 참조.

성했다고 하며, 일본에서 다실이라고 할 때는 흔히 이 초암다실을 가리킬 때가 많다.[7]

이런 초암다실이 생기게 된 데에는 차(茶)의 철학이 뒷받침된 것으로 보이며, 짐작컨대 차 철학의 완성이 결국 초암다실의 완성을 가져온 것으로 생각된다. 차가 음료로서의 차에서 의식(儀式)으로서의 차가 되고, 의식으로서의 차의 행위가 중요시되고, 이와 관련된 예의범절이 생겨나며 또 거기에 정신적인 의미가 더해졌다. 즉 차에는 정신성이 깃들어야 한다는 해석이 생겨나면서, 우선 차를 대하는 자세의 본질이 바뀌게 되었다. 따라서 차를 마시는 장소인 다실 본연의 모습에도 변화가 생겼다. 단순히 떠들썩하게 차를 마시고 즐기기보다는 조용히 차를 마시며 마음을 가다듬는 것이 기대되었으며, 차를 마시는 장소인 다실도 거기에 어울리도록 변화가 요구되었다.

차가 정신성을 지니게 된 동기는 선(禪)불교와 접촉하면서부터이다. 다다미 4장 반의 좁은 다실을 처음으로 만든 이는 무라타 쥬코(村田珠光)[8]인데, 쥬코는 잇큐(一休)[9]에게서 참선을 배웠다. 잇큐

---

7 초암다실(草庵茶室)에 대한 역자 각주를 본문에 보충.
8 무라타 쥬코(村田珠光, 1423~1502, 무라타 슈코라고도 함): 향년 80세. 무로마치 시대(室町時代)의 차인. 나라 칭명사(稱名寺)의 스님으로 다도에 뜻을 두어, 나중에 교토로 가서 대덕사(大德寺)의 잇큐에게 가르침을 받아, 선(禪)의 맛을 가미한 점다법(點茶法)을 시작함. 차 문화에 처음으로 선 수행을 도입함. 와비차의 시조로 불림.
9 잇큐(一休, 1394~1481): 무로마치시대 중기 임제종의 선승. 호는 광운(狂雲). 대덕사 주지. 선원의 부패에 저항하여 기행(奇行)을 많이 함.

는 재주가 많은 사람으로, 쥬코는 잇큐에게 선 수행과 더불어 예술에 대한 안목도 배웠다. 4장 반이라는 것은 대략 사방 한 장(丈)[10] 크기의 정방형 다실을 가리킨다. 4장 반이라는 다실 크기는 유마거사[11]의 방장(方丈)[12]에서 유래한 것으로 추측되는데, 유마거사는 겨우 사방 한 장(丈) 크기의 방장에 머물면서도 그 장소를 무한한 넓이로 사용하고 있다. 거사는 한정된 공간과 시간 속에 머물지 않고, 깨달음을 통해 무한한 시공(時空)을 자유롭게 살았다.

이 거사의 이야기는 대승경전인 『유마경』에 나오는데, 예로부터 선승들은 이 경을 즐겨 읽었다. 잇큐도 이 경에 대해서 논한 바가 있는데, 쥬코는 잇큐에게서 유마거사에 대해 배웠음에 틀림없다. 쥬코는 유마거사의 방장에서 4장 반의 초암다실을 모방하여, 이 4장 반의 다실에 무한한 넓이의 의미를 나타내고자 했음이 분명하다. 이 경우, 넓고 큰 다실에 대비해서 4장 반이라는 좁고 작은 다실을 만들었다고 생각해서는 안 된다. 이 좁고 작은 4장 반의 다실은 실은 몇 십장 몇 백장이라는 넓이와 크기를 지니고 있는 것이다. 쥬코는 보통의 논리로서는 성립하지 않는 이 세계를, 참선을

---

10 일본의 장(丈)은 우리의 10자(1자: 30.3cm)에 해당하는 길이 단위로, 그 길이는 약 3.03m이다.

11 유마거사(維摩居士): 대승불교 경전인 『유마힐소설경(維摩詰所説経)』(구마라집 역, 약칭 『유마경維摩経』)의 중심인물인 거사의 이름. 현장(玄奘, 602~664)의 번역에서는 무구(無垢)라는 평판을 얻은 사람이라는 의미로 '정명(浄名)'으로도 번역된다. 유마거사는 고대 인도 상인으로, 석가의 재가불자(在家佛子). 고대 인도 비사리(毘舎離)성의 부호로, 석가의 재가제자가 되었다고 한다.

12 방장(方丈): 방장(方丈)은 4방(方) 1장(丈) 크기의 방인데, 구체적으로 다다미 4장 반 넓이의 방으로 사방 약 3m 크기의 방.

통해 깨달음에서 얻어진 마음의 자유로 파악하고자 한 것이다.

원래 좁은 것은 좁고 넓은 것은 넓은 것으로, 좁은 것이 넓다는 것은 상식적으로 성립할 수 없지만, 선은 좁다든가 넓다든가 하는 생각에 사로잡힌 아집을 우선 타파해야 한다고 가르친다. 일단 이 아집이 타파되면 좁다든가 넓다든가 하는 것에 얽매이지 않게 되고, 얽매이지 않게 되면 좁은 곳도 좁다는 답답함이 없다. 다다미 4장 반이라도 4장 반이라는 답답함이 없고, 거기서 자유자재하게 있을 수 있게 된다. 쥬코는 이 자유자재하게 있을 수 있는 4장 반의 크기를 발견한 것으로, 차의 정신이 선의 정신과 같다는 것을 이 4장 반의 다실로 나타내 보인 것이다.

쥬코에 이어 다케노 죠오(武野紹鷗)[13]가 등장하여 쥬코가 지향한 차의 정신성을 한층 심화시켰다. 쥬코와 죠오는 둘 다 차는 선이라고 말하고 있는데, 죠오 또한 스스로 수행한 선을 4장 반의 다실에 나타내었다. 죠오는 미에 대하여 뛰어난 안목을 가진 차인으로, 와비[14]의 미를 발견하여, 4장 반의 다실에 와비의 아름다움을 더하

---

13 다케노 죠오(武野紹鷗, 1502~1555): 무로마치 후기의 차인, 향년 54세. 와비차의 개조인 무라타 쥬코의 다풍을 공경하여 다도를 간소화하고, 초서체를 더욱 진전시켜, 많은 문하생을 얻어 쥬코의 다풍을 널리 퍼뜨렸으며, 그 문하생 중에 센노리큐가 있었다. 즉 쥬코의 제자에게 다도를 배우고 와비차의 골격을 만들어 센노리큐에게 전함. 당시 외국에서 수입된 다도구 중심의 다도세계에 일본의 와카(和歌) 사상을 도입하여 와비차 구현에 힘씀. 초암차에 '와비'의 미적 이념을 구현하고자 함.

14 와비(侘び): 와비는 일본 특유의 미적 이념으로, 은자의 생활 속에서 찾아볼 수 있는 자연 소박한 미가 근본이 되어 다도의 전개와 함께 확립된 미의식이다. "와비는 16세기에 형성되어 선적(禪的)인 경지를 추구하는 소박하고 한거한 가운데 열리는 일본 다도의 기본정신으로, 오늘날 전승되는 일본 다도의

였다.

죠오는 다실 벽을 흙으로 하고, 나무 의자를 대나무로 만들며, 미닫이문 아래 부분에 댄 널빤지를 제거하거나 해서 와비의 미를 살리는 데 매진했다. 쥬코는 초암다실에 유마거사의 거처를 연상시킬 수 있는 종교성을 강하게 부여한 데 반해, 죠오에 이르러서는 거기에 예술성을 더했다. 그래서 와비의 미라는 독특한 아름다움을 건물 속에 구현하였다.

이 죠오에 이어 리큐가 출현하게 되는데, 리큐의 차에 대한 견

기본을 이루는 미의식이다(박전열, 2008, 「일본 중세의 투차의 양상과 유희적 성격」, p.278).”라고 평가되는데, 와비의 원래의 뜻은 '외롭다·시시하다·괴롭다·초라하다·흠이 있다' 등의 의미로, 불만 부족으로 생각하며 번민한다는 뜻으로 사용되었다(조용란, 2008, 「다도의 정신 일고찰-와비를 중심으로-」, 『일본학보』 제74집 1권). 이것이 무로마치(室町)시대에 기존의 전통적 미의식을 부정함으로써 자기 내면에의 충실함과 정신적 가치에 중점을 두는 새로운 미의식이 창출됨으로써 의미의 변화가 일어났다. 즉 이러한 시대적 발로에 때를 맞추어 시들고 초라한 것에서 새로운 미를 찾고자 하는 움직임이 대두되면서 화려한 것보다는 한적하고, 차분한, 그리고 흠이 있는 것에서 그 어떤 미적인 요소를 찾으려고 나타난 정신이 와비정신이다(김경희, 2020, 「센리큐의 다도관에 관한 철학적 분석연구」, 『민족사상』 제14권 제2호). 이것이 다도에서는 부족하고 허전한 심경을 긍정하고, 그 경지에 안주하는 것을 이상으로 하는 근본이념으로 발전한 것이다. 즉 와비라는 단어는 처음에는 부정적인 말이었으나 차 문화에 사용되면서 말의 뜻이 바뀌어 긍정적인 의미로 변화하였고, 센노리큐에 의해 와비는 선(禪)의 영역이자 그대로 선이라고 정의되기에 이르렀다(정영희, 2017, 「와비차(侘び茶)의 禪세계 고찰」, 『한국불교학』, Vol.81). 다도에서의 와비는 소박한 가운데 자신을 가다듬는 마음으로 수행의 차원에서 군더더기 없음을 오히려 미덕으로 삼으며, 모든 세상사를 느낀 사람만이 알 수 있는 호젓한 분위기로 새로움을 잉태하고 있는 가능성을 가진 미의식이라 할 수 있다. 와비차란 고정된 이념이 아니라, 초암차를 창시하고 와비의 미의식을 도입하며 또 이를 완성한 무라다 주코·다케노 조오·센노리큐에 의해 조금씩 달리 해석되며 각자의 개성과 창의성이 더해지는데, 초암차를 완성한 센노리큐는 와비를 선(禪)의 영역으로까지 승화시키고 있다.

해에는 쥬코에게 강했던 종교성과 죠오에게 보였던 예술성의 두 가지 측면이 합쳐져 있다.

리큐는 이 두 차인의 사상을 근거로 삼으면서도 다실에 자신의 창의성을 더하였다. 집은 비가 새지 않을 정도면 족하다는 것이 초암차의 정신인데, 리큐는 그런 생각을 강조함과 동시에, 와비미의 구성에 한층 더 신경을 쏟아 부었다. 다실의 천장이나 벽은 말할 것도 없고, 다실 내 특별한 공간인 도코노마의 너비, 깊이의 치수까지 까다롭게 따져 와비의 종합적인 미를 심오하게 추구했다.

시골집의 칠하다 만 벽을 보고 그 아름다움을 다실 속에 재현시키고자 하기도 했으며, 어부 집에 난 작은 출입구를 보고 거기서 다실의 낮은 출입문인 니지리구치를 생각해 내기도 했다. 집은 비가 새지 않을 정도의 초암이라고 해도, 리큐(센노리큐, 주2 참조)는 그 초암에 자신의 안목으로 파악한 와비의 미를 끊임없이 구현시키고자 했던 것이다.

나아가 리큐는 다다미 4장 반이라는 초암다실의 일반적 형태도 벗어나서 다다미 2장이라든가 1장 반의 다실까지 만들었다. 4장 반이라도 여전히 쓸데없이 크다며, 무릇 공간을 축소할 수 있을 때까지 줄여, 거기에 차가 가지는 정신적인 자유의 경지를 실현하면서 궁극적인 와비미를 발견하고자 한 것이다. 리큐는 가장 좁고 작은 다실 속에서도 가장 넓고 큰 세계가 있음을 깨달은 사람이다. 그리고 이 좁고 작은 것이 넓고 큰 정신의 세계로 바뀌는 데에서 와비의 미를 표출해 내고 있다.

선의 공안(公案)[15]에 겨자씨만한 아주 작은 공간에 수미산과 같은 큰 산을 넣는 것이 가능하다는 이야기가 있다. 리큐는 이 선의 공안처럼 최소의 다실 속에 무한대의 정신을 넣고 있다. 그렇지 않아도 좁고 작은 다실이 더욱 좁고 작아지는 이런 초암다실을 리큐가 완성했다고 하는데, 이것이 지니는 의미는 굉장히 크다. 리큐가 표현하는 와비의 미가 외형적으로는 평범한 시골집 벽의 아름다움이지만, 단순히 이런 시골집에서 볼 수 있는 미에 머무르지 않고, 내면적으로는 그 미가 무한의 아름다움으로 전개되고 있다. 좁고 작은 다실이라고 해서, 거기에 내재된 미가 결코 좁고 작은 것으로 끝나지는 않는다.

생각하건대, 차에 정신성이 부여됨으로써 다실의 넓이와 크기가 축소되었다는 것은 흥미롭다. 동양의 철학에는 부정을 매개로 하는 사상이 보인다.[16] 'A를 A라고 불러도, A는 진면목의 A가 아

---

15 공안(公案): 옛 선승들의 선문답, 깨달음을 이루는 공식적인 지침. 즉, 수행자로 하여금 번뇌 망상과 분별의식에서 벗어나 깨달음을 이루게 하기 위한 교육용 방편 혹은 수단.
16 『금강경』의 즉비론(卽非論)을 가리킨다. 부정의 논리로서, ①긍정→②부정→③궁극적 긍정으로 가는 논리를 전개함. ①②는 언어에 의해서 임시방편으로 진리를 나타내는 가상이며, ③이 궁극적으로 긍정되어야 할 진제(언어로 표현할 수 없는 진리)를 나타내고 있는데, 스즈키 다이세츠(鈴木大拙, 1870~1966)가 『금강경』에서 힌트를 얻어 창안해 낸 선의 논리이다. 즉 진리를 겉(속제)과 속(진제) 양면에서 말한 것으로, A라는 사항에 대한 모든 집착심을 떠난, 무집착성, 무애심, 자재한 상태가 A의 본질이라는 의미이다. 여기서는 긍정, 부정의 단계를 거쳐 이 둘의 모순 대립을 지양(止揚)하고 통일하여 새롭게 이루어진 의식의 세 번째 단계가 이분법을 넘어선 평등 무애한 진여이며 반야지(般若知)의 상태라는 것. 성철스님이 종정으로 취임하던 1981년에 취임사로 쓰면서 유명해진 '산은 산, 물은 물(山是山, 水是水)'이라는 법어가 이 부정의 논리

니다'라는 기초가 있어야 한다. 초암다실은 이 이론을 배경으로 발달된 것으로 보인다.

초암다실은 좁고 작아짐으로써 초암차가 가지는 본래의 넓이와 크기의 의미를 나타내고 있다. 차는 와비차가 되어서 좁고 작은 초암차를 탄생시킨 것이 아니다. 와비의 의미만으로는 다실이 넓고 큰 것에서 좁고 작은 것으로 바뀌어 간 이유가 설명되지 않는다. 오히려 좁고 작아지면서 실제로는 넓고 큰 것을 나타내고 있는 점에 이 와비의 미가 성립되고 있다. 와비는 확실히 궁핍한 것과 일맥상통하지만, 그것이 궁핍에 머물지 않고 어딘가 여유롭고 큰 세계로 연결되어 있다.

초암다실은 서원다실을 벗어나서 발달했는데, 초암차는 좁은 공간이고 서원차는 넓은 공간이라고 간단히 말할 수만은 없다. 진정한 의미에서의 넓은 공간은 전술한 바와 같이, 초암다실 그 정신 속에 있다고 할 것이다.

의 대표적인 예이다.

2. 초암다실의 출입구(니지리구치, 躙口)[17]

다실에는 우선 입구가 있어야 한다. 다도에 초대된 손님은 정해진 입구를 통해 다실로 들어간다. 서원풍의 넓은 다실인 경우 방의 넓이에 따라 입구 크기도 달라지는데, 미닫이를 열고 옆방에서 들어가는 것이 보통이다. 그 입구는 적어도 미닫이가 두 짝은 되어, 폭이 한 칸(間, 약 1.82m), 간혹 2칸(약 3.64m)이나 되는 경우도 있다. 입구는 또 출구이기도 한데, 이렇게 넓은 출입구는 손님이 다실에 출입하는 데 특별한 의미를 갖지 않으며, 보통 거실에 드나드는 것과 거의 다르지 않다.

그런데 서원풍의 넓은 다실에서 초암의 작은 다실로 바뀌게 되면 시골집을 연상시키는 독립된 작은 건물이 되는데, 이 경우 한 칸이나 두 칸 크기의 장지가 달린 입구는 애당초 없다. 말하자면,

---

17 니지리구치(躙口): 니지리구치는 초암다실의 출입구를 지칭하는 말인데, 폭 약 60cm, 높이 약 68cm의 출입구로, 무릎걸음으로 출입해야 함. 이 출입구 외에 귀인을 위한 특별출입구로서 선 채로 출입이 가능한 키닌구치(貴人口)가 있었다. 센노리큐는 이렇게 둘로 분리되어 있던 다실 출입구를 니지리구치 하나의 문으로 통일시킴.

건물에 겨우 붙어 있는 툇마루가 그 출입구에 해당한다. 처음 초암 다실이 생겼을 때는 이 툇마루로 출입하는 것이 통례였다. 툇마루는 다실 밖에 널빤지를 깐 곳으로 다실에 드나드는 통로로 사용되었는데, 그 외에도 여름의 햇볕처럼 정원의 강한 태양 빛이 반사되는 것을 막는데도 이용되어, 출입구 전용이라는 의미는 아니었다. 말하자면 서양 건축의 베란다와 같은 것이었다. 따라서 특별히 출입구 전용이라는 구조는 갖추고 있지 않았다.

리큐는 초암풍의 다실을 꾸미는 데 있어, 이윽고 이 다실에 드나들기 위한 특별한 출입구를 만드는 데 생각이 미쳤다. 말하자면 무릎걸음으로 걸어야 통과할 수 있는 니지리구치를 생각해낸 것이다. 니지리구치란 몸을 구부리고서 출입하는 낮은 문으로, 그 높이도 폭도 각각 약 2척(1척尺은 30.3cm, 2척은 60.6cm) 정도로, 무릎걸음을 하지 않으면 출입할 수 없는 낮은 출입구다. 즉 몸을 구부려서 주의 깊게 드나들도록 만들어진 문이다. 보통의 건물 출입구라면 선 채로 자유롭게 출입할 수 있는 법인데, 이 니지리구치는 일부러 출입이 곤란해지도록 만들어졌다. 리큐는 어부의 작은 대문을 보고 거기서 힌트를 얻어 니지리구치를 고안하게 되었다는데, 그런 힌트를 어디서 얻었든, 리큐가 이 니지리구치를 만들었다는 것은 다실의 의미를 생각할 때 특기해야 할 점이라고 본다.

초암다실이 원래 다다미 4장 반 정도의 좁은 곳이며, 나중에 2장 혹은 1장 반의 크기로까지 극도로 좁아져간 점을 고려하면, 출입구 또한 그에 상응하여 좁고 작아지는 것이 건축적 관점에서는 당연하다. 그러나 그렇다고 해도 출입구의 높이와 폭을 2척 될까 말까 할 정도로까지 축소했다는 것은 또 다른 의미가 있다고 봐야 할 것이다. 일반적으로는, 손님을 초대한 이상 손님의 출입이 편리하도록 하는 것이 상식이며, 일부러 출입구를 불편하게 만드는 것은 이상하다. 그러나 리큐는 일부러 그렇게 만들었으며, 그럼으로써 종래에는 없었던 구조적 의미를 새로이 다실에 부여하였다.

니지리구치는 다실의 도코노마[18]와는 반대편에 있는데, 손님이 다실에 들어가기 위해 몸을 굽혀 니지리구치를 통과할 때, 우선 제일 먼저 도코노마가 눈에 띈다. 그것도 반쯤 올려다 보는 듯한 자세로 도코노마가 눈에 들어오게 된다.

도코노마는 다실에서 아주 중요한 위치를 차지한다. 도코노마의 중요성은 서원풍의 넓은 다실이나 초암 작은 다실이나 마찬가지지만, 특히 후자의 경우 도코노마에 걸려 있는 소위 족자의 의미가 중시되는 만큼 도코노마는 한층 중요해진다. 리큐는 "족자만큼 으뜸가는 도구는 없다."(『남방록』[19])라고 했는데, 족자 중에서도 특히 묵적을 제일로 치고 있다. 그 도코노마를 다실에 들어가고자 하

---

18 도코노마(床の間): 일본 건축에서 객실인 다다미방의 정면에 바닥을 한 층 높여 만들어 놓은 곳으로, 벽에는 족자를 걸고, 바닥에는 도자기나 꽃병 등을 장식해 두는 장소이다. 초암다실의 공간 중 가장 중요하게 여겨지는 장소로서, 6장에서 상세히 다룸.

19 『남방록(南方録)』: 다도서, 난보 소케이(南坊宗啓) 저(著), 다도의 성서로 일컬어짐. 센노리큐(千利久)의 제자인 소케이(宗啓)가 리큐에게서 보고 듣고 익힌 다도의 소양과 마음가짐을 기록한 것으로, 리큐 사후 100주년 때 이 책을 발견한 다치바나 지쓰잔(立花実山, 1655~1708)이 원본을 필사하고 편집한 책. 전 9권.

는 손님은 우선 낮은 출입구인 니지리구치 입구에서 보는 것이다. 아니 보는 것이 아니라 보지 않으면 안 되게 되어 있다. 몸을 구부려서, 소위 경건한 마음으로 보게 되는 것이다.

니지리구치와 도코노마의 관계를 살펴보면, 무릎걸음으로 걷듯이 몸을 구부려 니지리구치를 통해 다실에 들어감으로써 싫든 좋든 도코노마를 우러러보도록 되어 있다. 리큐는 다도를 단순한 취미로서가 아니라, 다회를 주최하는 주인도 또 초대받은 손님도 다도를 종교적인 마음의 수련으로 삼도록 했다. 그러면서 족자 그 중에서도 특히 묵적을 으뜸으로 생각한 것은 묵적을 '일심득도(一心得道)의 물건(『남방록』)'으로서 높이 평가한 때문으로, 다도는 우선 다실에 들어가고자 하는 그때 마음을 겸허하게 지니는 것이 무엇보다 필요하다고 본 것이다. 그러기 위해서는 손님은 자신의 몸을 구부리고 엎드려서 입실하는 자세가 필요했다. 또 작은 니지리구치는 몸을 구부림과 동시에 몸을 움츠려 작게 만들기도 해야 했다. 예를 들어 아무리 고관대작일지라도 초암다실에서는 이 니지리구치라는 관문을 통과하면서 반드시 몸을 굽히는 행위를 해야 했다.

『선종무문관』[20]에서 "참선은 모름지기 조사(祖師)의 관문을 통과해야 하며, 오묘한 깨달음(을 위해서는) 마음 길의 끝까지를 끊을 것을 요구한다. 조사의 관문을 통과하지 못하고 마음 길을 끊

---

20 『선종무문관(禪宗無門關)』: 송나라 무문혜개(無門慧開, 1183~1260)가 고래(古來)의 공안(公案) 48칙을 선정해 해석한 책. 일본에는 무혼가쿠신(無本覺心, 1207~1298)이 전했다. 특히 제 1칙인 조주무자(趙州無字)의 공안이 유명함.

지 못하면 모두 초목에 붙은 삿된 정령같이 되리니."라는 글귀가
있다. 여기서 조사는 당나라의 조주(趙州)스님[21]을 가리키는데, 조
주가 한 스님에게 "개에게도 불성이 있습니까?"라는 질문을 받고
"없다."라고 대답한 그 무(無)의 관문[22]을 통과하는 것이 필수조건
이며, 이 관문을 통과하지 못하면 수행자는 초목에 붙은 한갓 삿된
정령이 될 것이라는 것이다.

　선을 수행하고자 하는 자는 이 무(無)가 무엇을 의미하는가를 철
저히 구명하지 않으면 안 되는 것이다. 선에서의 오묘한 깨달음은
오로지 이 무의 관문을 통과함으로써만 얻어질 수 있는데, 니지리
구치란 소위 이 무(無)의 관문으로, 이 관문을 통과하지 않고서는
다도의 정신은 얻어질 수 없다고도 할 수 있을 것이다. 리큐는 선
수행을 쌓은 사람으로, 『선종무문관』에서 말하고 있는 사상을 이
니지리구치의 근본 의미로 삼은 것으로 여겨진다. 손님이 어떤 지
위에 있든 선 채로는 이 다실에 들어올 수 없고, 위에서 "마음 길
의 끝까지를 끊을 것을 요구한다."라는 구절처럼, 니지리구치에서
는 명예도 지위도 모든 세속의 권위도 버리고, 깨끗하고 순수하며

21　조주종심(趙州從諗, 778~897): 남전보원(南泉普願, 748~834)의 제자. 대표적인
　　화두는 무자(無字) 화두, 정전백수자(庭前栢樹子) 등이 있으며, 『조주록』을 남김.
22　무(無)의 관문: 조주선사가 '무(無)'라고 한 것은, 그대가 만일 개가 미물이라
　　고 '불성이 없을 것이다. 또는 있을 것이다'라는 식으로 차별심과 분별심을 갖
　　는다면, 그것은 결국 어리석은 중생심으로서 깨달을 수 없다는 의미이다. 그
　　러므로 있다. 없다는 분별심을 갖지 말라는 것이다. 즉 '있고 없음'의 무(無)가
　　아니라, 유무(有無)의 분별을 떠난 절대적 무(無)를 가리키는 것으로, 차별과
　　분별 그리고 집착을 떠나 깨달음의 마음을 지니라는 뜻이며, 이 깨달음의 절
　　대 경지를 '무(無)'라고 표현한 것이다.

겸허한 마음을 지니고 들어가야 한다는 것이다.

리큐는 "초암 다도는 제일 먼저 불법(佛法)으로 수행 득도하는 것이다(『남방록』)."라고 하였는데, 이 말처럼 리큐는 초암 다도에서는 불법이 가장 중요하다고 보고 있다. 바꿔 말하면 선의 정신이야말로 다도의 정신이라는 것인데, 다실은 불법으로 수행하는 도량이고, 이 도량의 관문이 니지리구치인 바, 이런 니지리구치가 단순한 입구일 리는 없다.

대승불교의 기본사상에 '초발심변성정각(初發心便成正覺)'[23]이라는 말이 있다. 처음으로 보리심을 일으켰을 때, 그것이 그대로 궁극의 깨달음으로 이어진다는 것을 의미한다. 니지리구치는 처음 보리심을 일으킨 수행자의 모습과도 비슷한데, 낮은 출입구인 니지리구치는 다실로 향하는 첫 문이자 동시에 또 궁극의 의미를 나타내는 관문인 것이다.

다실에서는 앞에서 말한 바와 같이 도코노마가 가장 중요한 위치를 차지하는데, 그 도코노마에 대응해서 만들어진 니지리구치는, 도코노마를 궁극의 대상으로 친다면 그를 향한 첫 문에 해당한다. 이 첫 문이 바로 궁극으로 이어지는 것으로, 이 니지리구치는 도코노마와 동등의 자격으로 다실에서 중요한 위치를 차지한다. 니지리구치가 도코노마에 대응해서 만들어졌다는 것은 이것만

---

23 초발심변성정각(初發心便成正覺): 『화엄경』「범행품(梵行品)」의 구절로서, 처음 발심한 그대로 바로 정각을 이룬다. 즉 신심이 확립된 첫 마음을 잊지 말고, 잘 지키고 가꾸어야 한다는 의미임.

으로도 굉장히 흥미롭다. 초암다실은 도코노마가 니지리구치를 가짐으로써 그 의미와 가치를 한층 더했다고 할 수 있다. 도코노마의 족자를 차 도구의 으뜸으로 생각하고, 그 족자 중에서도 선승의 붓으로 그린 묵적을 가장 귀한 것으로 여기는 것은, 니지리구치를 통해 다실에 들어감으로써 비로소 그런 정신적 의미가 이해될 수 있다. 니지리구치가 지닌 사상성을 보지 않고서는 도저히 묵적이 제일이라고 하는 생각이 나올 수가 없을 것이다.

또한 니지리구치에 대해서는 이런 말도 할 수 있다. 몸을 굽히고 들어간다는 것은 몸을 웅크리는 것과 같은 형태로 들어가는 것을 가리킨다. 여기서 웅크리고 다실 안을 바라보면 구멍을 빠져나가 밖으로 나온 것처럼 시야가 넓어진다. 작은 다실은 선 채로 들어가면 방의 비좁음을 먼저 느끼게 된다. 리큐는 이 좁은 방에 웅크리듯 무릎으로 걷듯이 들어가게 함으로써 방의 비좁음을 극복하고자 꾀했던 것이다. 아니 극복하고자 했다기보다는 또 다른 의미의 넓이를 느끼게 하려고 시도한 것이다.

대승경전인 『유마경』[24]을 보면, 유마거사는 조그만 방장(方丈) 속에 3만 2천 석의 좌석을 마련하고 있다. 공간적인 넓이에 사로잡히면 큰 것에는 작은 것이 들어가지만, 작은 것에는 큰 것이 들어갈 수가 없다. 방장 크기의 거실에 3만 2천의 좌석이 도저히 들어

---

24 『유마경(維摩經)』: 대승불교의 재가주의(在家主義)를 천명한 불교경전. 3권.
　　공(空)의 사상을 밝힌 경전으로서 반야공관(般若空觀)의 사상에 의한 대승
　　보살의 실천도를 보여주고, 정토교의 뜻에 의한 재가신도의 종교적 덕목을
　　천명함.

갈 리 없을 것이다. 그것을 유마거사가 쉽게 들어가게 했다는 것에 이 경이 설하고자 하는 공(空)²⁵의 세계가 존재한다. 공이란 산스크리트어의 Śunyatā로, 존재에 대한 잘못된 집착을 부정한다는 것이다.

리큐는 니지리구치를 통해 다실로 들어감으로써, 유마거사가 의도했던 것처럼 좁은 거실 속에 무한한 넓이를 구현하고자 한 것이다. 좁은 입구에서 무릎걸음으로 걷듯이 들어감으로써 심리적으로 방이 넓다고 느끼게 함과 동시에 공(空)의 세계, 즉 넓고 좁음의 차별의식을 넘어선 공의 세계를 체득시키고자 한 것이다. 니지리구치를 통해 손님이 다실에 들어감으로써 초암의 작은 방은 사실 이미 작은 방이 아니게 되며, 무한한 넓이가 거기에 전개되는 것이다. 다실은 서원풍의 넓은 방에서 점점 좁은 방으로 변천해 갔는데, 그 작아져 갔다는 사실은 작은 곳에 무한대의 넓이를 부여하는 정신성의 의미가 갖추어져 있었던 것이다.

다실에는 다실의 정원이 있는데, 그 정원을 지나 다실로 이르는 길이 이어지며, 손님은 니지리구치에서 다실로 들어감으로써 여기서 정원과의 연관성은 끊어진다. 정원이 외경(外境, 밖)인 데 반해서 다실은 내경(內境, 안)을 이루는데, 이 두 경계의 접점에 니지리구치가 존재한다. 외경은 문 밖의 넓이를 가지지만, 초암의 작은

---

25 공(空): 공(空)이란 있느냐 없느냐의 소유의 개념이 아닌, 고정불변의 실체가 없다는 의미로, 고정불변의 실체가 없는 존재에 대한 아집은 부정된다는 의미임. 즉 모든 존재는 자성 없이 연기(緣起)적으로 존재하기 때문에 실체로서 존재할 수 없다는 것.

방 정도면 내경은 분명히 좁다. 그 작은 방의 좁음을 외경 이상의 무한한 넓이로 느끼게 하려는 데 리큐의 철학이 존재한다. 리큐는 그 철학을 니지리구치에 부여한 것이다.

『유마경』은 반야사상[26]을 설하는 경전인데, 반야의 사상에는 예를 들어 "산은 산이다. 그러나 산은 산이 아니다. 따라서 산은 산이다."[27]라는 논리가 있다. 있다든가 없다든가 하는 이원적인 관점을 넘어서서, 산은 그 자체로서 존재한다는 것이다. 니지리구치에 대한 의미 규명을 좀 더 상세하게 해보자면, 이 반야의 논리가 거기에 존재한다. 외경은 넓고 내경은 좁다고 보는 것에 머무르지 말고, 넓고 좁음에 구애받지 않는 곳을 보지 않으면 안 된다. 니지리구치는 이런 얽매임을 부정하는 것이다. 니지리구치가 없었다면 이런 의미에서 초암 작은 다실은 성립하지 않고, 단지 비좁고 궁색하기 짝이 없는 작은 방에 지나지 않았을 것이다.

니지리구치는 도코노마와 함께 작은 다실에서 중요한 의미를 지니고 있는데, 높이, 폭 모두 2척(60cm) 될까 말까 하는 좁은 입구에 착안한 리큐의 선 수행체험은 여기서 생겨나는 것이다.

이윽고 다도의 접대가 끝나면, 손님은 또 이 니지리구치로 빠져

---

26 반야(般若)란 대승불교에서 만물의 참다운 실상을 깨닫고 불법을 꿰뚫는 지혜로서, 온갖 분별과 망상에서 벗어나 존재의 참모습을 앎으로써 성불에 이르게 되는 마음의 작용을 이른다. 이를 바탕으로 한 반야사상(般若思想)이란 연기설을 공(空)의 입장에서 해명하여 지혜롭게 사는 법을 철학적으로 제시한 불교의 대표적인 사상이다.
27 『금강경』의 즉비론(卽非論)을 가리킴. 주16) 참조.

나가면서 다석에서 물러난다. 다실 밖으로 나온 손님은 이상하게도 외부환경의 넓이가 느껴지지 않는다. 무한대의 넓이가, 외경보다는 오히려 다실 안에 있었던 것처럼 생각된다. 유마경은 겨자씨 속에 수미산과 같은 큰 산을 담을 수 있다고 설한다. 다실을 둘러싼 외경뿐만 아니라, 천지우주도 다실 속에 담을 수 있게 된 이상, 새삼 외경의 넓이에 놀랄 것은 없다. 겨자씨 속에 수미산을 담아보라는 선의 공안도 불가사의하지 않다. 선의 깨달음은 일견 불가능하게 여겨지는 이런 것들을 가능하게 한다. 진정한 의미에서 니지리구치를 출입할 수 있는 사람은 차(茶)에서 깨달음을 이룬 사람이라 해도 좋을 것이다. 리큐의 다도는 이 깨달음을 얻는 것을 가장 큰 목적으로 삼은 것으로 생각된다.

3. 다실정원(로지, 露地)

로지(露地)[28]란 한마디로 말하자면 다실정원이다. 로지(露地)는 일본식으로 동일한 발음인 로지(露次, 路次, 鹵地) 등으로도 쓰지만, 경우에 따라서는 똑같이 발음되는 로지(廬路, 爐地)로도 쓰였다.[29] 이 중 로지(路次)는 한자의 뜻 그대로 통로이다. 일반적으로 로지(路次)라고 하면 거리의 비좁은 길을 가리킨다. 그 로지가 다실의 정원이 된 내력은 로지(路次)를 로지(露地)라는 말로 바꾸어 쓴 사실을 생각해보면 알 수 있다.

로지(廬路)의 廬는 초암을, 路는 초암으로의 통로를 의미하며, 爐는 다실의 화로를 가리키면서 의미상 초암을 나타내는 것으로 여겨지는데, 그렇게 보면 역시 爐路는 초암으로 가는 통로를 의

---

28 로지(露地): 이 장(章)에서는 로지의 어원과 변천과정을 통해 초암다실의 정원인 로지가 '속계의 번뇌를 떠난 고요한 경지'인 불교의 깨달음의 세계를 상징함을 보여주고 있다.

29 이 다섯 한자(露次, 路次, 鹵地, 廬路, 爐地)가 일어로는 모두 똑같은 음(音)인 '로지'로 읽힘. 로지의 어원을 한자의 뜻을 통해 밝히면서, 한자음으로는 다르게 발음되나 일본식으로는 모두 똑같이 '로지'로 발음된다는 것을 보여준다.

미한 것으로 이해된다. 로지(露地)의 로(露)는 어떤 것도 덮여 있지 않은 푸른 창공 아래 있다는 것으로, 이때 로지란 햇볕에 노출되어 있는 토지를 말한다. 한편 로지(鹵地)는 초목이 자라지 않는 불모지로, 통로가 아니라 단지 토지를 나타내고 있다는 점에서 노출된 땅(露地)이라는 의미에 가깝다. 露次는 露地의 음을 빌려 표기한 것인데[30], 鹵地 또한 露地의 음을 빌려 표기한 것으로 보는 편이 좋을 것이다. 음이나 훈을 빌려 표기한 글자로는 로지(廊地)라고 쓴 것도 있다.

다실이 큰 방의 일부를 병풍으로 둘러친, 소위 집 안에 마련된 공간[31]이었을 때는 외부에서 그 다실로 가는 통로가 필요하지 않지만, 나중에 다실이 독립된 건물이 되자 그 통로가 없어서는 안 되게 되었다. 그래서 초암다실이 완성되었을 때, 통로로서의 로지(路次, 좁은 길)가 만들어졌다는 것은 충분히 이해된다. 로지란 다실정원을 의미한다고 했는데, 통로인 로지(路地)가 다실정원(露地)으로 불리게 되어도 로지(露地)에 통로의 의미가 들어 있다는 것은 말할 필요도 없을 것이다. 일본식으로는 같은 발음일지라도 다만 로지(路地)가 아닌 로지(露地)라고 한 것에서, 통로가 단순한 통로가 아니라는 점을 밝히고 싶은 것이다.

초암다실이란 불법(佛法)으로 수행 득도하는 도량이며, 그 초암

---

30 이렇게 한자 본래의 뜻과는 관계없이, 그 음이나 훈을 빌려서 어떤 말을 표기하는 한자를 일본에서는 아테지(当て字)라고 부른다.
31 이런 다실을 '가코이(囲い)'라고 부른다. 주 72) 참조.

차에 엄격한 정신성이 깃들어 있음을 생각할 때, 그곳으로 가는 통로는 단지 출입을 위한 실용적인 길만은 아니게 되며, 따라서 거기에 한 발을 들여놓을 때 엄숙한 마음가짐이 요구되는 길이 된다. 리큐는 로지(露地)라는 말을 늘 쓰지는 않았지만, 『남방록』의 "로지(露地)는 초암의 고요한 장소를 상징할 만한 이름이다."라는 한 마디는 매우 주목할 만하다. 리큐는 초암차에서 궁극의 차를 발견했는데, 이 한 마디는 초암 작은 방과 함께 로지 또한 중요하게 본 것으로, 로지는 '초암의 고요한 장소'를 '상징할 만한 이름'이라고까지 말하고 있다. 고요한 장소를 상징할 만한 이름이라고 한다면 이미 단순한 통로일 리가 없으며, 통로라기보다는 '장소[境]'라는 문자에서 알 수 있듯이 여기에는 공간적인 넓이가 엿보이는 것이다.

즉, 리큐는 통로로서의 로지(路地)를 '장소'로 파악해, 이것이 초암과 일체를 이루는 다실정원으로 생각한 것이다.

그러면 리큐가 정원이라고 생각한 로지(露地)란 어떤 것일까. 로지란 불교용어로서, 산스크리트의 Ākāśe[32]의 번역이다. Ākāśe는 Ākāśa의 어미 변화형인데, Ākāśa는 허공(虛空)이라는 의미이다. 이 원어는 『법화경(Saddharma Puṇḍarika Sutra)』[33]의 「비유품」[34]에 나

---

32 Ākāśe: '허공'을 의미하는 Ākāśa의 처격(處格). 원서에는 Ākāśe로 적혀 있으나, 오자(誤字)이므로 정정했음.(동국대 인도철학과 김호성 교수의 수정)
33 『법화경』:『묘법연화경(妙法蓮華經)』의 약칭으로, '흰 연꽃과 같은 올바른 가르침의 경'이라는 뜻. 부처님의 지혜를 열어[開], 보여[示], 사람들로 하여금 깨닫게[悟] 하고, 부처님의 지혜에 들게[入] 할 목적으로 편찬된 경으로, 한자로 7만여 자가 되는 경전. 천태종의 소의경전임.
34 비유품:『법화경』에는 7가지의 비유가 있는데, 여기에 인용된 것은 '삼거화택

오는데, 구마라집(鳩摩羅什, Kumārajīva)[35]은 이것을 로지(露地)라고 번역했고, 그가 번역한 『법화경』의 유포와 함께 이 번역어도 널리 알려졌다.

「비유품」 가운데 장자[36]의 자식들이 화염에 둘러싸인 집안에서 장난감을 가지고 놀고 있는 것을 장자가 발견하고, 이 자식들을 집 밖으로 나오게 하기 위해 밖에는 양 수레, 사슴 수레, 소가 끄는 수레가 있으니까 빨리 와서 구경하라고 유인하는 방편을 써서 구출할 수 있었다고 한다. 그 경의 한 구절에 "자식들이 무사히 나올 수 있어, 모두 네거리의 로지(露地)에 앉는다."가 있는데, 자식들이 도로가 열 십(十) 자로 교차하는 네거리로 빠져 나와 거기에 앉아 있었다고 적혀 있다.

무심히 이 구절을 읽으면 로지(露地)는 단지 푸른 하늘 아래의 땅에 불과하나, 문자나 문장의 표면적 뜻이 아니라, 그 이면에 있는 의미를 다음과 같이 파악할 수 있어야 한다.

화염에 에워싸인 집이란 불교에서 '삼계는 화택과 같다'고 하는 것처럼, 우리들이 살고 있는 세계가 마치 화염에 싸인 것처럼 고통스럽고 불안한 상태에 놓여 있는 것으로 보고 있다. 삼계[37]란 삼단

(三車火宅)'의 비유임.

35 구마라집(鳩摩羅什, 344~413, 혹은 350~409): 중국 남북조시대의 역경승(譯經僧). 인도인을 아버지로, 기지국왕의 여동생을 어머니로 둠. 『법화경』, 『아미타경』, 『중론』, 『대지도론』, 『성실론』 등을 한역함. 그 외 『유마경』의 주석 등도 남김.

36 장자(長者): 큰 부자.

37 삼계(三界): 생사유전이 끝없는 중생계를 욕계(欲界)·색계(色界)·무색계(無色

계로 나누어 생각되는 인간세계이며, 화택이란 번뇌다. 이 번뇌가 작열함으로써 자기가 자기를 괴롭히는 것이다. 경전에서는 비유적으로 자식들이라고 하지만, 자식들이란 많은 인간을 가리키며, 인간은 그 화택에서 벗어나야 한다는 것이다. 로지(露地)는 그 화택에서 이탈한 것을 나타내는데, 화택이 미혹의 세계라면 로지(露地)는 깨달음의 세계라고 봐도 좋다. 네거리란 불교의 진리 즉 고제·집제·멸제·도제의 4가지 진리[38]를 말한다고 이 경의 한 주석서는 설명하고 있다. '네거리 안의 로지(露地)에 앉는다'란 다시 말하면, 진리의 한 가운데 앉는다는 것이 된다.

『남방록』의 "로지는 초암의 고요한 장소를 상징할 만한 이름이다."라고 하는 구절은 전적으로 이 경에서 설하고 있는 로지의 의미를 내포하고 있다. 이 한 구에 이어 『남방록』은 또 다음과 같이 서술하고 있다.

『법화경』의 비유품에 장자의 자식들이 삼계의 화택을 나와 로지에 앉는다고 설할 때, 이 로지를 흰 소 또는 흰 로지[39]라고도 하는데, 일신청정 무일물[40]이라, 예로부터 재가(在家) 정원을 로지라고 부르

界)의 셋으로 분류한 것.
38 고(苦)·집(集)·멸(滅)·도(道)의 네 가지 진리로 구성된 사성제(四聖諦).
39 흰 소 또는 흰 로지: 선종에서 본성(本性)을 찾는 것을 그림으로 묘사한 심우도(尋牛圖, 또는 十牛圖)를 참고하면, 검은 색은 삼독에 물든 거친 본성을, 흰색은 삼독의 때가 벗겨진 본래 마음자리를 나타낸다.
40 일신청정 무일물(一身淸淨無一物): 한 몸이 청정하여 한 물건(번뇌)도 없다는 의미. 이와 유사하게 '본래무일물(本來無一物)'이라는 말이 있다. 본래 하나의

지 않으니… 이것을 리큐거사는 세간의 번뇌와 더러움를 떠나 청정한 심지를 나타낼 만한 곳이 된다고 하며… 청정한 로지(露地)가 드러난 모습은 나무와 돌로 이루어진 천연의 한 장소구나."

즉 리큐는 로지(露地)란 일신청정 무일물의 세계라고 단언한다. 리큐가 이 로지를 다실의 정원으로 삼은 원래의 뜻이 '세간의 번뇌와 더러움을 떠나, 청정한 심지를 나타내는' 것에 있다고 하여, 로지를 말하자면 깨달음의 장소로 만든 것이다.

다시 말하면 로지(露地)는 다실의 통로이지만, 로지에 발을 들여놓는다는 것은 세간의 번뇌와 더러움을 떠난다는 것이며, 속세간과의 단절임을 의미한다. 리큐는 로지(露地)를 로지(路地)라고 하는 단순한 통로 및 다실로 연결되는 길이라고 하는 데 만족하지 않고 통로 또한 다실의 일부로 삼아, 다실을 수행 득도의 도량으로 만듦과 동시에 로지(路地)를 로지(露地)라고 표현하여, 엄격한 정신 수행의 장소로 만들기에 이른 것이다.

"로지(露地)는 초암의 고요한 장소를 상징할 만한 이름이다."라는 구절은 로지(露地)와 초암다실과의 일체적 관계를 말하고 있는데, 리큐가 초암차에 깊은 정신성을 부여했을 때, 리큐 자신의 로지(路地)를 보는 눈이 크게 변화하여, 로지(路地)를 불교적 의미의

___
물건도 없다. 아무것에도 집착하지 않는 청정한 마음 상태를 비유하는 말이다. 『경덕전등록(景德傳燈錄)』의 「당(唐)나라 혜능(慧能)」에 실려 있는데, 여기서 유래하여 '본래무일물'은 아무것에도 집착하지 않는 무소유의 마음, 어디에도 얽매이지 않는 깨달음의 경지를 비유하는 말로 널리 쓰인다.

로지(露地)로 바꿔야 한다는 것을 알게 된 것이다. 그래서 통로가 정원이 되는 것이며, 그 정원도 로지(露地)라는 말로써 표현되는 특수성을 띄기에 이른 것이다.

원래 정원이라고 해도, 앞에서 인용한『남방록』의 한 구절 끝에 "청정한 로지가 드러난 모습은 나무와 돌로 이루어진 천연의 한 장소구나."라고 하듯이, 로지(露地)가 정원으로서 나무를 심고 돌을 놓아서 만들어졌다고 해도 그것은 청정한 로지가 밖으로 드러난 겉모습 즉 외상(外相)일 뿐이다. 이 외상에 대해서 정원으로서는 '일신청정 무일물'이라는 속뜻 즉 내상(內相)[41]이 그 외상을 뒷받침하고 있음을 간과해서는 안 될 것이다. '천연의 한 장소'의 천연은 인공에 대응한 말인데, 내상 그 자체가 자연에 의해 구현되는 것을 강조해서 이렇게 말한 것으로 여겨진다.

로지(露地)를 로지(路地)라고 적든 로지(路次)라고 적든, 죠오(紹鷗)[42]를 죠오(常翁)로 흔히 표기하는 차인들 사이에서 차음(借音)[43] 표기는 상습적이지만, 불교적인 로지(露地)의 사고를 정원에 도입한 것은 오로지 리큐의 뛰어난 식견으로 보아야 할 것이다.

그런데 로지(露地)라는 다실정원의 면적은 결코 넓거나 크지 않

---

41 외상(外相)과 내상(內相): 불교에서 언어, 동작 등 겉으로 나타난 모습을 이르는 말. 즉 외면, 겉모습. 여기서는 정원으로 나타난 겉모습. 내상은 외상(外相)에 대한 말로 내면의 모습.
42 다케노 죠오(武野紹鷗, 1502~1555): 무로마치 후기의 차인, 주13) 참조.
43 차음(借音): 다른 나라 말의 음을 적을 때 의미에 개의하지 않고 한자의 음을 따서 적는 방법.

다. 로지라는 정원의 특징은 보는 것을 위주로 하는 것이 아니어서, 보기 위해 조성된 광대한 서원 정원과는 아주 대조적이다. 서원차에서 초암차로 변천한 차의 역사는 정원의 모습에서도 엿볼 수 있다. 정원의 넓이는 좁은 다실에 상응한 면적으로 정해지는데, '정원 넓이 4척 5촌(약 120cm)'이라는 정원 도면에서 그 넓이가 대략 추측된다. 정원이 작고 좁은 것을 (다실 크기에 적용한) 유마거사의 방장(方丈)이라는 개념으로 헤아려보면, 4장 반의 다실이 좁지 않다는 것과 똑같은 논리로 작지도 좁지도 않다고 말할 수 있다. 그러면 왜 로지라는 다실정원은 보는 것을 중심으로 하는 정원과 다른 방식으로 만드는 것일까?

다실에는 몇 개의 창이 있으며 창을 어느 방향으로 낼 것인가는 로지와의 관계를 충분히 고려하여 정하는데(『남방록』), 창에 따라서는 장지를 열기만 하면 저절로 로지가 보이도록 만들어져 있어 바깥 경치(외경)를 다실 안에서 바라볼 수 있게 되어 있지만, 이 경우 저절로 보인다는 것과 보기 위해서 본다는 것을 구분해야 한다. 여기서 주목해야 할 것은 '청정한 로지인 외상(外相)'이라는 말인데, 겉모습 즉 외상(外相)은 내면의 모습인 내상(內相)으로 뒷받침되어야만 본다는 것의 의미를 살릴 수 있다는 것이다. 정원인 이상에는 어느 정도 수석이 배치되어 있어야 하고, 경관을 좋게 해야 한다는 것은 당연하지만, 그 외상은 내상이 있고서야 존재하는 것으로서, 경관이 우선시되는 것은 있을 수 없다는 말이다. 즉 보는 것만을 위주로 하는 정원이라는 것은 허용되지 않는다.

로지는 앞에서도 말한 것처럼 깨달음의 세계이며 그 깨달음을 정원으로서 구상화한 것으로서 겉모습으로 조성된 외상에만 얽매이는 것은 깨달음의 근본을 놓치는 것이 된다. 다실의 창에서 로지를 바라볼 때 저절로 보인다는 견해는 진정 도를 수행할 수 있었던 사람에게만 가능한 것이며, 만약 멍하니 다실에서 로지를 바라본다면 로지의 외상에만 눈을 빼앗긴 것일 뿐 수행 득도를 지향하는 마음이 결여된 것이기도 하다는 의미이다. 리큐는 아마 로지의 내상의 경지를 체득한 사람만이 그 정원을 보아야 하며, 보기 위한 것일 뿐인 정원이라면 이미 그것은 로지가 아니라고 생각했음에 틀림없다.

로지가 정원인 이상 정원답게 만들어지는 것은 당연하며, 또 그 정원 만드는 방식이 차인들 각자의 취향에 따라서 달라지는 것도 당연하다. 리큐는 복숭아와 비파나무를 싫어했고, 소나무나 떡갈나무 혹은 산수유나무 등을 심게 했다고 한다. 후루타 오리베(古田識部)⁴⁴는 꽃이 피는 나무는 모두 심지 않았다고 하며, 소탄(宗旦)⁴⁵

---

44 후루타 오리베(古田識部, 1544~1615): 아즈치·모모야마시대의 다이묘 차인. 센노리큐의 수제자인 7인(칠철七哲이라고도 함)의 한 사람이자 다도 오리베류의 개조. 처음에는 도요토미 히데요시를 섬겼으나, 히데요시의 사후 은거하여, 다도삼매의 생활에 들어갔다. 세키가하라 전투(1600)에서는 도쿠가와 측에 공로가 있는 것으로 인정받아 다이묘로 복귀했다. 도쿠가와가(家)의 다도 사범으로 칭송받았으나, 오사카 여름 전투(1615)에서 음모가 의심되어 할복함. 고보리 엔슈를 비롯한 많은 다이묘를 지도해서 다이묘차(大名茶)를 확립했으며, 오리베 도자기의 이름을 후세에 남김.

45 센 소탄(千宗旦, 1578~1658): 센노리큐의 손자로 센계(千家) 3대(代). 다선일미를 관철하며, 리큐가 추구한 와비차를 완성한 차인으로 '와비소탄'으로 칭송받음. 센노리큐의 다도를 이어받은 산센케(三千家: 오모테센케, 우라센케, 무샤노

은 겨울이면 시드는 나무를 아주 좋아해 심었다고 한다. 또 나무를 심어도 어떤 차인은 많이 심고, 어떤 차인은 적게 심었다. 무성한 가지의 나무를 심은 사람도 있으며 가지를 치고 심은 사람도 있다. 차인은 뛰어난 사람일수록 개성적이고 특징적인 취미 또한 있을 터이지만, 정원이 정원으로 만들어지면서도 어떻게 하면 단지 보기 위한 정원이 아닌 정원을 만들 것인가에 많은 차인이 고심했음에 틀림없다.

오리베는 "내외(內外)의 로지에 나무를 심는 일은 꿈에도 있을 수 없다『오리베 문서(織部聞書)』."[46]라 했다. 가지와 잎을 치거나 줄기와 가지를 인공적으로 구부린 작목은 결코 로지에 심어서는 안 된다고 엄하게 훈계까지 하고 있다. 호소카와 산사이(細川三斎)[47]도 똑같은 말을 하는데, 작목뿐만 아니라 이름난 나무만을 심어서는 바람직하지 않으며, 남천목(南天木)같은 나무를 많이 심는 것도 좋지 않다고 하고 있다『산사이전다서(三斎傳茶書)』.[48] 말하자면 보기 위한 정원으로서 사람의 눈만을 끌려고 하는 식목을 해서는 안 된다는 것이다.

리큐 이후의 많은 차인들이 로지에 관심을 가지는 것은 리큐가

코지센케)의 시조(始祖).

46 『오리베문서(織部聞書, 古田織部正殿聞書)』: 리큐의 수제자로 오리베류 다도의 개조인 후루타 오리베의 다도비서(茶道秘書)를 집성해 놓은 것.

47 호소카와 산사이(본명은 細川忠興: 호소카와 타다오키, 1563~1645). 호(號)가 산사이로, 아즈치 모모야마시대부터 에도 초기에 걸친 무장.

48 『산사이전다서(三斎傳茶書)』: 다도사조전서(茶道四祖伝書－利休伝・織部伝・三斎伝・宗甫伝) 중의 하나. 호소카와 산사이의 다서.

로지를 단순한 정원으로 생각하지 않은 것과 근본적으로 깊이 결부되어 있다. 불교가 지닌 로지의 철학을 정원에 적용한 것은 리큐의 탁월한 식견으로, 리큐는 다실의 정원은 눈으로 보는 것이 아니라, 말하자면 마음으로 봐야 한다고 주장한 것이다.

1828년에 간행된 『선차록(禪茶錄)』[49]이라는 책이 있다. 이 책은 다선(茶禪)의 근본이 같다고 설한 특색 있는 저서인데, 그 안에 「로지에 관한 것」이라는 한 장(章)에서 "로(露)는 드러낸다는 뜻이며, 지(地)는 마음을 말하는 바, 이것은 자성(自性)을 드러낸다는 뜻이다, 일체의 번뇌를 떠나 진여실상의 본성을 드러내기 때문에 로지(露地)라고 한다."라고 하였다. 나아가 다실은 마음의 본성을 드러내는 도량으로서, 다실 또한 로지라고 명명해야 한다고 하여, "로지(露地)는 다실의 또 다른 이름이다."라고 서술하고 있다. 더욱 이 "로지라고 하든 도량이라고 하든 다를 것은 없다."라고도 덧붙이고 있다. 로지를 단순한 정원으로 보지 않은 리큐의 사고방식을 『선차록』은 한층 더 사상적으로 강조한 것으로 여겨진다. 다만 『선차록』의 저자가 누구인지는 현재 정확히 판명되어 있지 않으며, 쟈쿠안 소타쿠(寂庵宗沢)의 저서라고 하는데, 이 사람이 과연 실존한 인물인지 혹은 가명인지 정확한 것은 알 수 없다. 한 설에는 소탄의 유서라고도 전해진다.

---

[49] 『선차록(禪茶錄)』: 현재 남아 전하는 『선차록(禪茶錄)』은 1828년(文政 11) 간행된 것. 저자는 쟈쿠안 소타쿠(寂庵宗沢)로 표기되어 있으나, 저자의 실재 여부가 확실하지 않음. 모두 열 개의 항목으로 되어 있으며, 다선일미(茶禪一味)를 주장함.

끝으로 로지에 대해 읊은 리큐의 노래라고 전해지는 것을 소개함으로써 이 장을 맺고자 한다.

"로지(露地)는 단지 세속 밖의 길이니, 마음의 먼지 따위로 더럽히지 말아라."

로지(露地)는 세속 밖에 있는 길로 이 길에 세속의 마음을 가지고 가면 안 된다는 것이다. 로지(露地)를 단순히 통로라는 의미의 로지(路次)로 보는 것은 리큐의 차 정신에는 부합되지 않는다.

가령 路次, 盧路 등 다른 한자를 썼다고 해도 그 의미는 로지(露地)가 아니면 안 되며, 궁극적으로 일심청정하여 한 물건도 없는 무일물(無一物)인 로지(露地)가 아니면 안 된다는 것이다. 따라서 로지에 발을 들여놓았을 때의 규약은 엄격하며, 로지의 마음을 가지지 못한 자는 여기서 멀리 물러서라고까지 말하고 있다.

로지에는 손을 씻는 그릇인 수수발(水手鉢)이 있는데, 그 물이 입을 헹구고 손을 씻기 위한 것이라 해도, 리큐와 난보(南方)[50]가 정한 로지의 규약 중에 "손을 씻는 물은 오직 마음을 헹구는 것을 가장 중요한 일로 삼는다."라고 되어 있다. 어디까지나 마음의 문제가 중시되고 있는 것이다.

---

50 난보 소케이(南坊宗啓: ?-?): 모모야마시대의 선승이며 차인. 센노리큐의 수제자. 오사카 근처 사카이(堺)에 있는 남종사(南宗寺)의 암자인 집운암(集雲庵) 제2대 승려로, 스승인 센노리큐로부터 들은 이야기를 정리한 『남방록(南方錄)』을 저술했는데. 이 책은 다도의 성서라고 불린다.

『다탕일회집(茶湯一會集)』[51]에 로지의 청소를 언급하고 있는데, 이 청소는 다만 먼지를 쓸어내는 것이 아니라, 마음의 청소라는 엄격한 정신적 의미를 동시에 포함하고 있다는 것도 생각하지 않으면 안 된다.

---

51 『다탕일회집(茶湯一會集)』: 에도 막부 말기의 쇼군[14대 도쿠가와 이에모치(德川家茂)]를 보좌하던 최고위직인 이이 나오스케(井伊直弼, 1815~1860)의 저술. 1845년경 성립된 에도 말기 다서 중 하나이다. 다도의 순서 및 주인과 손님의 마음가짐에 대해 적음. 다도의 마음가짐은 일기일회(一期一会)와 독좌관념(独座観念)으로 귀착한다고 하는, 이이 나오스케의 식견을 언급함. 일기일회(一期一會)는 리큐의 제자인 소지(宗二, 1544~1590)의 「산상종이기(山上宗二記)」에 나온 말로서 일생에 단 한 번뿐인 만남을 의미하는데, 이이 나오스케는 이 일기일회(一期一會)를 그의 저서인 『다탕일회집』 권두에 표현함.

4. 다실정원의 징검돌

선어(禪語)에 고목용음(枯木龍吟)[52]이라는 말이 있다. 고목에 바람이 불어 용이 포효하는 듯한 소리를 내는 것을 의미한다. 고목은 죽은 나무이다. 죽은 것이 생명이 깃든 것으로 바뀌었음을 비유적으로 이렇게 말한 것이다.

고목에서 생각나는 것은 돌이다. 돌은 상식적으로 분명히 생명이 없다. 이 생명이 없는 돌이 살아 움직이도록 바뀐다면 '돌은 살아 있다'고 말할 수 있을 것이다. 다실의 정원석은 이 살아 있는 돌을 발견하려는 것이다. 돌이 살아 있다고 생각하는 데에는 분명히 선(禪)사상의 영향이 있다.[53]

---

52 고목용음(枯木龍吟):『벽암록』의 조산본적(曹山本寂, 840~901)선사의 가타 시구(伽陀詩句)이다. 그 뜻은 바람이 불면 고목에서 용이 읊조리는 듯한 소리가 들리듯, 죽음 속에서도 생명을 본다는 것으로 곧 일체의 망상분별과 집착을 없앰으로써 그 무엇에도 걸림이 없는 대자재(大自在)의 경지에 오르는 것을 의미한다. [가타(伽陀)란 운문(韻文), 시가(詩歌) 등을 말하며, 특히 경(經), 논(論), 석(釋) 등에서, 시구(詩句)의 형식으로 불덕(佛德)을 찬탄하는 것을 가리킴. 송(頌), 송문(頌文), 게송(偈頌), 게(偈), 게타(偈他) 등이다.]

53 불교에서는 "무정물(無情物: 감정, 감각이 없는 것의 지칭)이 언제나 법을 설하고 있지만, 그것을 듣는 것은 오직 성인들뿐이다[승조, 보장론(寶藏論)]."라고 한

정원에 돌을 배치하는 것은 예전에 중국의 정원 조경에서 행해
졌는데, 중국에서 괴석을 모아 관상하는 풍습은 일찍이 시작되었
다. 이런 중국의 정원 조성 방법을 배워서겠지만, 일본에서도 산
모양을 만들고 물의 흐름을 끌어들여 산수의 아름다움을 구현하
고, 정원의 경관으로 기암괴석을 배치하는 일이 행해졌다. 가마쿠
라시대(鎌倉時代: 1192~1333)까지는 분명히 그런 식의 정원이 유행
했었다.

뒤이은 무로마치시대(室町時代: 1336~1573)에는 선(禪)이 모든
예술에 지대한 영향을 미쳐[54], 정원을 만드는 데도 그런 영향이 두
드러지게 나타났다. 기암괴석을 관상의 대상으로 삼을 뿐만 아니
라, 돌 그 자체에 생명이 깃들어 있다고 생각하며 살아 있는 움직
임을 돌에서 발견하고자 시도했다. 정원의 성립 연대에 대한 문헌

다. 즉 불성은 모든 것에 가득하고, 풀이나 나무에도 깃들어 있으며, 개미에
게도 완전히 퍼져 있으며, 가장 미세한 먼지나 털끝에도 있다. 불성이 없이 존
재하는 것은 하나도 없다. 이 세상의 모든 유정물과 무정물이 나와 연결되어
있다'라고 설함. 무정물 설법: 분별함이 없는 설법, 언어적인 사유를 멈추고
그 자체가 되는 것.[아미타경]

54 선이 일본에 유입된 것은 가마쿠라시대(鎌倉時代)로 소위 헤이안시대의 귀족
불교가 서민에게도 개방되기 시작한 무렵인데, 정토종계·천태종계와 함께 임
제종과 조동종의 선종계도 이 무렵 생겨난다. 이 선종은 일본에서는 순수하
게 종교성을 심화하는 쪽으로 발전했다기보다는 세속문화에 스며들어 일본
의 실생활 전반에 그 영향을 미치게 되는데, 소위 무로마치시대(室町時代)에
융성하게 된 선종문화가 그것이다. 일본문화의 근간을 이루게 되는 이 선종
문화는 서원 양식의 건축, 다도, 화도, 동양화, 일본 정원 등으로 꽃 피우게 되
는데, 그 중심 역할을 하는 것이 바로 임제종이다. (「다치하라 마사아키의 『겨울
의 유산』에 나타난 선불교의 변용」, 이현욱(2019), 『일본학보』 제 119집, p.165.).

55 대덕사(大德寺, 다이도쿠지): 교토시(京都市)에 있는 임제종 대덕사파(派)의 대
본산 사원. 본존은 석가여래. 개산은 슈호 묘쵸(宗峰妙超, 1283~1338, 大燈国

적 확증은 없지만 대덕사(大德寺)[55]의 탑두(塔頭)[56]인 대선원(大仙院)[57]이나 용안사(竜安寺)[58]의 돌 정원(석정石庭)은 무로마치 말기에 선 사상을 근거로 해서 축조된 것이 분명하다. 이 두 돌 정원(石庭)을 보면 분명해지는데, 여기의 돌은 한마디로 생명이 불어 넣어져 살아 있다는 것이다. 만약 돌 정원의 돌이 살아 있지 않다면, 그 정원은 단지 돌멩이가 뒹구는 공간에 지나지 않아 정원으로서의 아름다움은 어디에도 발견되지 않을 것이다. 돌 정원이 아름답다면, 그 아름다움은 우선 살아 있는 돌의 아름다움에서 비롯되었다고 보아야 한다. 그러면, 도대체 돌이 살아 있다고 하는 것은 어떤 의미일까?

정원석은 정원의 돌로, 정원의 모습과 잘 어울려야 한다는 것은 말할 것도 없다. 콘크리트로 만든 볼썽사나운 돌덩어리로는 정원

師)로, 1325년에 정식으로 창건되었다. 교토에서도 손꼽히는 규모의 선종사원으로 경내에는 불전이나 법당을 비롯한 중심가람 외에 20여 개의 보통 절 수준을 넘어서는 탑두(塔頭, 작은 절, 우리나라의 암자에 해당)가 늘어서 있어 근세 사원의 분위기를 띠고 있다. 15세기 잇큐(一休) 등에 의해 재흥, 조선통신사의 숙소로도 쓰였으며, 귀중한 미술품을 많이 소장하고 선차(禪茶)로 유명하다. 대덕사는 많은 명승을 배출하고, 다도 문화와도 인연이 깊어(12장 참조), 일본 문화에 많은 영향을 준 사원이다. 일본 다도 문화의 본고장이다. 본사 및 탑두사원에는 건조물·정원·장벽화(障壁画)·다도구·중국 전래의 서화 등 많은 문화재를 남기고 있다. 대덕사 본사는 일반에게 비공개이며, 탑두도 비공개인 곳이 많다.

56 탑두(塔頭): 본사의 경내에 있는 작은 부속 절.
57 대선원(大仙院): 1509년 76대 대덕사 주지인 고가쿠 소코(古岳宗恒, 1465~1548)가 창건. 리큐와도 인연이 깊은 곳. 선종 사원의 정원으로 유명함.
58 용안사(竜安寺, 료안지): 교토시(京都市), 임제종 사원. 물 없이 돌과 모래를 이용해 자연을 표현하는 카레산스이(枯山水) 정원으로 유명.

석이 될 수 없다. 돌을 정원석으로서 살리는 것은 어려운 일이다. 고목이 예전에는 살아 있던 나무였던 것처럼, 돌도 살린다고 한 이상에는 살려질 만한 돌이어야 한다. 돌에는 본래 생명이 없다고 해도 살리면 살아날 수 있는 정도의 그런 생명력이 있는 존재여야 한다. 고목용음의 고목처럼 돌도 그런 돌이 아니면 안 된다.

정원에 돌을 배치한다는 것은 괴석이면 어떨지 모르지만, 평범한 돌이라면 보통 감각으로는 아마 시도하지 못할 일이다. 하지만 선(禪)은 돌에 뭔가가 있다는 것을 가르쳤으며, 그 무엇인가를 구명(究明)하려는 자세가 돌에 있는 생명을 발견하도록 이끈 듯하다.

이미 말했듯이 로지는 보기 위한 정원이 아니며, 따라서 만약 본다고 한다면 이는 마음으로 보는 정원인 것이다. 여기서 마음으로 본다고 한 이상 단지 감각 기관을 통해서 그 아름다움을 보는 것은 아니다. 정원석의 돌도 단지 눈으로 보기만 해서는 그다지 아름답다고 할 수 없다. 로지는 눈으로 봐서 그다지 아름답다고 할 수 없는 이 돌에 주목하여, 돌에 생명력을 불어넣고자 시도했다.

대선원(大仙院)이나 용안사(龍安寺)의 돌 정원은 선(禪) 정원으로서 돌에 생명력을 부여함으로써 돌의 아름다움을 구현하고 있다. 여기에 비해 초암다실 정원인 로지는 대선원이나 용안사의 돌 정원처럼 큰 서원풍의 정원이 아니라, 좁은 공간 속에서 돌에 생명을 불어넣고자 하였다. 로지에서는 서원풍의 돌 정원처럼 자연석 배치 중심이라는 공간상의 초점이 없다. 그래서 똑같이 돌을 살린다고 해도 로지에서는 한층 생명을 불어넣는 일에 더 엄격해진다. 쓰쿠바이(蹲)[59]도, 석등도 단지 죽은 돌이라고 한다면 좁은 정원에서는 그저 눈에 거슬릴 뿐이다.

정원석, 지금 이 글에서는 돌은 돌이라도 오직 정원의 징검돌에 한정해서 언급하겠다. 로지의 돌이라면 징검돌이 가장 중요할 것이다. 로지(露次)는 통로(路次)이기도 하여, 다실의 정원임과 동시에 다실로 향하는 통로라는 것은 이미 언급한 바 있다.

그런데 징검돌은 다실정원인 로지 속의 통로이며, 띄엄띄엄 발을 옮기기 좋게 놓여진 돌로서, 그 징검돌을 따라서 다실로 들어간다. 원래 징검돌은 평평한 자연석을 배치하는 것이 일반적이나, 돌을 잘라 배치하거나 작은 돌을 다다미 모양으로 빈틈없이 깔거나 하여 그 형상의 변화를 시도하기도 했다. 그러나 돌에 생명을 불어넣고자 한다면, 자연을 생생하게 살리고자 하는 마음에서, 징검돌의 크기와 형태를 여러 가지로 궁리하여 배치하는 데 중점을 둔다.

징검돌은 지면보다 약간 높게 놓고, 돌과 돌의 간격도 약 3~4촌(10cm) 정도로 가깝게 되어 있다. 이때 지면보다 약간 높게 만든 것은 지면의 습기 찬 흙에서 수분이 신발에 스며들지 않도록 배려했기 때문이다. 눈이 와도 비가 내려도 다실로 향하는 길은 징검돌 같은 통로를 지나는 것이 원칙이다. 악천후 때는 특히 징검돌이 지

---

59 쓰쿠바이(蹲): 다실 뜰 앞의 낮은 곳에 갖추어 놓은, 손 씻는 물을 담아 놓은 그릇으로, 돌로 된 수수발(手水鉢)을 의미함. 주184) 참조.

면보다 약간 높지 않으면 길이 질척하여 신발을 더럽힐 수도 있다. 징검돌의 간격이 비교적 붙어 있는 것은 징검돌이라 해서, 팔딱팔딱 뛰어서 걷는 것이 아니라 조용히 얌전하게 걸을 수 있도록 하기 위해서이다.

『장암당기(長闇堂記)』[60]에 의하면, 징검돌의 기원은 아시카가 요시미츠(足利義満)[61]가 교토 교외의 센본(千本)[62]에 있는 도테이(道貞)라는 와비 차인의 암자를 방문했을 때, 짚신을 신고 있어서 다실통로에 종이를 깔아 암자로 모시게 된 것이 그 기원으로, 이 종이가 나중에 돌로 바뀐 것이라고 전하고 있다. 아마 다실 통로의 길이 눅눅해서 짚신에 수분이 스며드는 것을 피하기 위해 종이를 깔았을 것이다.

이 징검돌의 유래를 생각해보면 처음에는 단지 실용적인 측면에서 종이를 내구성이 있는 돌로 대체한 것이지만, 이런 실용성에 덧붙여 로지의 성립과 함께 징검돌을 정원의 중요한 요소로 삼으면서 또 다른 의미가 부여된 것이다. 로지가 단순히 다실 통로 이상의 정신적인 의미를 지니게 된 것은 이미 기술한 바이지만, 징검돌 또한 로지의 이런 정신적 중요성을 그대로 함께 지니고 있다고

---

60 『장암당기(長闇堂記)』: 에도시대 전기의 차인이며, 나라(奈良) 카스가샤(春日社)의 신직(神職)인 쿠보 곤다유(久保權大輔, 1571~1640)가 남긴 다도회상록.

61 아시카가 요시미츠(足利義満, 1368~1394) : 무로마치 막부의 제3대 장군. 남북조 내란을 통일하여 막부의 전성기를 구축함. 키타야마(北山)에 금각사를 지음.

62 센본(千本)은 현재는 교토 시내에 속한다.

봐야 한다.

로지의 의미를 중시한 것은 리큐인데, 그 속의 징검돌을 특히 중시한 사람 또한 이 리큐이다. 징검돌은 리큐가 고안한 것은 아니지만, 로지와 마찬가지로 징검돌의 정신성에 착안한 것은 아마 리큐부터라 해도 좋을 것이다. 징검돌의 정신성을 따지게 되면, 당연한 일이지만 그 돌은 이제 단순히 돌이 아니라 통로로서의 실용성 외에 살아 있는 돌로서 거론되는 만큼 정신성이 함축된 돌이어야 하며, 따라서 돌에 생명을 불어넣어 살아 있는 돌로 만들어야 하는 것이다.

리큐는 눈 오는 날 다회를 하는 경우, 손님이 눈 쌓인 징검돌을 밟고 다실로 들어올 때, 징검돌에 발자국이 남는 것을 싫어해서 징검돌 윗부분만은 물로 살짝 씻어 발자국을 없애도록 했다고 한다(『남방록』). 로지는 청정한 장소여야 하므로 징검돌도 청정해야 해서, 리큐로서는 발자국으로 징검돌이 더럽혀지는 것을 간과할 수 없었던 것이다. 이 징검돌이 청정하다는 것은, 그가 이를 단순히 돌로 간주하지 않았다는 것으로, 비록 징검돌의 용도가 발로 밟는 것이라 해도 돌 그 자체는 청정하고 생명력을 불어넣으면 마음과 통하는 돌이었던 것이다.

로지가 단지 보기 위한 정원이 아니었으므로, 리큐는 그저 정신없이 보게만 하는 것은 식물이든 돌이든 배치하기를 꺼렸다. 괴석을 늘어놓는 것도 경계하였다. 로지에 놓는 돌은 넋을 빼앗는 돌이 아니라는 점에서는 평범한 돌일 것이다. 징검돌의 티 나지 않는 배치는 이 평범함과 수수함 때문인데, 그 티 나지 않는 평범함이 걷기 위한 길이라는 실용성을 뒷받침해 준다. 선(禪)에서는 "도(道)는 평상(平常)에 있다."[63]고 하는데, 이 티가 나지 않는 곳에야말로 도가 있다고 한다면, 징검돌의 그런 티 나지 않음에 로지의 돌이 지니는 중요성이 깃들어 있다고도 할 수 있다. 그리고 이 티가 나지 않는 징검돌이야말로 대선원이나 용안사의 돌 정원에서 볼 수 있는 돌의 역할을 은밀히 나타내고 있는 듯도 하다.

돌을 살린다고 해도 징검돌에서 엿볼 수 있는 생명력의 소생 방식은 대선원이나 용안사와는 또 다른 것으로, 그 방식에는 반야의 철학 즉 A는 A가 아니기 때문에 A라는 식의 논리[64]가 들어 있는 듯하다. 의도적으로 생명력을 불어넣어 살린다고 하는 고의성 없이, 존재의 의미를 보면 자연적으로 거기에 생명이 깃들어 있다는 논리이다. 징검돌의 실용 측면에서 보면 소용없는 돌은 불필요하며, 따라서 "징검돌, 쓸모없는 곳에는 하나도 놓지 않는다, 단지 모양만을 취하여 쓸모없는 돌을 놓아서는 안 된다(『茶道舊門錄』)."[65]라는 논리도 성립하는데, 이때 쓸모없는 곳의 돌이란 정신적 측면

---

63 "도(道)는 평상(平常)에 있다.": 마조도일(馬祖道一, 709~788)의 선사상인 '평상심시도(平常心是道)'를 가리킴. 여기서 평상심이란 조작이 없고, 시비가 없고, 취사가 없고, 단상이 없으며, 범부와 성인이 없는 것으로, 즉 불성, 진여자성을 가리킴. 일상의 활동 전부가 바로 불성의 작용이기 때문에 일상생활 모두 진리가 있고 가치가 있다는 의미임[임혜봉(2005), 『차와 선 그리고 화두』, 도서출판 월간 다도사, pp.93~97].

64 『금강경』의 즉비론(卽非論)을 가리킴. 주16) 참조.

65 『다도구문록(茶道舊門錄)』: 후지무라 세이인(藤村正員, 1650~1733) 저(著), 사사키 산미(佐々木三味, 1893~1964) 편(編).

에서 보면 완벽하게 생명력이 깃들어 있지 않은 돌이라는 것이기도 하다.

그런데 돌을 살리는 방식에서, 호소카와 산사이(細川三斎)는, "도안(道安)[66]은 돌을 세로로 놓으시고, 리큐는 예스러운 멋이 나도록 놓으라고 말씀하셨다(『細川山斎御伝受書』)."라며, 도안은 '세로'로, 즉 징검돌을 재미있게 배치한 데 대해, 리큐는 예스러움이 풍겨나도록 배치했다고 한다. 즉 사람은 각자 자기 취향이 있어 징검돌을 놓는 데도 주안점이 달라서, 그저 실용성만이 아닌 자신의 취향을 표현하고 있음을 알 수 있다. 결국 돌에다 자신의 기호에 맞게 생명을 부여하고 있는 것이다. 특히 리큐가 '예스러운 멋이 나도록'이라고 한 것은 와비차의 마음과 직결되는 취향이며, 징검돌을 그처럼 살리고자 한 것은 와비차의 성립과도 중대한 관계가 있을 것이다. 자연석 배치라면 모르지만, 실용성을 담고 있는 징검돌에 '와비'의 정신을 부여하기란 용이하지 않다. 징검돌에 대해서 리큐가 와비 정신을 불어넣은 것은 과연이라고 감탄할 수밖에 없다. 또 이런 말도 전해진다.

징검돌의 역할에 대해, 소에키(宗易, 리큐)는 건너는 것을 6할, 경치를 4할로 해야 좋다고 하고, 오리베(織部)는 건너는 것을 4할, 경치

를 6할로 한다고 말씀하셨다 한다(『露地聽書』).[67]

여기서 경치는 보는 눈의 재미를 뜻하는데, 리큐는 '예스러운 멋이 나도록' 돌을 놓아야 한다고 하면서도, 통로로서 건너는 실용성을 6할로 하고, 보는 눈의 즐거움을 4할로 하고 있다. 후루타 오리베는 그것을 반대로 하고 있는데, 그 비율이야 어쨌든, 둘 다 정원석을 살릴 때 실용성만을 문제 삼지 않았다는 점을 중시해야 한다. 로지는 보기 위한 정원은 아니었지만, 돌에 생명을 부여함으로써 경관이 저절로 나타나는데, '세로'든 '예스러운 멋이 나도록'이든 보이기 위한 배치 의도가 있었던 것은 아니었다.

징검돌의 배치 방법으로는 비켜서 지나가는 '비킨 돌', 긴 모양의 '긴 돌', 세로로 죽 늘어놓은 '돌을 쭉 붙여 놓은 것' 옆으로 늘어놓은 '늘어선 돌' 등의 여러 고안이 일찍부터 행해진 것 같다. 리큐도 손님으로 초대받았을 때 이 같은 징검돌의 배치방법에 대해 마음을 모아서 보아야 한다고 했는데, 그 의미는 징검돌의 변화의 재미에 마음을 모아 본다는 것이 아니라, 돌이 차인 각자의 취향에 따라 어떻게 살려져 있는지를 보아야 한다는 것이다. 소슌(宗春)옹(翁)의 다도문서(『宗春翁茶湯聞書』)[68]에 의하면, 오리베는 징검돌에 좋은 돌을 사용하고, 도안은 간간이 나쁜 돌을 섞어서 쓴다고 하였

---

67 『로지청서(露地聽書)』: 우에하라 케이지(上原敬二, 1889~1981) 저서, 다도에 관한 책, 가지마서점(加島書店)(1983).
68 『소슌옹다탕문서(宗春翁茶湯聞書)』: 하리야 소슌(針屋宗春)의 저서. 다정(茶庭)에 관한 책(1612). 주172) 참조.

는데, 그것도 취향의 차이이면서 동시에, 돌을 살리는 방법이 다름인 것이다.

이처럼 징검돌이 단순한 통로가 아니라, 생명이 불어넣어진 돌이며 살아 있는 돌인 바, 아무렇게나 밟아도 괜찮은 돌은 아니어서 징검돌을 걷는 데에는 항상 조심스런 마음을 가질 것이 요구된다. 이이 나오스케(井伊直弼)[69]는 『다탕일회집(茶湯一會集)』[70]에서, 손님과 동행해서 징검돌을 걸을 때에는, 앞 손님과의 간격을 징검돌 서너 개 띄어서, 나막신 소리도 나지 않게 조용히 걸어야 하며, 아주 신중하게 걸을 것을 요구하고 있다.

"초암 다도는 제일 먼저 불법으로 수행 득도하는 것이다(『남방록』)."라고 리큐는 말하는데, 그 수행 득도는 먼저 징검돌을 걷는 방식에서부터 시작해야 하는 것이다. 나오스케는 "로지는 징검돌 이외를 밟아서는 안 된다. 또 돌에 따라서는 미끄러지는 일이 있으니 한 가운데를 신중히 밟을 것이며, 나막신 소리에 그 사람의 마음이라도 드러나게 되면 실로 얼마나 부끄러운 일인가?"라고도 훈계하고 있는데, 나막신 소리 하나에도 마음속이 간파된다고 해서 걷는 것을 경솔히 해서는 안 된다고 말한다. 들뜬 마음으로 걸으면 자연석인 징검돌에서 그만 발이 미끄러지는 일도 있으니, 돌 한 가운데를 신중히 밟는 마음가짐이 아니면 안 된다는 것이다.

---

69 이이 나오스케(井伊直弼, 1815~1860): 에도 막부 말기의 대로(大老: 쇼군을 보좌하던 최고의 벼슬). 『다탕일회집』 저술.
70 『다탕일회집(茶湯一會集)』: 에도 말기 다서의 하나로 이이 나오스케(井伊直弼)의 저서. 주51) 참조.

선에서는 억지이론을 열심히 생각하는 것보다 우선 발밑을 조심하는 것이 중요하다[71]고 가르치는데, 징검돌을 바르게 걷는 것이 바로 이 발밑을 소홀히 하지 않는 것이다. 징검돌이 단순한 돌이 아니라는 것을 알면 결국 그런 태도를 취할 수밖에 없을 것이다.

"로지는 징검돌 이외를 밟아서는 안 된다."라는 말에서 알 수 있는 바와 같이, 다실 통로가 단지 하나의 징검돌에 한정되어 있는 것은, 일심득도라는 차의 외길 정신 수행과도 일맥상통함을 시사하고 있다. 리큐 당시에는 징검돌이 없는 잔디나 이끼 낀 로지도 없지는 않았지만, 징검돌 배치에는 차(茶)가 가지는 정신적 의미가 구현되어 왔다고 봐야 한다.

로지에는 쓰쿠바이가 있고, 석등도 있지만 다실에서 차지하는 비중이 적어 이 각각에 마음을 모아 볼 필요는 있어도, 로지에서 돌이라면 우선 다른 것은 다 제쳐두고라도 징검돌이 가지는 의미에는 꼭 유의해야 한다. 이는 발밑에 밟히는 돌로서 눈에 잘 띄지 않는 돌이지만, 그 눈에 띄지 않는 곳에 생명이 불어넣어져 살아 있는 돌, 그것을 보지 못해서는 차인으로서의 자격이 없다고 해도 좋을 것이다.

---

71 자신의 발밑을 잘 살피라(照顧脚下)는 뜻. 원래 선어로, 밖을 향해 깨달음을 구하지 말고, 우선 자신의 본성을 잘 응시하라는 교훈의 뜻. 거기서 다른 사람을 향해 억지이론을 대기 전에 우선 자신의 발밑을 살피고 자신을 잘 반성해야 한다는 뜻으로 쓰임.

5. 다실의 창

　다실 형식이 서원풍의 넓은 다실에서 좁은 초암다실로 바뀌어 가는 과정에서 가코이(囲い)[72]라는 새로운 모습의 다실이 생겨난다. 가코이란 넓은 거실 구석을 병풍으로 에워싸서 칸막이를 한, 다다미 5, 6장 정도로 작게 만든 방으로, 문자 그대로 에워싸여진 작은 방이다. 이 작은 가코이가 나중에 독립된 건물인 초암다실로 발전했다.

　독립된 건물이라면 당연히 벽면으로 둘러싸인 내부 공간이 있으며, 여기에는 채광과 함께 환기 또한 고려해야 하는데, 그래서 창의 설치가 반드시 필요하다. 대체적으로 독립된 건물에서는 실용적인 의미에서 창을 빼놓을 수가 없다.

　그런데 초암다실에서는 창이 단순히 실용적 이유만으로 만들어지지는 않는다. 초암다실이 와비차의 정신에 입각한 것임을 생각하면 창 또한 와비의 정신과 연관성이 있어야 한다.

72　가코이(囲い): '에워싸다'는 어원에서 비롯된, 집안에 마련해 놓은 작은 다실.

죠오(紹鷗)의 제자인 소사(宗作)[73]는 다실은 북향으로 짓는 것이 채광상 가장 좋다고 했는데, 그 이유로서 "동·서·남쪽에서 들어오는 빛은 이상하다. 밝을 때 다구(茶具)가 좋지 않게 보이는구나."[74](『池永宗作伝書』)[75]라고 하고 있다.

창으로 받아들이는 광선은 보통 집이라면 밝은 것이 가장 좋겠지만, 다실은 너무 밝아도 안 되며 그 밝기에 불안정한 변화가 있어서도 안 된다. 만일 너무 밝은 광선이 비치면 차 도구가 좋게 보이지 않는다고 하여, 다실의 광선은 도구가 아름답도록 보이게 하는 것이 필요조건으로 되어 있었다.[76] 아마도 이런 사고방식은 소사가 스승인 죠오에게서 물려받은 것이겠지만, 차 도구가 차분하며 한적한 정취가 서려 있는 와비의 미를 나타내려면 그 도구의 아름다움을 드러내는 광선의 역할이 중요하므로, 소사가 우선 창의 밝기를 염두에 둔 것은 당연할 것이다. 다만 리큐(利休)로 내려오면 그는 남향이나 동향의 다실을 선호하여 광선의 효과에 대한 견해가 소사와 달라지는데, 그렇지만 광선이 눈으로 보는 차 도구의 아름다움에 관여한다는 인식에는 변함이 없었다.

---

73 이케나가 소사(池永宗作): 사카이(堺)의 거상(巨商)이며, 센고쿠(戰國)시대의 차인. 생몰년 미상.

74 소사가 자신의 저서 『이케나가 소사전서(池永宗作伝書)』에서 '다실의 창'에 대해 언급한 부분으로, '시간대에 따라 빛이 강해지는 동쪽, 서쪽, 남쪽의 창은 피해야 한다'는 뜻.

75 『이케나가 소사전서(池永宗作伝書)』: 다케노 죠오가 제자인 이케나가 소사(池永宗作)에게 전한 다도 매뉴얼.

76 이 당시의 다도는 진귀하고 아름다운 다도구를 다실에 전시해서 손님이 그런 다도구를 즐기는 것을 중시했다.

리큐는 소사와는 반대로 광선의 변화 자체에 흥미를 가져 그 변화를 살리고자 시도한 것으로 보인다. "산을 계곡, 서를 동이라 하여 다도의 법도를 깨고, 사물을 자유롭게 한다(『山上宗二記』)."[77]는 말을 들을 정도의 식견을 가졌던 리큐는 변화가 없는 광선에는 오히려 불만스러웠던 것 같다.

죠오는 다다미 4장 반 크기의 다실을 만들 때, 전하는 바로는 벽에다 흰색의 질 좋은 화지(和紙)[78]를 바른 것 같다. 반면 리큐는 벽을 토벽으로 만들었는데, 이때 처음에는 도코노마의 벽만은 흰색의 화지로 발랐지만 나중에는 도코노마도 같은 토벽으로 했다. 토벽의 다실은 흰색의 종이 벽지보다 광선의 반사가 적어 대체로 어두운 듯이 보인다. 그래서 리큐는 남향이나 동향 등 광선이 강하게 들어오는 방향에 창이 있는 다실을 생각해냈는지도 모른다. 사실 다실 내부의 벽이 흰 벽지로 발라졌는지 또는 토벽인지에 따라 다실의 방향이나 창을 내는 방식이 크게 달라진다.

묘희암(妙喜庵)의 대암(待庵)[79] 다실 벽에서 볼 수 있듯이 리큐는 갈대를 12~15cm 정도의 길이로 잘라 흙과 혼합한 후 내벽에 덧칠하여 벽을 어두컴컴하게 그을린 듯 만들고 있다. 말하자면 일부러

---

77 『야마노우에노 소지기(山上宗二記)』: 센노리큐의 제자 야마노우에노 소지(山上宗二, 1544~1590)가 1588년에 기록한 다도구의 비전서(秘傳書).

78 화지(和紙): 안피나무 껍질과 닥나무 껍질을 섞어서 만든 질 좋은 일본 종이.

79 묘희암(妙喜庵)의 대암(待庵): 묘희암(妙喜庵)은 교토부(京都府)에 소재하는 임제종 사찰로 국보인 대암(待庵)이 있는 곳으로 유명함. 여기서 센노리큐가 다다미 2장 다실인 대암(待庵)을 운영했는데, 대암(待庵)은 리큐가 만든 다실 중 현존하는 유일한 것.

다실 안을 어둡게 하고 있는 것이다. 리큐는 이 어둠을 외부 광선으로 자유롭게 조정하고자 시도했는데, 거기서 창에 대한 리큐의 새로운 고안이 생겨난 것으로 보인다. 아니 리큐뿐만 아니라 다른 몇몇 뛰어난 차인들도 다실의 창 내는 방식에 나름대로의 창의성을 더하고 있다. 리큐는 시골집의 칠하다 만 창을 보고 그것을 다실 창으로 도입하기도 했고, 후루타 오리베는 도코노마에 빛이 들어오도록 도코노마 옆에 창을 내고 있기도 하다.

창에는 격자창, 살창, 뼈대창, 들창 등의 여러 종류가 있다. 격자창[80]은 사각의 창틀에 대나무 격자 등을 박은 창이며, 살창[81]은 격자와는 달리 세로로만 대나무나 나무를 박은 창이다. 뼈대창[82]은 갈대라든가 등나무 덩굴로 만든 칠하다 만 창을 말하며, 들창[83]은 천창을 의미한다. 천창(天窓)은 방 안에서 막대로 밀어 올려 여는 데서 그 이름이 붙여졌을 것이다. 창이 광선을 받아들이고 환기를 위한 것일 뿐이라면 특별히 창의 종류가 이렇게까지 많을 필요는 없을 텐데, 실제로 다실의 창은 다양한 여러 종류가 존재하고 있

---

80 격자창(格子窓): 평면 또는 입체에서, 가로세로 같은 간격으로 규칙 있게 반복된 무늬나 구조인 격자 무늬로 창살을 짠 창.
81 살창(일본식으로는 連子窓): 다각형이나 보다 복잡한 단면을 가진 가늘고 긴 목재를 가로 또는 세로로 늘어세운 나무살창을 박은 창. 채광, 통풍, 방범을 목적으로 함. 사원이나 신사에서 사용하는 경우가 많으며, 일본에서는 법륭사(法隆寺, 호류지), 약사사(藥師寺, 야쿠시지), 춘일대사(春日大社, 카스가대신사), 대극전(大極殿)의 회랑 등에서 보인다.
82 뼈대창(일본식으로는 下地窓): 하지창이라고도 하는데, 농가의 봉당에서 보이는 흙벽의 일부를 다 바르지 않고 벽 아래의 갈대나 대나무를 그대로 드러낸 창.
83 들창(＝천창, 天窓): 밀어 올리는 창, 지붕의 일부를 잘라내어 채광용 창으로 한 창의 덮개가 있는 문. 다실 등에 사용.

다. 또 작은 다실 치고는 창의 수가 많은데, 창의 수를 기준으로 분류하여 육창암(六窓庵), 팔창암(八窓庵)이라는 호칭처럼 6개 또는 8개의 창을 내고 있다.

여기서 다수의 창을 낸다는 것은 무엇보다 다실 안의 광선상태에 세심한 주의를 다한다는 것인데, 이는 광선으로 단순한 명암의 밝기를 조절하는 데 그치지 않고 그 밝음을 어떻게 살릴 것인가의 궁리를 한다는 의미다. 뛰어난 차인은 자연 광선 그대로가 아니라, 창의 배치로 다실 안에 자신이 원하는 빛의 상태를 만들고자 하였다. 그래서 다수의 창에서 받는 다양한 광선으로 다다미 4장 반 혹은 그 이하의 좁은 다실이 주는 답답함을 해소하고 있다.

창에는 바깥으로 덧문[84]이 있고 안쪽으로 장지가 서 있는데, 덧문은 자유로이 걸거나 벗길 수 있으며 장지의 개폐도 자유롭게 할 수 있다. 원래 장지에는 덧문과 마찬가지로 걸고 벗길 수 있는 종류의 장지[85]가 있는 것도 있다. 덧문은 비바람이 치는 악천후나 추위가 아주 심할 때에 거는 문으로 창을 차단해서 보호하는 역할을 하며, 때로 실내의 광선이 너무 강할 때에도 이것을 이용하는 경우가 있다.

장지는 흰 종이를 발라서 이 종이를 통해 부드러운 빛이 비치

---

84 덧문(掛け戸): 구부린 못을 사용하여 걸고 여는 문.
85 걸고 벗길 수 있는 장지(가케쇼지, 掛け障子): 뼈대창 등의 안쪽 벽에 구부린 못을 사용하여 거는 장지. 장지(障子)란 방과 방 사이 또는 방과 마루 사이에 칸을 막아 끼우는 문으로, 미닫이와 비슷하다. 방을 밝게 하기 위하여 한 쪽에 흰 종이를 바른 장지(明かり障子)를 가리키는 경우가 많다.

도록 되어 있다. 다실 벽을 흰 종이 벽지로 바른 경우에는 아마 창의 흰 장지로 인한 빛의 효과는 없었겠지만, 리큐가 흙벽으로 바꾸었을 때 창의 흰 장지는 그 빛의 효과를 한층 더 발휘했을 것으로 보인다. 후루타 오리베는 벽을 빨간 흙으로 칠하고, 다회 때마다 이 칠을 새로 바꾸었다고 하는데(『오리베문서(織部聞書)』), 창의 광선에 대응하는 벽의 색채 감각을 효과적으로 나타내고자 한 새로운 시도였을 것이다. 다도구가 아름답게 보이도록 하는 광선에 대한 고려는, 리큐 때가 되면 결국 다실 전체가 차분하며 한적한 정취가 서려 있는 와비의 아름다움 속에 있도록 발전한다.[86]

창의 장지는 창의 크기에 따라 두 짝의 문짝을 끼운 미닫이 형식, 한쪽으로만 끌어당기는 미닫이, 또 앞에서도 말했듯이 걸고 벗길 수 있는 형식 등 여러 가지로 만들어졌는데, 장지를 열거나 떼냄으로써 바깥 경치를 바라보게 만든 경우도 물론 있다. 창은 원래 바깥 경치를 바라볼 수 있도록 고안된 것인데, 다실에서의 창은 장지를 닫았을 때의 광선의 효과와 열었을 때에 바깥 경치를 바라보는 조망의 효과 이 두 가지를 동시에 겨냥한 것이다. 예를 들어 후지무라 요켄(藤村庸軒)[87]이 만든 요도미노세키(淀看の席)[88]는 방

---

86 다니자키 준이치로(谷崎純一郎, 1886~1965)는 『음예예찬(陰翳礼贊)』에서 "아름다움은 물체에 있는 것이 아니라, 물체와 물체가 만들어내는 음영의 조화에 있다."라며, 일본 전통가옥과 다실을 예를 들면서 일본 전통에 나타난 음영의 효과를 설명하고 일본 고래(古来)의 미의식(美意識)과 미학(美学)의 특징을 주장하고 있다.

87 후지무라 요켄(藤村庸軒, 1613~1699): 에도 초기의 다도 스승. 센 소탄(千宗旦)의 수제자로서 요켄류(庸軒流) 다도의 개조(開祖). 스승의 엄격함을 전수해

남쪽에 있는 작은 창이 요도강[89]에 면하도록 만들어져 있는데, 다실에서 장지를 열고 달을 바라볼 수 있도록 되어 있는 좋은 장소이다. 장지가 붙박이로 고정된 것이 아니라, 개폐가 가능하도록 되어 있는 것은 당연히 열었을 때의 효과를 고려한 것이다.

다만 여기서 장지를 열고 바깥 경치를 대한다는 것에는 보충설명이 필요하다. 창을 열면 바깥 경치가 보이도록 되어 있다고 해도, 그 창이 경치를 보기 위해 일부러 만들어져서는 안 된다는 것이다. 리큐는 다실로 통하는 정원에서 너무도 아름다운 경치가 보이는 것을 차단하며, 일부러 초목을 심어 그 경치가 보이지 않도록 숨겼다고 한다. 리큐는 마음이 바깥 경치에 끌려 빼앗기는 것을 경계해서 이처럼 한 것이다. 다실을 단순히 차를 마시기 위한 장소가 아니라, 불법으로 수행하고 득도하는 장소로 삼은 리큐에게는 다실은 정신 수양의 장소였고, 따라서 일심득도(一心得道)가 그 목표였을 터이다. 그러므로 다실로 들어가는 마음가짐은 창으로 보이는 바깥 경치의 아름다움에 이끌려 산란하게 되어서는 안 된다는 것이다.

리큐를 비롯한 뛰어난 차인들은 창을 열어 바깥 경치를 바라보기는 했지만, 그 바라보는 방식은 또 다른 차원의 문제였다. 조망

와비에 철저함.

88 요도미노세키(淀看の席): 교토시의 금계광명사(金戒光明寺, 콘카이코묘지)의 탑두(塔頭)인 서옹원(西翁院)에 있는 다실. 후지무라 요켄 취향대로 1685~1686년경에 조성됨. 요도강의 조망이 가능하다 해서 붙여진 이름.

89 요도강(淀川): 교토 분지에서 나와 오사카만으로 흘러가는 강, 길이 75km.

을 고려하면 창은 넓고 큰 것이 가장 좋겠지만, 실제 다실의 창은 작고 좁게 나 있다. 그 작고 좁은 곳을 통하여 바라보려고 하는 것에 뭔가의 의미가 있는 것이다. 다실은 세속과의 교섭이 차단된 별천지다. 리큐가 지향한 초암다실은 불법으로 수행 득도하는 것을 목적으로 한 출세간의 세계로 그런 다실에서 바깥 경치를 본다는 것은 출세간의 입장에서 출세간의 눈으로 그것을 바라본다는 것이다.

앞에서 무문관(無門關)의 말을 인용해서 문이 없는 문을 꿰뚫어 보는 것의 중요함에 대해서 말했는데, 바깥 경치로 통하는 창은 말하자면 문이 없는(無門) 문(門)이기도 한 것이다. 즉 창이 없는(無窓) 창이다. 이 창 없는 창으로 바깥 경치를 보는 것이 아니면 그만 바깥 경치의 아름다움에 마음을 빼앗겨 정신을 어지럽히는 결과가 된다. 누군가 다실에서 창을 가만히 열었을 때, 만약 바깥 경치의 아름다움에 마음이 흔들렸다면, 이미 다실에 있을 자격이 없다. 그 사람에게는 다실이 단순한 거실에 지나지 않을 것이다. 리큐는 여름철 더울 때에는, 창의 장지를 떼어내고 발을 걸어 시원한 바람이 들어오게 하는 그런 것도 시도했는데, 경치와 마찬가지로 이 경우에도 시원한 바람에 마음이 사로잡혀서는 안 된다.

다실의 창은 대체로 사각형이 많지만, 간혹 둥근 창도 있고 화두형(花頭形) 창도 있다. 사각형이라고 해도 세로로 긴 것과 가로로 긴 것이 있는데, 그 가로 세로의 길이의 차이에도 세심하게 주의를 기울여, 리큐는 겨우 6mm 정도의 차이도 소홀히 하지 않았다고 한다. 마음을 가라앉혀 창을 바라보면 6mm 정도의 차이도 또렷이 보일 수 있는 것이다. 둥근 창은 다실 입구의 양옆 조그만 벽에도 있을 수 있는데, 고대사(高台寺, 고다이지)[90]의 시우정(時雨亭, 시구레테이)[91]처럼 도코노마의 한 중간에 있는 경우도 있다. 사실 시우정 같은 예는 극히 드물지만, 도코노마에 둥근 창을 낸 것에는 생각하기에 따라서 깊은 철학적 이치가 느껴진다.

선종에서는 마음을 구상화하여 원상(圓相)을 그리는 일이 있으며, 도코노마에 둥근 족자를 걸기도 하는데, 그 족자를 대신해서 둥근 창을 만들었다고도 생각할 수 있다. 혹시 산수화의 족자 대신에 창 너머로 바깥 경치를 바라보기 위한 것이었는지도 모르지만, 그러면 왜 굳이 둥근 창인가에 대한 설명은 되지 않는다. 창 너머로 바깥 경치를 보기 위해서라면 사각형 쪽이 훨씬 적합할 것이다. 다실 창에는 채광, 통풍, 조망이라는 실용적 목적 외에 또 하나 창 없는(無窓) 창으로서의 의미를 보지 않으면 안 된다. 이는 출세간의 눈으로 보는 창인 것이다.

화두형(花頭形)의 창은 연꽃잎의 형태를 취한 것인데, 불당의 창을 보고 떠올린 산물임에 틀림없다. 불법으로 수행 득도한다는 정신적인 수양이 중시된 다실에 연꽃잎 모양의 창이 만들어져도 이

---

90 고대사(高台寺, 고다이지): 교토의 히가시야마에 소재하는 임제종 사찰. 히데요시(豊臣秀吉)의 명복을 빌기 위해 지었으며, 정원은 고보리 엔슈(小堀遠州) 작품.
91 시우정(時雨亭, 시구레테이): 고타이지(高台寺) 경내에 있는 2층의 다실. 리큐의 취향으로 알려져 있음.

상하지는 않다.

다실에서 창이 얼마나 중시되는지는, 창의 수로 암자 이름을 붙인 것만 봐도 알 수 있다. 육창암(六窓庵)이라든가 팔창암(八窓庵)은 창의 수에 따른 것이다. 육창이란 불교의 육근설, 즉 눈·귀·코·혀·몸·뜻의 여섯 감각기관에서 유래한 것이며, 팔창이란 눈이 둘, 귀가 둘이라서 여덟 기관이라고 본 것이다. 다실을 한 인간으로 보고, 창을 감각기관으로 간주하여, 이 육근의 움직임을 어떻게 제어하는가를 다실이 지닐 과제로 삼고 있는 것이다. 육근의 움직임을 방임하면 욕망은 격해진다. 눈이 아름다움만 추구해 끝없이 움직인다고 하면, 이는 아름다움에 대한 망동(妄動)이라고도 할 수 있다. 명품 차 도구에 대한 애착이 도를 넘어도 그렇게 될 것이다.

차의 세계는 물질적인 미와 함께 정신적인 미의 중요성도 역설하는데, 육근 가운데 눈에 대해 말하자면, 눈은 물질적인 아름다움을 봄과 동시에 심적인 미도 봐야 한다고 가르친다. 육근은 육근 중 여섯 번째에 해당하는 의근(意根) 즉 마음에 의해 통일되는데, 감각기관이 제 마음대로 움직이는 것을 마음 속 깊은 곳에서 제어하고 있다. 가마쿠라시대의 잇산(一山)국사[92]의 어록에 '방장득월 누성상당(方丈得月 樓成上堂)'이라는 말이 있고, 그 속에 '육창영롱

---

92 잇산국사(一山國師, 1247~1317): 중국. 임제종 승려. 원나라 특사로 도일(渡日)하여 오산문학(五山文學: 가마쿠라 말기에서 에도 초기에 걸쳐 교토와 가마쿠라의 선승들이 쓴 한문학)을 발전시키는 계기를 만듦.

일실허백(六窓玲瓏, 一室虛白)⁹³'이라는 말이 보이는데, 여기서 방장(方丈)이 육창임을 분명히 하고 있다. 초암다실이 방장을 모방한 것이라고 보면, 다실에서 방이 허심을 나타낸 것처럼 창은 영롱을 나타내야 한다. 육창이든 팔창이든 각각의 감각기관들의 움직임은 그대로 두면서도 자유분방하거나 산란에 빠지지 않게, 영롱해서 마음의 허심 그리고 마음의 통일로 이어져야 한다.

팔창인 다실로서는 만주원(曼珠院)⁹⁴의 팔창헌이라든가, 계리궁(桂離宮)⁹⁵의 송금정(松琴亭)⁹⁶ 다실, 남선사(南禪寺)⁹⁷ 금지원(金地院)⁹⁸의 팔창석(八窓席) 등이 유명하다. 다만 금지원의 팔창석은 실제로는 육창밖에 없다. 도쿄국립박물관의 후원에 있는 다실은 육창암으로 불리며 육창석(席)이다.

요컨대 초암다실의 창은 인간의 감각기관에 비유될 정도로 깊은 의미를 가지고 있다. 다실 안에 앉은 사람들이 각각의 창을 자신의 감각기관의 하나하나라고 생각할 때, 창은 단순히 건축물의

---

93 육창영롱 일실허백(六窓玲瓏, 一室虛白): 영롱한 여섯 창에 맑고 텅 빈 방(육창 六窓=육근六根, 일실一室=의근意根을 가리킴).

94 만주원(曼珠院, 만슈인): 교토시에 있는 천태종 사원. 사이쵸(最澄, 766~822)가 히에이산에 창시함. 본존은 아미타여래.

95 계리궁(桂離宮, 가츠라리큐): 교토시에 있는 황실 관련시설. 일본 정원의 완성형으로서, 지금은 세계적인 명성을 얻고 있는 최고봉의 정원임.

96 송금정(松琴亭, 쇼킨테이): 교토의 계리궁 정원 내에 있는 다실. 고보리 엔슈 취향의 대표적 다실.

97 남선사(南禪寺, 난젠지): 교토. 임제종. 남선사(南禪寺)파의 대본산. 일본 최초로 칙명에 의해 국가 진호(鎭護)와 황실 번영을 위해 세워진 사찰이며, 모든 선사(禪寺) 중에서 특별대우를 받고 가장 높은 격식을 갖추고 있다.

98 금지원(金地院, 곤치인): 남선사(南禪寺) 암자(塔頭)의 하나. 고보리 엔슈(小堀遠州作)가 만든 정원이 일본 특별명승지로 지정되어 있음.

일부만은 아닐 것이며, 창이 언제나 자신과 유기적 관계에 있다는 것을 알 수 있을 것이다. 다실의 창은 아무 의미 없이 나 있는 것 같으나, 사실은 다실이 가지는 정신성이 창에도 내재되어 있음을 느껴야 한다.

장지의 채광으로 인한 미적인 효과와 연관시켜, 창을 단순한 창으로 삼지 않은 데에 다실 창이 가지는 특수성이 있다. 많은 차인들이 왜 창에 깊은 관심을 기울였는지 그 이유를 알 수 있을 것이다. 좌선할 때는 반드시 눈을 반쯤 뜨고, 눈을 완전히 감아서는 안 된다고 가르친다. 눈을 완전히 감으면 졸음이 오기 때문이다. 다실의 채광은, 말하자면 반쯤 눈을 감은 경우의 밝음에 비유하면 된다. 지나치게 밝아도 지나치게 어두워도 다도삼매에 들기에는 방해가 된다.

다실처럼 창이 많은 건축을 다른 일본건축에서는 잘 찾아볼 수 없는데, 그러면서 다실은 창의 수에 비해 결코 방 안이 밝지 않아, 다도삼매의 경지에 들기에 적당한 장소로 되어 있다. 다실만큼 창이 어떠한 모습으로 있어야 할 것인가의 본연의 상태를 추구한 건축은 달리 없을 것이다.

6. 다실의 도코노마

　다실 내부에 도코노마(床の間)[99]라는 특수한 장소가 생긴 것은 모모야마시대(桃山時代)[100]로 추측된다. 당시 글이나 그림을 족자로 만들어 감상하는 경향이 생겨나, 도코노마는 그 족자를 걸어놓고 감상하는 장소로서 만들어졌다.

　도코노마의 기원은 실내에 불화(佛畵)를 걸고 그 앞에 탁자를 놓아 꽃·촛대·향로를 올려놓고 예배한 것이 공간적으로 고정된 데서 연유한다고 한다. 즉 도코노마는 불화를 걸어 예배를 드리는 장소로 여겨져, 족자를 걸고 감상하면서도 경건한 마음으로 우러러보는 곳이 된 것이다. 도코노마의 특징은 일반적으로 객실의 다다미보다 약간 높게 되어 있는데, 우러러보는 장소이고 보면 높게 만

99　도코노마(床の間): 일본 건축의 특이한 양식인 도코노마는 다다미방의 정면에 바닥을 한 층 높여 만들어 놓은 곳으로 일반적으로 족자를 걸거나 바닥에는 꽃이나 명품 다기로 장식하는 공간인데, 초암다실에서는 이 도코노마에 불화를 걸어 예배를 드리는 '궁극의 장소'로 여겨 가장 중시함.
100　모모야마시대(桃山時代): 16세기 후반, 토요토미 히데요시(豊臣秀吉)가 정권을 잡은 약 20년간(1582~1602).

들어진 것도 당연하다.

객실은 응접실이며 거실이기도 해서 그 곳에서는 일상적인 동작이나 활동이 행해진다. 그러나 도코노마는 신성한 장소로 여겨져 그런 행동은 하지 않으며, 발을 들여놓거나 하지도 않는다. 그리고 신성한 장소이기에 그 위치 또한 객실의 중심에 있다. 도코노마는 객실의 부속 장소가 아닌 주요 부분을 이루는데, 서원처럼 넓은 방에서는 그 너비가 한 칸(약 1.8m) 이상, 어떤 곳은 세 칸(약 5.4m)이나 되는 경우도 있다.

초암다실에도 도코노마가 있다. 물론 서원처럼 큰 도코노마는 아니지만 여기에서도 그에 알맞은 도코노마가 조성된다. 리큐는 겨우 다다미 4장 반인 작은 방에도 한 칸짜리 도코노마를 만들었다고 한다. 도코노마는 다실건축의 발달과 함께 여러 구조상의 변화를 해왔는데, 도코노마가 신성한 장소로서 중요시된 것은 초암다실에서도 변함이 없었다. 아니 오히려 한층 더 중요시된 측면이 있다. 명품 다기가 존중됨에 따라 도코노마는 그 명품을 장식하는 장소가 되는데, 특히 묵적을 거는 장소가 되었다. 여기서 묵적이란 선사의 필적을 말하는 바, 이에 대해서는 앞에서 이미 언급한 바 있다.[101]

명품이란 중국이나 다른 외국[102]에서 건너온 외래품인데, 수입

---

101 묵적: 〈니지리구치〉 부분을 설명할 때 니지리구치가 도코노마와 같은 등급으로 중요하다면서 묵적도 언급함. 주113) 참조.
102 다른 외국: 주로 고려, 조선의 도자기.

품으로서 그 당시는 단지 그것만으로도 귀중했지만, 그것이 둘도 없는 명품이고 보면 귀중품 중의 귀중품으로 여겨졌을 것이다. 그 명품을 하나라도 가지고 있다는 것은 큰 자랑거리여서, "하나라도 외래품을 가지는 사람은 4장 반 (다실)을 만든다(『산상종이기』)."[103] 라고 하여, 명품 다기 하나만 가져도 다다미 4장 반 넓이의 다실을 만들 정도였다. 이 경우 다실을 만들었다는 것은, 명품을 장식하는 장소인 도코노마를 만들었다는 것과 같은 의미를 가지게 되었다. 명품과 도코노마의 관계가 이렇게 되다 보니, 명품을 가지지 못한 탓으로 도코노마가 없는 4장 반(다실)을 만드는 일조차 생겨났다.

다실의 도코노마가 지니는 의미를 크게 두 가지로 구분하면 미적인 감상 장소와 묵적 등을 걸어 정신적인 수련을 도모하는 장소로 나뉘어질 것이다. 많은 차인들은 이 두 가지 의미를 어떻게 구현할 것인가라는 생각을 바탕으로 도코노마의 이상적인 형태를 궁리하였다.

리큐는 4장 반 넓이보다 더 좁은 다실을 만들었는데, 다실이 좁아질수록 도코노마의 이상적인 형태도 그 너비가 좁아지고 있다. 한 장 반의 다실에서 동굴 도코노마라고 하여 정면보다는 안쪽이 넓은 동굴과 같은 도코노마도 고안하였다. 대개 도코노마의 안쪽 길이는 아주 얕다. 무로마치·모모야마시대에는 서원다실 도코노

---

103 『산상종이기(山上宗二記)』: 센노리큐의 제자인 야마노우에노 소지(山上宗二, 1544~1590)가 1588년에 기록한 다도구의 비전서.

마의 정면이 삼칸(5.4m)이나 되었지만 안쪽 길이는 겨우 한 척 5촌 (45cm)이었는데, 그것을 리큐가 바꾸었던 것이다. 또 리큐는 도코 노마의 기둥과 천장에도 많은 주의를 기울이고 창의성을 더하였 는데, 나무껍질이 붙어 있는 기둥이라든가 둥글고 두터운 기둥을 사용하기도 하고, 천장에 댄 판자를 개조하여 흙을 바르기도 하였 다. 리큐 뒤에도 몇몇 뛰어난 차인들이 이런 도코노마에 대한 여러 가지 연구를 계속하였다.

도코노마에 명품을 장식해서 미적인 감상을 하게 되면 도코노마 의 구조도 문제가 되는데, 리큐는 도코노마의 천장 높낮이까지 조 정하도록 까다롭게 지적한 바도 있었다. 그리고 후루타 오리베[104]는 도코노마에 도달하는 광선에 주의를 기울여 그 옆에 창을 내기도 하였다.

그런데 도코노마에 명품을 장식하는 것은, 원래 명품을 마치 부 처님을 숭앙하듯이 존중한 데서 비롯된 것으로 보인다. 다도의 역 사에서 명품을 소중히 여긴 자세는 차를 음료나 약재로 사용하는 데 그치지 않고, 다도의 미학을 성립시키는 데 크게 기여한다. 죠 오는 와비차의 정신을 설했지만, "사카이(堺)의 다케노 죠오[105]는 명인이다, 명품인 차 도구 60종을 가지고 있다(『산상종이기』)."라는 중요한 기록에서 알 수 있듯이, 죠오가 주장한 와비차의 근저에

---

104 후루타 오리베(古田織部, 1543~1615): 아즈치·모모야마 시대 다이묘 차인. 주 44) 참조.
105 다케노 죠오(武野紹鷗, 1502~1591): 와비차의 개조. 주13) 참조.

는, 뛰어난 명기의 아름다움을 이해하는 안목이 있었음을 간과해서는 안 된다. 아마 죠오는 부처님을 숭앙하듯이 명기를 존중했던 사람임에 틀림없다.

도코노마의 기원은 불상을 걸어 예배했던 것이 공간적으로 고정되고 그것이 하나의 양식으로 발전했다고 하였는 바, 말하자면 도코노마의 원형은 불당이었을 것이다. 다실의 도코노마가 불당이 되지 않고 다실의 성격을 가지면서도 불당과 마찬가지로 숭앙받는 장소가 된 것은, 명기가 불상을 대신해서 심리적으로 예배의 대상이 되었기 때문으로 보인다. 따라서 도코노마는 명품으로 장식하는 장소라기보다 그 명품을 모시는 장소라고 하는 편이 타당할 것이다. 앞서 도코노마의 의미를 둘로 구분하여 하나는 미적인 감상 장소라고 했는데, 명품을 존중해서 거기에 두게 되면 또 다른 도코노마의 의미로서 든 정신적인 수련을 도모하는 장소로도 자연스레 연결될 것이다.

리큐는 다도구 중에서도 족자만큼 중요한 것은 없다고 하였다. 그래서 최고로 존중되는 다도의 명품은 명품 족자라는 것이 된다. 리큐는 "명품 족자를 소지하는 사람들은 도코노마에 대한 소양이 필요하다(『남방록』)."고 해서, 특별히 도코노마의 장식에 대한 소양의 중요성을 언급한다. 족자 가운데서도 특히 묵적은 가장 높이 평가받는 것으로, 이에 대한 리큐의 설명을 보면 묵적을 감상하는 것이 바로 정신적인 수련으로 이어진다는 것을 알 수 있다. "묵적에 적힌 문구(文句)의 마음을 숭배하고, 필자인 도인이나 선사의 덕을 음미한다(『남방록』)."라고 하여, 감상한다는 것은 필자인 도인의 '덕'을 음미해야 하는 것임을 주장하고 있다. 리큐는 족자인 묵적의 표구에 대해서도 미적인 느낌을 어떻게 나타낼까를 고심하였는데, 그 미적인 감상의 저변에는 '덕'을 어떻게 음미할 것인가라는 문제도 동시에 있었던 것이다. 또한 『남방록』에서 다음과 같이 말하였다.

당나라 승려의 그림에 부처와 조사의 상(像)이나 인간 형상을 한 그림이 많은데, 이를 사람에 따라서는 지불당(持佛堂)[106]처럼 된다고 하여 걸지 않는 사람 있으나, 전혀 그렇게 생각할 필요가 없다. 한층 더 음미하며 걸어야 하며, 이를 통해 특히 더 귀의(歸依)해야 할 일이다.

도코노마에 부처나 조사의 상이라든가 혹은 보살의 형태를 한 상을 걸면, 분명히 불당 같은 분위기를 띠게 된다. 도코노마는 불당이 아니므로 부처나 조사의 상을 걸기를 피하는 사람이 분명히 있다. 리큐는 도코노마를 불당이라고 생각하지는 않았지만, 여기에 부처나 조사의 상을 걸었으며, 다실의 도코노마에서는 "한층 더 음미하며 걸어야 한다."고 가르쳤다. 미적인 감상을 떠나지 않으면서 동시에 종교적으로 음미할 것을 '한층 더'라는 강한 어휘를

---

106 지불당(持佛堂): 불상이나 위패를 안치하는 방.

써서 가르치고 있다.

묵적도 부처나 조사의 상(像)도 다도구로 보는 한, 다완이나 차호·물 항아리 등과 마찬가지로 하나의 도구이지만, 그 도구를 이렇게 다르게 보고 있다는 점에 주목하지 않으면 안 된다. 명품을 단순히 도구로 보아서 금은(돈)을 아낌없이 써서 명기 등 도구 수집에 열중하면 소위 도구 차(道具茶)가 되며, 미적인 감상만을 추구하면 도구를 감상하는 소위 감상 차(鑑賞茶)가 될 것이다. 도코노마에 명품을 장식한다는 것이 도구 차나 감상 차로 되어서는 안 된다.

리큐는 도코노마가 다도의 한계를 넘어서 불당이 되는 데는 분명히 선을 긋고 있다. 그러나 "초암 다도는 제일 먼저 불법으로 수행 득도하는 것이다(『남방록』)."라는 말에서처럼, 그런 다도를 위한 도코노마가 되어야 함을 분명히 하고 있다. "족자만큼 중요한 도구는 없다."라고 하는 것은, 결국 그 족자를 거는 도코노마가 가장 중요하다는 것으로, 리큐가 도코노마에 기울이는 관심은 아주 깊었다.

리큐는 도코노마의 천장 높이를 어느 정도로 할 것인가에 대해서도 몇 촌(寸: cm) 몇 분(分: mm)의 단위까지 세심하게 신경을 쓰고 있다. 족자를 돋보이도록 거는 데는 천장 높이가 결정적이므로, 작은 '분(分)'의 차이까지도 소홀히 하지 않은 것이다. 명품인 족자가 있어 도코노마가 제대로 모습을 갖춘다고 본다면, 그 족자의 길이에 맞춰 도코노마의 천장 높이를 조절하는 것도 마다하지 않았다. 보통의 사고로는 천장의 높이에 맞춰 족자 크기를 표구하는데, 리큐는 거꾸로 족자에 천장의 높이를 맞추고 있는 것이다. 이는 도코노마가 있어서 족자를 거는 것이 아니라, 걸 만한 족자가 있기 때문에 도코노마를 만든다는 것을 가리킨다.

대덕사(大德寺) 용광원(龍光院)[107]에 '밀암석(密庵席)'이라는 다실이 있다. 이 밀암이라는 이름은 남송의 선승 밀암함걸[108]의 이름에서 유래하는데, 일본에 전해진 밀암함걸의 명품 묵적을 리큐가 표구한 뒤, 그것만을 걸기 위해 고보리 엔슈[109]가 일부러 이 도코노마를 지었다고 한다. 결국 밀암석의 도코노마는 전적으로 밀암함걸의 묵적만을 위해서 만든 것이었다. 명품인 묵적을 걸어 장식한다는 것은, 단순히 걸어서 장식한다는 행위를 넘어 실로 이처럼 엄숙했던 것이다.

여기에 한마디 덧붙인다면, 장식한다는 것이 단지 구경거리를 보여주기 위한 것만은 아니라는 점이다. 장식한다고 한 이상, 보는 사람의 눈에 띄게 하는 것은 당연하지만, 리큐는 그저 명품을

---

107 용광원(龍光院): 교토시에 있는 임제종 사원. 대덕사의 탑두(암자). 국보, 중요 문화재 건물이나 미술품이 다수 있음.

108 밀암함걸(密庵咸傑, 1118~1186): 중국, 남송의 임제종 양기파 선승. 밀암함걸의 묵적이 일본에 전해져 센노리큐를 비롯한 많은 차인의 존경을 받았는데, 밀암의 묵적으로서는 유일하게 남아 있는 그 묵적만을 걸기 위한 밀암석이라는 다실이 대덕사의 탑두인 용광원에 만들어졌다고 해서 유명함. 밀암석은 일본의 국보.

109 고보리 엔슈(小堀遠州, 1579~1647): 에도시대의 다이묘 차인. 다도를 후루다 오리베(古田織部)에게 배워 엔슈류(流)를 창안함. 3대 쇼군인 도쿠가와 이에미츠(德川家光)의 다도 사범을 지냄. 건축가이며 조원가(造園家)이기도 함.

장식해서 손님에게 과시하는 것을 경계하고 있다. 『남방록』에 적혀 있듯이, 리큐는 차 도구를 손님에게 보이기 위한 것이 아니라 자신에 대한 것으로 만들라고 주문한다. '도구를 장식물로도'라고 하면서 도구의 부차적인 용도가 장식임을 분명히 밝히고는 있다. 그러나 다도에 손님을 초대하는 것이 명기를 보임으로써 손님의 눈을 즐겁게 하는 것도 꽤 중요한 요소이기는 하나, 재력이나 권력을 과시하면서 '보여 주는'식의 다도가 되면, 다도가 불법(佛法)으로 수행 득도한다는 취지에 크게 어긋난다는 것이다.

리큐는 "다도란 부처나 조사의 행적을 배우는 것이다(『남방록』)."라고 했는데, 이는 불법의 가르침으로 수행하고 뛰어난 부처나 조사의 행적을 배워야 한다는 말이다. 즉 자아의 부정을 가리키는 무아(無我)의 정신을 실천하는 것이어야 하는 바, 자기중심적 사고를 버린다는 것이다. 이 경우에는 손님을 향해 다도구 등으로 과시하는 자신을 버리라는 의미이다. 여기서 생각나는 것은 리큐가 "족자만큼 중요한 도구는 없다."라는 말에 바로 이어서 "손님과 주인이 다 함께 다도삼매를 통해 일심득도할 물건이다."라고 한 말이다. 족자와 같은 도구에 특히 이런 말을 하고 있는데, 실은 모든 다도구는 일심득도로 이어지지 않는 것이 없으며, 자신의 수행을 위한 마음가짐과 관련되지 않는 것이 없다는 것이다.

명품은 어차피 손님에게 내보여지는 물건이다. 그러나 명품의 아름다움을 감상하는 것이 보는 손님도 보여주는 주인도 같이 정성을 다한 한마음[一心]으로 부지런히 덕을 쌓고 깨달음의 경지에

도달[得道]하려는 수행으로 이어질 때야말로, 다실 속의 진정한 감상이 되는 것이다. 도코노마는 다도에서의 장식물이란 이런 의미여야 한다는 것을 장소적 측면에서 가르치고 있다.

리큐와 히데요시 사이에 다음과 같은 이야기가 전해지는 것을 알게 되면, 일심득도라는 어려운 의미가 어느 정도 이해될 것이다.

어느 날 아침, 히데요시는 소문으로 들은 나팔꽃을 보고자 리큐 저택으로 나섰다. 리큐는 로지(다실 정원)에 피어 있는 나팔꽃을 모두 따버린 뒤, 단 한 송이만을 도코노마의 화병에 꽂아놓고 히데요시를 다실로 안내하였다. 그렇게 함으로써 히데요시가 리큐 저택에서 나팔꽃을 보고자 했던 희망을 이루게 했다고 한다.

이야기의 진위 여부는 어찌됐든, 이 이야기에는 단순히 나팔꽃 구경이 아닌 뭔가의 가르침이 있어 보인다. 한 송이 꽃에 집중한 '다도의 미학'이 보인다는 것이다. 일심득도를 이 이야기의 예로써 파악해 본다면, 이 한 송이 나팔꽃에서 나팔꽃의 아름다움을 철저히 보는 것이라고 해도 좋을 것이다. 만약 이 경우, 도코노마 같은 것이 없었다면 리큐의 이런 의미 깊은 행동은 아마 불가능했을 것이다.

도코노마는 한 송이 나팔꽃을 단순히 한 송이 꽃에 머물게 하지 않는다. 울타리에 흐드러지게 피어 있는 많은 나팔꽃을 다 따버리고 단지 한 송이만을 거기에 남겨 놓았다고 하면, 그 꽃은 한 송이의 의미밖에 가지지 못한다. 그러나 그 한 송이가 도코노마에 놓였을 때, 반대로 그 한 송이는 무한의 의미를 가지는 것이다.[110]

도코노마는 앞서도 말했듯이 객실의 다다미보다 약간 높게 되어 있으며, 그 앞에서 경건한 마음으로 우러러보는 장소이다. 『분류초인목』[111]에 의하면, 도코노마 앞에서 다다미 한 장 정도의 거리를 두고 걸어 둔 족자를 보라고 한다. 즉 다다미 한 장 정도를 떨어져서 봐야 할 정도로 도코노마는 신성시되어 있었던 것이다. 앞에서도 기술한 바와 같이 도코노마와 명품과는 떼려야 뗄 수 없는 관계로서, 명품을 존중한다면 다다미 한 장 정도를 사이에 두고 우러러보게도 될 것이다. 다만 이 우러러보는 대상을 어떤 정신으로 볼

---

110 도요토미 히데요시(豊臣秀吉, 1536~1598): 성씨(姓氏)도 없는 미천한 신분출신이지만, 천하통일을 이룬 후에 천황으로부터 도요토미라는 성씨를 하사받아 자신의 정통성을 확립하려고 힘쓰는데, 예술과 다도 등에도 막대한 부를 쏟으며 자신의 정체성을 정립하려고 노력을 기울이게 된다. 가장 가까운 측근으로서 히데요시의 실세로 자리하던 센노리큐는 최후에 히데요시의 분노로 할복을 명받아 죽음에 이르게 되는데, 그 이유로는 여러 가지 설이 분분하지만, 이 '나팔꽃' 사건도 한몫했다고 보고 있다. 즉 '나팔꽃' 사건은 일본 최고 권력자인 히데요시에 대한 미학의 수장인 센노리큐의 도전으로, 소위 히데요시 같은 절대 권력에게는 누구나 감상하는 수많은 흐드러진 나팔꽃이 아닌, 단 한 송이로 대변되는 절대 미학의 세계가 이해되어야 한다는 센노리큐의 행위가 오히려 무례한 도전으로 비치며 히데요시의 역린을 건드렸다고 할 수 있기 때문이다. 그런데 센노리큐의 이런 과감한 행위를 가능하게 한 것은 초암다실에 도코노마가 있었기 때문으로, 성스러운 공간인 도코노마는 꽃을 꽂아도 단 한 송이만을 꽂게 하는데, 그때의 한 송이 꽃은 단순한 한 송이에 머물지 않고 철저히 본질을 꿰뚫는 무한한 의미를 상징하게 된다.
111 『분류초인목(分類草人木)』: 다도 성립기의 다법을 전하는 대표적인 다서(茶書)의 하나. 다케노 죠오의 제자인 신쇼사이 슌케(真松斎春渓)가 1564년 저술. 차의 흐름과 다풍(茶風), 손님, 족자, 화병, 차호, 탁자, 풍로, 노(이로리), 천목다완, 향로, 좌석 등을 분류해서 종류와 취급 등을 기술.

것인가에 따라, 도코노마에 대한 이해가 달라진다는 것도 알아야 한다.

쥬코 이후 차와 선과의 관계가 깊다는 것은 이미 언급한 바이지만, 선에서는 예배의 대상을 반드시 밖에서 구하지 않는다. 오히려 즉심즉불(卽心卽佛)[112]이라고 해서 자신의 마음에야말로 부처가 있다는 것을 강조한다. 선 수행을 쌓은 차인들은 도코노마를 경배의 장소로 보기는 했지만, 거기서 우러러보는 대상이 반드시 고정되어야 한다고는 생각하지 않았다. 도코노마에 족자를 걸지 않고 한 송이 나팔꽃만을 꽂아둔 차인도 있었다. 일심득도의 경지에 도달하면 부처는 예를 들어 리큐 자신일 수도 있었다. 거기에는 예배하는 사람도 예배 받는 사람도 없이 '하나'로서의 리큐 그만이 있을 뿐이며, 한 송이 나팔꽃이 부처이기도 하고 묵적이기도 하며 리큐 그 사람이기도 한 것이다. 그런 점에서 리큐는 굳이 명품이 없어도 도코노마를 만들어도 좋다고 가르친다.

도구를 가지고 장식한다는 것은 손님에 대해서가 아니라 자신에 대해서가 아니면 안 된다고 리큐는 경고했다. 이 도구와 자신과의 관계가 더 나아가 일체가 된다면 도구와 자신은 별개의 것이 아니라 명품이 곧 자기 자신이라는 곳까지 그 사상은 발전해갈 것이다. 그렇게 되면 도코노마의 경배 대상은 바로 자기 자신이 되기도 하는 것이다.

---

112 즉심즉불(卽心卽佛): 중생의 마음이 그대로 부처라는 것.

어떤 명품이든 그것을 사용하는 사람이 없어서는 안 된다. 요컨대 아무리 명품이라고 해도 인간이 있고 나서 그 다음이 명품이다. 명품에 휘둘려서는 사람이 물건에 조종되는 결과가 된다. 존중하는 나머지 물건에 휘둘린다면 인간의 자주성은 없어지게 된다. 도코노마는 명품을 존중하고 명품의 미를 감상하는 장소로서 설정되었으나, 명품이란 도대체 무엇을 가리키고 명품이란 어떻게 보아야 하는가라는 선의 공안(公案)과도 같은 문제를 제기하고 있다.

다실에서는 특히 도코노마가 건축상 중요한 위치를 차지하는데, 그 건축구조와 함께 사상구조에도 중요한 측면이 있다는 점을 간과해서는 안 된다.

7. 족자 – 묵적[113]과 묵화

　서원 다실은 도코노마가 넓어, 족자도 4폭짜리 한 쌍 혹은 3폭 한 쌍, 2폭짜리 한 쌍 등을 걸었다. 도코노마는 명품을 장식하는 장소로, 그 장소가 넓으면 그 넓이에 상응하는 크기의 명품 족자를 전시했다. 그 족자는 주로 수입된 송·원·명나라의 당화(唐畵)로, 인물화·금수화·산수화 혹은 꽃 등을 그린 식물화였다. 이 경우 출중하고 진귀한 그림을 걸어 바라보는 것이 목적이어서, 그에 맞게 한 폭보다는 2폭, 3폭 또는 4폭 등의 큰 편이 바람직했는데, 도코노마의 크기가 허락하는 한 나란히 쭉 걸어서 감상한 것으로 보인다.

---

113 묵적(墨跡): 한국에서는 묵으로 쓴 흔적으로 정의되며 단순한 필적을 말하나, 일본에서는 선승이나 고승의 필적을 나타내는 말로 쓰인다. 이런 묵적의 역사를 살펴보면, 일본에서 묵적은 무사가 대두한 가마쿠라시대에 중국에서 전래했다. 당시의 일본 서도(書道)는 오랫동안 중국과의 국교가 단절된 탓에 일본식 서체 일색이었는데, 가마쿠라시대에 다시 중국과의 교류가 선승에 의해 시작되어, 송·원대의 선종 전래와 함께 정신을 중시하는 자유롭고 인간미 넘치는 선승의 글이 유입되었다. 이런 것이 무사계급의 취향과 들어맞아 무사계급에 커다란 영향을 미침으로써 묵적이라는 새로운 서법 분야가 생겨나, 일본 서도사상 중요한 위치를 차지하게 되었다.

당화는 수입품이어서 누구나 손에 넣을 수 없는 희소한 귀중품이었는데, 신기하기도 하여 이 당화를 바라본다는 것은 큰 구경거리를 본다는 것을 의미했다.

그런데 쥬코[114]가 다다미 4장 반 되는 작은 다실을 만들게 되자 도코노마는 겨우 한 칸 정도의 넓이가 되었다. 쥬코 이후 죠오 및 리큐가 와비차를 제창한 뒤로는 그마저도 더욱 좁고 작아져서 마침내 족자 크기에도 변화가 생겼다. 좁고 작은 도코노마에서는 4폭이라든가 3폭 등은 물론, 2폭 이상의 족자는 더 이상 걸 수 없게 되었다. 족자는 종전처럼 구경거리가 아니라, 또 다른 관점에서 그것을 봐야 하는 상황이 된 것이다.

구경거리로는 그림이 가장 이해하기 쉽고 그 아름다움을 깨닫기에는 채색화 같은 것이 좋았는데, 족자가 구경거리가 아닌 다른 의미를 가지게 되었다면 그것은 도대체 어떤 변화였을까?

쥬코는 잇큐에게서 송나라의 고명한 선승인 원오극근[115]의 묵적을 선물로 받아 이것을 표구하여 애장하며 도코노마에 걸었다고 하는데, 쥬코가 처음으로 묵적을 도코노마에 건 것은 족자에 대한 지금까지의 견해에 최초의 변화를 주었다. 원오극근은 유명한 선에 관한 서적인 『벽암록(碧嚴錄)』의 편자(編者)로, 이 사람의 이름은 이미 일본의 선림(禪林)에 널리 알려져 있었는데, 원오극근의 묵적을

---

114 무라타 쥬코(村田珠光, 1423~1502): 무라타 슈코라고도 읽음. 와비차의 개조. 주8) 참조.
115 원오극근(圜悟克勤, 1063~1135): 중국 송나라의 임제종 스님. 중국의 임제종(臨濟宗)에서 최고의 지침서로 꼽히는 『벽암록(碧嚴錄)』의 평석을 붙임.

쥬코가 소유했다는 것은 대단한 일이었다. 쥬코는 잇큐에게 참선을 배워 다선일미의 경지에 다다른 사람으로, 원오극근의 묵적[116]을 손에 넣을 수 있었던 것은 더할 나위 없는 감격이었을 것이다. 그 당시 원오극근의 묵적은 일본에는 단 1점만 전해진 진귀한 것이었다. 그러나 그렇다고 쥬코가 이 묵적의 진귀함 때문에 단순한 구경거리로 도코노마에 걸었다고는 도저히 생각되지 않는다. 쥬코는 원오극근의 묵적을 단지 바라보기 위해서가 아니라, 참선 수행을 위한 마음의 의지처로 삼고, 그 묵적의 문구를 존경하고, 원오극근의 덕을 기리며 자기 수행의 양식으로 삼기 위해 걸었던 것이 틀림없다.

물론 쥬코가 원오극근의 묵적을 족자로 사용하기 시작했다고 해서, 그 뒤 당화를 족자로 일체 사용하지 않았다는 것은 아니다. 그러나 도코노마가 좁고 작아지면서 큰 당화를 거는 것은 필연적으로 제약을 받게 되었다. 예를 들어 산수 경치를 4폭 한 쌍과 같

---

116 원오극근의 묵적: 일본에서 현존하는 묵적 중 최고의 보물은 지금은 도쿄 국립박물관에 소장되어 있는 원오극근의 묵적이다. 현존하는 묵적 중 가장 오래된 국보인 원오극근의 묵적은 원오극근이 제자인 호구소륭(虎口紹隆, 1077~1136)에게 써준 인가증으로 선(禪)이 인도에서 중국으로 건너온 뒤 송대에 이르러 분파한 경위와 선의 정신을 설명하고 있는데, 이 묵적이 오동나무 통에 담겨서 일본의 가고시마 해안가에 흘러 들어왔다는 전설에서 "흘러 들어온 엔고(원오의 일본어 발음)"라고 불린다. 원오극근은 선과 차는 같은 깨달음의 경지를 추구한다는 다선일미(茶禪一味)의 사상을 깨달은 선승인데, 초암차의 창시자인 무라타 쥬코가 잇큐선사에게 참선을 배울 때 잇큐선사가 오도(悟道)를 인가하는 증서로 원오극근의 묵적을 건네주고, 이 묵적을 무라타 쥬코가 애지중지하며 초암차를 창시한 데서 원오극근의 다선일미의 정맥을 일본이 오롯이 이어 받았다고 보고 있다.

은 형식으로 그려내는 것은 생각할 수 없게 되어, 산수화를 족자로 사용한다고 해도 그 크기는 아주 작아졌다.

죠오[117]시대가 되면, 쥬코가 고안한 4장 반 다실은 초암의 세계로 더욱 진전한다. 죠오는 벽지를 바르는 대신 토벽으로 하고, 나무 격자를 대나무 격자로 바꾸며, 도코노마의 가장자리에 엷은 칠을 하거나 혹은 흰 나무인 채 그대로 두기도 하면서 한층 와비스런 정취의 초암다실로 만들고 있다. 그런 다실의 추세에 따라 도코노마의 족자도, 단지 도코노마가 좁고 작아졌다는 공간적 관계에서뿐 아니라 와비의 정신적 면에서도, 눈으로 바라본다기보다는 마음으로 보는 세계를 중시해서 족자를 대하는 경향이 짙어졌다. 크고 넓은 경치를 그저 그림으로 그려내기보다는 마음으로 보는 세계를 중시하게 되면, 족자의 형태에서도 크기는 문제가 되지 않을뿐 아니라 오히려 작은 족자가 와비의 정신으로 이어지는 유현(幽玄)[118]의 정신을 표현하는 데 적합했다. 이렇게 되자 큰 그림을 일부러 잘라 축소하는 일도 행해지게 되어, 작은 무늬의 그림이 사랑받는 풍조가 되었다.

서원 다실의 큰 도코노마에서는 한 폭만의 족자를 거는 것은 약식이지만, 초암다실에서는 그 한 폭짜리도 도코노마가 좁고 작아겨우 걸게 되었는데, 그 한 폭에서야말로 리큐가 말하는 "족자만

---

117 다케노 죠오(武野紹鷗, 1502~1591): 초암차에 '와비'의 미적 이념을 구현하고자 함. 주13) 참조.
118 유현(幽玄): 정취가 깊고 그윽하며, 깊은 여운이 남는 것. 일본문학 가론(歌論) 이념의 하나.

한 제일의 도구는 없다(남방록)."는 가치를 발견하게 된다.

리큐는 족자 가운데서도 묵적을 제일로 쳤는데, 쥬코에서 리큐에 이르기까지 대략 90년 사이에 묵적이 가장 귀한 대우를 받게 되는 배경을 보면, 족자로서의 그림을 어떻게 보았고 그 보는 방식이 어떻게 변했는가를 대략 추측할 수 있으며, 또 족자의 그림이 작아짐에 따른 그림 그 자체에 대한 견해의 변화도 알 수 있다. 요컨대 색채화에서 묵화로의 변천, 그리고 먹에 대한 새로운 인식의 대두가 관찰된다.

묵적은 새삼 설명할 것도 없이 먹으로 쓴 글씨로, 색채의 아름다움은 존재하지 않는다. 묵적의 존중을 색채라는 관점에서만 보면 먹이라는 하나의 색에 대한 존중으로, 이 먹색에 대한 존중은 묵화에서도 마찬가지다. 당화에는 색채화가 꽤 있어, 이 색채의 아름다움을 감상했겠지만, 큰 당화에서 작은 족자로 변해 간 과정에서 감상의 대상이 당화의 색채화에서 묵화로 바뀌고 게다가 그 묵화도 작은 형태의 것을 선호하게 되었다.

묵화는 먹 한 색으로 된 그림으로서, 푸른 산도 하늘도 물도 모두 먹색으로 그려 색채의 아름다움이란 전혀 없지만, 그것이 이상하게도 부자연스러워 보이지 않는다. 먹색의 산이란 있을 수 없는데도, 그 먹색이 때로는 신록의 산을, 때로는 단풍 든 가을 경치를 그려내기도 한다. 먹은 이런 의미에서는 청황적백(靑黃赤白)등으로 셀 수 있는 여러 색채 가운데의 한 색인 흑색이 아니다. 검은 그 먹색이 실은 다채로운 색을 가지고 있는 것으로, 보다 적확하게 말하자면 모든 색채를 먹 한 색으로 자유롭게 표현하고 있는 것이다.

다실 족자로 묵적을 귀하게 여기면서 색채감에서는 이 다채로운 색을 내포하는 묵화의 미를 발견하게 되는데, 그 묵화도 파묵[119] 또는 발묵[120]이라는 극히 간단한 필법으로 그리는 그림을 높게 평가했다.

파묵, 발묵은 가능한 한 먹을 아껴 그려낸 감필화[121]로서, 더 이상 붓질을 생략해서는 그림이라고 할 수 없는 극한까지 붓질의 표현을 아끼며 그려낸 것이다. 말하자면 그림과 문자와의 접점에 위치하는 것으로, 파묵과 발묵은 묵적에 가깝다고 할 수 있다.

먹색의 미를 발견한 것은 동시에 묵화의 미를 찾아낸 것에 다름 아니며, 족자를 눈으로 보는 데서 마음으로 보는 것으로 바뀌어가는 과정에서, 마음으로 색채를 보는 묵화의 미를 발견했다고도 보인다. 묵적처럼 거기에 적힌 문구를 높이 평가하고 필자의 덕을 기리는 따위는 묵화에는 없겠지만, 먹색에서 다채로운 색을 본다는 마음은 분명히 어떤 종류의 깨달음이 없으면 안 되는 것으로, 쥬코 이후 차와 선의 결합이라는 선(禪)적인 요소가 그 마음을 깨닫는 계기로 작용했을 것임은 우선 의심할 여지가 없다.

---

119 파묵(破墨): 수묵화의 한 기법. 묽은 먹물로 그린 위에 차차 짙은 먹물을 가해 농담을 내는 화법.
120 발묵(撥墨): 먹물을 종이에 떨어뜨려 놓고, 그것을 번지게 하면서 산수나 우경(雨景)을 묘사하는 기법.
121 감필화(減筆畵): 수묵화에서 붓질을 줄여 형상을 생략하여 표현하는 기법.

먹색의 아름다움을 언급하자면 먹으로 쓴 와카[122]에도 주목하게
된다. 와카의 가인이기도 했던 죠오는, 도코노마의 족자로서 후지
와라 사다이에(藤原定家)[123]의 색지를 걸고 있다(『이마이 소큐 다탕
일기서발(今井宗久茶湯日記)』[124]. 색지(色紙)를 족자로 삼은 것은 아마
죠오가 최초일 텐데, 먹으로 그린 붓의 선의 아름다움을 더 깊게 감
상하려고 색지를 족자로 사용하게 된 것으로 보인다. 묵적과 묵화와
의 사이에서 먹의 우아함을 더욱 효과적으로 나타내는 것이 색지였
을 것이다. 사실, 죠오가 사용한 사다이에의 색지에는 월하(月下)의
그림이 있고 「천상계」[125] 노래가 적혀 있었는데, 그 색지는 그림과
문자 양면의 역할을 하고 있었던 것으로, 그런 색지가 최초로 족자
로 사용된 것은 흥미롭다.

물론 먹의 미를 발견했다 해서, 색채미가 전혀 고려되지 않은
것은 아니다. 명품으로 존중된 당화의 채색화는, 묵적을 족자 가

---

122 와카(和歌): 5, 7, 5, 7, 7자(字)로 된 일본 고유의 정형시.
123 후지와라 사다이에(藤原定家, 1162~1241): 가마쿠라 전기의 가인. 『신고금와
　　카집(新古今和歌集)』, 『신칙선집(新勅選集)』의 찬자(撰者)이며, 가단(歌壇)의
　　중심으로서 활약함. 그의 글씨체는 에도시대의 차인들에게 진귀하게 여겨짐.
124 『이마이 소큐 다탕일기서발(今井宗久茶湯日記書抜)』: 1554~1589년 동안 다회
　　83회에 대한 기록인데, 리큐를 중심으로 한 다도 전성기의 다회에 관한 내용
　　을 상세하게 전하고 있음. 이를 기록한 이마이 소큐(今井宗久, 1520~1593)는
　　무로마치 말기의 차인으로, 다케오 죠오에게 차를 배우고, 노부나가와 히데
　　요시를 섬기며, 리큐, 츠다 소큐와 함께 3대 종정으로 불림.
125 「천상계」: 이 노래는 후지와라 사다이에(藤原定家)가 20세 때 읊은 초기작으
　　로 내용은 다음과 같다. 天の原思へば変わる色もなし秋こそ月の光なりけれ
　　(藤原定家、20歳의 初期作, 初学百首 秋二十) "天の原よ、思えば天空には秋と
　　て変わる色も無い。秋はこうして月の光りとして訪れるのだ。"(창공이여, 하늘은
　　가을이 되어도 색이 물들지 않네. 가을은 이렇게 달빛으로 찾아오도다.)

운데 제일로 친 리큐도 족자로 사용한 적이 있었다. 뛰어난 사람이 만든 작품인 이상 색채 유무로 그 가치 기준이 바뀐다는 것은 있을 수가 없어 리큐가 훌륭한 채색화를 족자로서 사용했다고 해서 이상한 것은 아니다. 다만 문제는 묵화와 채색화 어느 쪽에 비중을 두었느냐 하는 것이며, 먹의 아름다움을 색채의 아름다움과 비교해서 어떻게 이해했느냐이다.

『분류초인목』[126]에 따르면 당시 묵화와 채색화에 대한 분명한 인식의 차이가 이미 생겨났는데, "채색화를 걸면 묵화로 바꿔 걸지 않는다."라며, 채색화를 도코노마에 걸고 나면 그 뒤에 묵화를 걸어서는 안 된다라고 하고 있다. 『분류초인목』의 필자인 슌케(春溪)가 어떤 관점에서 이렇게 적었는지는 분명하지 않지만, 여하튼 묵화와 채색화를 비교하고 있는 것만은 틀림없다. 색채의 아름다움을 본 뒤에 먹의 아름다움을 감상하는 어려움 때문에 이렇게 말하는 것 같기도 하고, 혹은 이 두 가지 미에 대한 이해가 전혀 다르다는 관점에서 이같이 말하는 듯하기도 하다. 슌케는 리큐와 동시대사람으로, 그가 이렇게 말했다는 것은 이 시대에 묵적, 묵화가 존중된 것과 관련 있는 것으로 보인다.

묵화를 대표하는 것으로는 이 『분류초인목』에 나오는 옥간[127] ·

126 『분류초인목(分類草人木)』: 다도 성립기의 다도 방식을 전하는 대표적인 서적, 3권. 다케노 죠오의 제자인 신쇼사이 슌케(真松斎春溪)가 1564년 저술. 차의 흐름과 다풍(茶風), 손님, 족자, 화병, 차호, 탁자, 풍로, 로(이로리), 천목다완, 향로, 좌석 등을 분류해서 종류와 취급 등을 기술.
127 옥간(약분옥간若芬玉澗, ?~?): 중국 송말~원초의 화가 승려. 파묵 산수화에

목계[128]의 그림 등이 알려져 있으며, 흔히 색을 입히는 취지를 적어 놓는 채색화는 조창[129]이나 순거[130] 등의 그림을 으뜸으로 친다. 지금 우리가 그림이라 하면 일반적으로 채색화를 가리키는 것이 상식이나, 당시 묵화에는 어떤 단서도 달지 않고 일부러 색채가 들어 있는 그림에 대해서만 채색을 한 취지를 덧붙인 것은 슌케가 원래 그림으로 생각한 것은 주로 묵화였다는 것을 가리킨다. 묵적에 대해서는 '묵적 지금은 일반적으로 이것을 이용한다'라고 했는데, 묵적을 족자로서 사용하는 일이 유행했다면 아마도 묵화 또한 중시되었을 것으로 추측할 수 있다.

『분류초인목』이나 리큐의 『남방록』에는, 왼쪽부터 그리는 왼 그림, 오른쪽부터 그리는 오른 그림의 구별을 해서 그 어느 쪽의 그림을 도코노마에 거느냐에 따라 왼쪽 그림에는 왼쪽 부엌,[131] 오른 그림에는 오른쪽 부엌으로 해야 한다고 한다. 이 왼 그림, 오른 그림이라는 것이 묵화를 가리키는 것인지 채색화를 가리키는 것인지 분명하지는 않지만, 슌케처럼 리큐도 주로 묵화를 사용했다는 점

능했음. 무로마치시대의 수묵화가에게 많은 영향을 줌.

128 목계(牧谿, ?~?): 남송말~원초의 화승(畵僧), 수묵화가로서 명성이 높으며, 일본의 수묵화에 큰 영향을 미침.

129 조창(趙昌): 북송의 화가, 12세기 초와 13세기 후반의 화조화풍 형성에 큰 영향을 끼침.

130 순거(舜擧): 송(宋)말~원(元)대의 화가(?~?, 1235년 전후~1301년 이후). 조맹부와 함께 원나라 때 화단의 복고운동을 전개하였고, 화조·절지화에 묘미를 발휘함. 화풍은 사실적이고 중후한 채색의 아름다움이 특징.

131 부엌: 미즈야(水屋-勝手, 부엌)를 지칭하는 것으로, 다도에서 다실의 구석에 다기를 두거나 씻기 위해 마련해둔 곳.

에서 보면, 왼 그림, 오른 그림이라는 것도 아마 묵화를 중심에 둔 것으로 생각된다.

『남방록』에 수록되어 있는 리큐의 다도 일기를 보면, 족자로서 그림을 이용한 것으로는 목계, 마원,[132] 순거, 모쿠안 레이엔,[133] 그리고 필자가 분명하지 않은 임제선사(臨濟禪師)의 그림이다. 그중 순거의 경우는 『분류초인목』에서 나오듯이 색이 바랬거나 희미한 색깔의 채색화였으며, 대부분은 묵화였다고 한다. 이 다도 일기는 1년간의 일기인데, 그 기간 동안에 리큐가 사용한 족자로는 묵적이 압도적으로 많고, 와카 족자는 세 번만 쓰이고 있다. 리큐의 족자에 대한 취향은 묵적의 사용 빈도를 봐도 알 수 있듯이 먹의 아름다움을 추구한 것으로 보인다. 그림을 족자로서 사용해도 그것이 묵화 중심이었을 것이라는 추측은 묵적의 높은 사용 빈도를 보면 그 근거가 없지는 않을 것이다.

리큐가 묵적 사용에 획기적인 시도를 했다는 것은 원오극근이나 료암[134]같은 송·원시대 선승의 묵적과 함께 고케 소친[135]의 묵적을 여러 번 사용하고, 죠오나 히데요시가 쓴 와카를 족자로 사

---

132 마원(馬遠, ?~?): 중국 남송 화원화가. 일본 무로마치시대의 산수화에 큰 영향을 줌.

133 모쿠안 레이엔(黙庵靈淵, ?~1345?): 가마쿠라 말기, 남북조시대의 화승(畵僧), 선을 수행하는 한편, 수묵화로도 평판을 받음.

134 료암(료암청욕了庵清欲, 1272~1341): 중국 원의 선승. 그의 묵적은 일본에 다수 전해져서 족자로서 존중됨.

135 고케 소친(古渓宗陳, 1532~1597): 아즈치·모모야마(安土桃山)시대 임제종 승려, 리큐의 참선 스승.

용했다는 점에서도 알 수 있다. 고케는 리큐의 참선 스승으로 당시 생존자였는데, 그런 스승의 묵적을 사용했다는 것은 묵적을 족자 제일로 여긴 리큐의 시도로서는 아주 중대한 일이었다. 리큐는 송·원 시대 선승의 묵적을 명품으로 존중했는데, 묵적을 거는 것이 그 문구에 깃든 마음을 공경해서 필자의 덕을 기리는 것이라고 말하고 있는 만큼, 그런 점에서 리큐로서는 참선 스승인 고케의 묵적이 가장 소중하게 여겨졌음에 틀림없다. 송·원 시대 선승의 묵적은 골동품의 가치도 포함해서 존중한 데 비해, 고케의 묵적은 완전히 정신적 의미에서 존중한 것이었다.

묵적에서 발견하는 먹의 아름다움이란 골동품적 가치에 입각한 것이 아니라, 마음의 스승으로 숭배하는 그런 사람이 쓴 묵적에 대한 아름다움이어야 한다는 것이 리큐의 입장인 것이다. 이 미는 성스러움으로 통하는 미로서, 눈으로 보는 감상미와는 다르다. 묵적을 존중한 것은 쥬코도 죠오도 마찬가지지만, 명품으로서 송·원대의 묵적을 존중한 쥬코나 죠오와 달리 리큐는 같은 묵적을 존중했다고 해도 그 의미는 완전히 다르다고 할 수 있다.

리큐는 "그림도 작가에 따라 걸게 되는데, 당나라 승려의 그림에 부처와 조사의 상, 혹은 인간 형상을 한 그림이 많아, 이런 경우 사람에 따라서는 지불당 같은 느낌을 준다고 하여 걸지 않는 사람이 있으나 전혀 그렇지 않다, 한층 더 음미하며 걸어야 한다. 특히 더 귀의해야 할 일이다(『남방록』)."라고 해서, 그림의 경우 잘 그려졌냐의 문제가 아니라, 그 그림을 그린 사람이 중요하다고 강조하고 있다. 당나라 승려가 그린 그림의 경우, 그 작가가 화가가 아니라 승려라는 점에서 존중한다는 것이다. '특히 더 귀의해야 할 일이다'라는 말은 그림에 귀의하는 것이 아니라, 그 작가에 대한 귀의를 가리킨다.

리큐가 그림을 족자로 사용한 이유는 작가의 덕에서 비롯된 그림의 정신성을 중시한 때문으로, 색채적 아름다움만을 추구하지 않았다는 것은 말할 필요도 없다. 많은 그림이 색채미를 표현하고 그 미를 감상하는 것이 그림을 대하는 주된 자세로 여겨졌는데, 만약 그런 사고방식을 부정한다면 그림에서 존중하는 것은 결국 색채가 아니라 묵화 등에서의 정신성이다. 리큐가 와비차를 주장하고 초암차를 주창한 점으로 봐서도, 외면적으로 요란하고 화려한 채색화가 족자로서 적합하다고는 생각되지 않는다.

다만 먹의 아름다움을 발견하고, 그 먹의 미를 통해서 더욱 정신적인 깊이를 더하기란 결코 쉬운 일은 아니어서, 족자로서 묵적이나 묵화를 거는 것이 널리 행해지게 되었어도 리큐가 주장했듯이 항상 이상적인 결과를 가져왔던 것은 아니다.

『분류초인목』에 "묵적 당대 일반적으로 이것을 이용한다."라는 말에 이어 "고인의 마음을 선승은 가지는데, 그 마음 가지지 못한 사람이 다도 도구라고 족자를 거는 일, 우스운 일이구나. 선법을 이해하고 만사를 내던져 집념을 끊는 문구를 알아 내 마음을 안온하게 하여 마음속에 받아들일 때야말로 묵적은 걸어서 재미있구나, 다만 명물이라고 해서 걸어두고 그저 보기만 하는 사람은 어떤 도리도 깨닫지 못하면서 훌륭하다고 칭찬하는데, 깨달은 안목으로 보면 가소롭구나."라고 해서, 묵적을 귀하게 여겨야 할 이유도 모르면서 단지 명품이라서 칭찬하는 것은 이상하고 한심한 일이라고 보고 있다.

묵적뿐 아니라 묵화의 경우도 마찬가지인데, 명품이라는 것만으로는 진정으로 존중받을 수가 없는 것이다. '묵적 지금은 일반적으로 이것을 이용한다'라는 문구처럼 묵적에 대한 애호는 가령 야마노우에 소지(山上宗二)의 일기나 소탄(宗湛)[136] 일기를 봐도 여실히 알 수 있다. 즉, 원오극근이라든가 료암(了庵) 등의 선승 외에도 계속해서 송·원대의 선승인 허당(虛堂)[137]·무준(無準)[138]의 묵적을 비롯해서 대혜(大慧)[139]·고림(古林)[140]·월강(月江)[141]·청졸(淸拙)[142] 등의 묵적을 수입하여 존중하였다. 이중 허당은 허당지우(虛堂智

---

136 소탄(宗湛, 1413~1481): 무로마치시대의 화가 승려.

137 허당(허당지우虛堂智愚, 1185~1269): 남송의 임제종 승려. 이름은 지우(智愚). 여러 사찰의 주지를 역임한 뒤 만년에 경산 만수사(徑山万寿寺) 절의 제40대 주지가 된 임제종 송원파(松源派)의 고승. 많은 일본 승려들이 그의 문하에서 수행했다. 일본에서 온 난포 죠묘(南甫紹明, 1235~1309)는 허당의 법맥을 이어 일본에 임제종을 전함. 허당 묵적은 필치가 강하고 소박한데, 가마쿠라시대부터 애호됨.

138 무준(무준사범無準師範, 1177~1249): 중국 남송의 임제종 승려. 시호는 불감선사(仏鑑禅師), 종파는 임제종 양기파, 사원은 경산사(徑山寺).

139 대혜(대혜종고大慧宗杲, 1089~1163): 남송시대 선림을 대표하는 임제종 승려. 원오극근에게 인가를 받음. 간화선(看話禪)의 대성자.

140 고림(고림청무古林淸茂, 1262~1329): 중국 원나라 선승. 원대 선림의 제 일인자. 주232) 참조.

141 월강(월강정인月江正印): 원의 선승. 문하에 저명한 선승을 많이 배출함.

142 청졸(청졸정징淸拙正澄 = 大鑑禪師, 1274~1339): 일본의 초청으로 일본에 가서 일본 선종 발전에 공헌함. 주231) 참조.

愚)-난포 죠묘(南浦紹明)[143]-슈호 묘쵸(宗峰妙超)[144]로 승계되는 법계의 인물로서, 슈호 묘쵸는 다이토국사 즉 대덕사의 창건자(開山)이다. 쥬코 이후, 다도와 대덕사와의 관계는 극히 밀접해지는데, 그 관계가 더욱 깊어짐에 따라 대덕사의 개산 스승에 해당하는 허당에 대한 존경이 각별했다고 보인다.

대체로 묵적의 문구는 난해해서, '그 문구의 마음을 존경하고'라고 해도 그 의미를 알기가 쉽지 않으며, 묵적을 족자로 거는 것이 유행했어도 실제로 그 문구의 의미를 이해하고 거기에 외경심을 품을 수 있던 사람은 극히 소수여서 묵적을 그저 단순한 명품으로 존중하는 것이 일반적이었다. 허당의 묵적 등도 허당이 대덕사로 이어지는 법계의 선승이라고 하는 그런 인연에서 존경한 듯이 보인다.

실제 묵적이 가지는 본질적 가치를 리큐 정도로 높이 평가한 이는 없었으며, 다른 차인들은 대략 묵적을 명품으로서 존중하는 범위에서 벗어나지 못했던 것 같다. 묵화도 묵적과 거의 마찬가지인데, 리큐처럼 그림 그 자체보다는 작가가 지닌 덕을 본다는 자세가 점점 없어져 갔던 것 같다. 소탄 일기를 보면 묵적의 종이 치수라든가, 글자 배치, 글자 수와 배열, 또 표구 형식 등에 대한 것만을

---

143 난포 죠묘(南浦紹明, 1235~1308): 가마쿠라시대 임제종 승려. 송나라로 들어가 허당지우의 법을 받아 귀국함.
144 슈호 묘쵸(宗峰妙超, 1282~1337): 가마쿠라시대에서 남북조시대에 걸쳐 활약한 임제종 고승. 하나조노 천황, 고다이고 천황의 귀의를 받았으며, 일반에게는 다이토국사(大燈国師)로 알려져 있음. 교토 대덕사 창건.

기록하고, 묵적의 문구에 대한 기록은 극히 적다. 즉 소탄은 묵적의 내용보다도 묵적의 외양을 중시한 듯한데, 묵적 이해에 관한 한 리큐와 소탄 사이에는 꽤 간격이 있었음이 분명하다.

소탄(宗湛)은 옥간의 그림에도 표구에 관한 것을 많이 기록하였는데, 소지(宗二)나 소탄은 묵적이나 묵화의 먹의 색깔을 표구와 매치시켜 어떻게 살리느냐를 중시하여, 표구 직물의 모양이라든가 색깔 등으로 먹의 아름다움을 두드러지게 하는 연구에 몰두했다. 리큐도 그런 시도를 행하지 않은 바는 아닌데, 예를 들어 밀암함걸[145]의 묵적을 표구한 리큐 자필의 서간이 남아 있다. 리큐가 묵적을 족자 제일로 친 것은 결코 표구상의 문제는 아니었으며, 리큐에게 표구는 부차적인 것이었다고 봐도 좋을 것이다. 소탄 일기에 나타난 묵적 기사에서 재미있는 것은 '가나 묵적'이 족자로서 등장한다는 점이다. 한문체 묵적에는 무엇이 쓰여 있는지 전혀 이해할 수 없게 되자, 조금이라도 문자의 의미를 이해하려는 사람에게는 '가나 묵적'이 필요했던 것이다. 잇큐의 와카 묵적 등도 아마 가나 문자가 읽기 쉽고 그 의미가 이해하기 쉬워서 사용하게 된 것은 아닐까.

리큐의 제자인 하리야 소슌(針屋宗春)[146]은 리큐의 말을 받아 "묵적, 선승이 쓴 것을 이용하는구나, 그 내용은 만사를 모두 놓아버

---

145 밀암함걸(密庵咸傑, 1118~1186): 중국 남송 임제종 고승. 주108) 참조.
146 하리야 소슌(針屋宗春, ?~?): 모모야마시대의 차인. 리큐의 제자. 『소슌옹다탕문서(宗春翁茶湯聞書)』를 남김.

려 집착이 없다는 어구의 의미를 알아, 자신의 마음을 가능한 한 안온하게 한다는 것이다(『宗春翁茶湯聞書』)."라고 했다. 마찬가지로 리큐의 제자인 후루타 오리베는 "문자가 쓰입니다, 문자의 의미는 몰라도 진실한 길이 이 안에 있는가 하고 눈을 대며 도코노마의 마루 귀틀 끝에 다가가 삼가 보고 있습니다."라며, 한쪽은 묵적의 문구를 읽고 이해하는 것을 전제로 하고, 다른 한쪽은 그것이 읽고 이해되지 않는 경우를 상정하고 있다. 똑같은 리큐의 제자 사이에도 차이가 있음을 알 수 있는데, 대체로 문구를 읽고 이해할 수 없는 사람 쪽이 많아서, 자칫하면 묵적이나 묵화 등은 그 외양의 아름다움만을 보는 데 그치는 경향이 있었다.

리큐의 손자에 소탄(宗旦)[147]이 있다. 와비의 정신을 역설한 사람으로 알려져 있는데, 이 사람의 제자에 야마다 소헨(山田宗偏)[148]이 있다. 소헨은 "족자로 걸어서 좋은 것과 안 되는 것이 있으니, 그림 종류는 걸지 않으며 묵적이나 도인[149]의 노래 혹은 조사의 화제[150] 등은 이용한다, 노래는 도가(道歌)[151] 외의 것은 나쁘고, 연가(戀歌)는 더욱이 사용해서는 안 된다(『茶道便蒙抄』)."[152]라고 하며,

---

147 센 소탄(千宗旦, 1578~1659): 에도 전기의 차인, 센노리큐의 손자. 주45) 참조.
148 야마다 소헨(山田宗偏, 1627~1708): 에도시대 차인. 『다도편몽초(茶道便蒙抄)』를 썼는데, 만년에는 에도에 나와 리큐의 다법을 널리 펼쳤다.
149 도인(道人): 불도를 수행해서 득도한 사람.
150 화제(畫題): 그림의 여백에 써넣는 시문(詩文).
151 도가(道歌): 도덕적인 가르침을 알기 쉽게 노래한 교훈적인 단가(短歌).
152 『다도편몽초(茶道便蒙抄)』: 센계(千家) 다법 입문서, 에도 전기의 차인 야마다 소헨(山田宗偏)이 구술함.

선승의 묵적이나, 수도자의 교훈적 노래, 혹은 선승의 시문 이외에는 족자로 사용해서는 안 되고, 그림 종류도 걸어서는 안 된다고 하였다. 이때 소헨이 말하는 그림 종류에는 채색화는 물론이거니와 선승의 붓질 이외의 묵화도 포함되었다.

소헨은 선승의 화제 이외에는 붓놀림에 지나지 않는다며, 장난삼아 그린 그림에는 정신성이 보일 수 없다는 점에서 배척했음에 틀림없다. 또 소헨은 먹의 미에 대해 극히 엄격했는데, 앞에서도 말했던 것처럼 먹의 아름다움에는 성스러움이 깃들지 않으면 안 된다는 것이다. 소헨은 먹의 미가 겉모습만으로 논해지는 경향과 관련해서 그림처럼 어떤 외형적 모습을 가지는 것을 극단적으로 배척하면서 묵적이 가지는 진정한 정신미를 파악하고자 했던 것이다.

묵적에 대응하는 것으로 묵화가 있는데, 똑같이 먹의 아름다움이 거론되었어도 소헨에 이르러 묵화도 배척했다는 것은 한층 더 이런 인식이 심화되었음을 나타내고 있다. 족자가 리큐가 밝히는 것처럼 주객 모두 '다도 삼매의 경지에서 일심득도할 수 있는 물건'이라면, 소헨처럼 생각하는 것은 어쩌면 당연하다고 하겠다. 족자는 문구(文句)에도 그리고 그 문구를 쓴 사람의 덕에도 존경할 수 있는 성스러움이 있어서 비로소 '일심득도의 물건'이 되는 것이므로, 아무리 송·원 시대 명화라고 해도 단지 뛰어난 그림이라는 것만으로는 정성을 다한 한마음[一心]으로 부지런히 덕을 쌓고 깨달음의 경지에 도달[得道]하려는 수행을 위한 족자가 되지는 않는다.

다도에서 족자가 중시되고 특히 묵적이 그 제일로 여겨진 것은 도코노마에 아름다운 족자를 걸어서 감상한다는 그런 단순한 수준을 넘어, "불법으로 수행 득도(『남방록』)"한다는 정신성의 문제로 옮겨간 것을 의미하는 것으로, 족자의 미는 오로지 마음으로 체득하는 미가 된 것이다. 따라서 눈에 호소하는 색채적 감각으로 보는 미의 추구가 아니라 색채적 감각을 넘어선 미의 추구가 되어, 궁극적으로 성스러운 먹의 미를 보게 된 것이다.

물론 이러한 미에 대한 추구가 다도 역사상 오직 한 길로 계속 진행된 것은 아니어서, 정체와 후퇴도 있었고, 옆길로 새는 일도 있어 족자가 언제나 반드시 '일심득도의 물건'으로 여겨졌다고는 할 수 없지만, 그것이 이상적이었다는 점은 다도가 도구차로 타락한 경우에도 결코 예외는 아니었을 것이다.

다도가 초암차가 되어 다다미방도 도코노마도 공간적으로는 아주 좁고 작아졌는데, 족자에서 먹의 아름다움을 통해 마음으로 보는 미를 발견함으로써 공간적인 제약을 받지 않는 마음이 아름다움 속에 도입되어, 좁고 작은 다실을 또 다른 의미에서 넓고 큰 것으로 전환하게 하기도 하였다. 다도에서 먹의 미를 발견한 것은 일본 미술사적 관점에서도 중요하며, 앞으로 수묵화의 연구는 보다 깊이 행해지지 않으면 안 될 것이다.

8. 다실의 꽃

죠오는 와비차의 정신을 설명할 때, 『신고금집(新古今集)』[153]에 수록된 후지와라 사다이에(藤原定家)[154]의 노래「둘러보니 벚꽃도 단풍도 지고 없구나, 포구 뜸집[155]에 지는 가을 황혼」이라는 한 수를 인용하여, 이 노래의 뜻이 바로 와비차의 마음이라고 했다. 여기에 대해 리큐는 후지와라 이에다카(藤原家隆)[156]의 노래「꽃 피기만을 기다리는 이에게 산촌의 봄눈 녹은 틈 사이에 피어난 새싹을

---

153 『신고금집(新古今集, 신고킨슈)』=『新古今和歌集』: 일본 와카 문학의 완결편으로 불린다. 고토바 천황(後鳥羽天皇:1180~1239)이 양위 후 칙명을 내려 1205년 완성됨. 그 편집과정은 권력을 잃은 천황의 예술에 대한 집착을 보여주고 있다.

154 후지와라 사다이에(藤原定家, 1162~1241, 또는 후지와라 데이카로도 읽힘): 가마쿠라 당대 최고의 가인, 『신고킨슈』의 편찬자. 주123) 참조. 見わたせば 花も 紅葉もなかりけり 浦のとまやの 秋の夕ぐれ(『新古今和歌集』) 둘러보니 벚꽃도 단풍도 지고 없구나, 포구 뜸집에 지는 가을 황혼.

155 뜸집: 지붕을 떠나 부들 따위의 풀로 이어 만든 움집.

156 후지와라 이에다카(藤原家隆, 1158~1237): 가마쿠라시대의 가인, 『신고킨슈』의 편찬자. 花をのみ 待つらん 人に山里の 雪間の草の 春を見せばや(『新古今和歌集』) 꽃 피기만을 기다리는 이에게 산촌의 눈 녹은 틈 사이에 피어난 새싹의 봄을 보여드리고 싶구나.

보여드리고 싶구나」라는 한 수를 들며, 이 노래의 의미로 와비차의 마음을 이해해야 한다고 가르쳤다. 리큐는 이 『신고금집』에 수록된 노래 두 수를 늘 적어두었다가 사람들에게도 보인 듯하다. 지금부터 논하려는 다실의 꽃과 이 두 수의 노래는 직접적인 관계는 없지만, 와비차의 마음을 전하는 데 있어 꽃과 관계 있는 두 수의 노래를 죠오와 리큐가 선택했다는 것이 흥미롭다.

『남방록』에는 난보 소케이(南坊宗啓)가 리큐에게 들은 이 두 노래를 문자로 기록하고 그 뜻을 적어 놓았다. 거기서 죠오가 인용한 노래의 의미를 보면, 꽃과 단풍이란 서원 다도의 화려한 모습을, 포구의 뜸집은 한 물건도 없는 무일물(無一物)의 경지를 나타낸다고 하였다. 리큐가 인용한 노래는 단지 눈(眼)만 작용해서 꽃과 단풍의 외부 세계를 보는 것이 아니라, 눈(雪)으로 완전히 뒤덮인 무일물 속에서 봄의 양기로 새싹이 움트기 시작하는 그 모습을 보여주고 싶다고 한 것이다. 죠오가 와비의 마음을 정적으로 파악한 데 대해, 리큐는 그 마음을 동적으로 파악하고 동시에 체험적으로 규명하고자 한 듯하다. 난보는 죠오와 리큐가 설명한 와비차의 마음을 돌이켜 보고서는 도저히 자기 따위가 다다를 수 없는 경지라고 하면서, "차의 길(茶道)인가 했더니, 조사와 부처님의 깨달은 경지구나."라고 하며, 그들의 다도는 깨달음의 길로도 통하는 것이라고까지 말하고 있다.

요컨대 와비차에서는 꽃과 단풍의 화려함이 부정되고, 무일물의 경지로까지 철저하게 들어가지 않으면 안 된다. 꽃과 단풍은 서원차에 비유되는데, 초암차가 서원차를 뛰어넘어서 성립된 것을 생각해 보면, 초암의 와비차는 '꽃도 단풍도 없구나'가 되어야만 했던 것이다. 따라서 이런 사상을 가지는 와비차는, 다실 속의 도코노마에 꽃을 장식해도 그 화려함이 감상의 대상이 되는 것은 아니다.

서원의 도코노마에는 문방구 등 여러 가지를 장식했다. 압판[157]이라는 발이 달린 받침대에 깔개를 덮고, 그 위에 판을 올려 삼구족[158], 즉 향로·화병·촛대로써 장식하는 것이 도코노마 장식의 기본이었다. 그 중에서도 화병을 특히 중시해서 경우에 따라서는 향로·촛대는 없어도 화병만은 사용했다. 이때 화병에는 불전에 헌화하는 것과 똑같은 꽃꽂이 방식인 입화(立花)[159]를 행하였다. 서원의 도코노마는 원래 장식이 목적이었고 거기에 두는 화병과 꽃 또한 장식물로서 감상의 대상이었을 것이다. 감상의 대상인 한, 보는 아름다움이 당연히 고려되었을 것이다.

그런데 초암다실에서는 상술했듯이 차의 마음은 무일물의 경지여야 된다고 해서, 똑같은 것을 보더라도 눈으로 보는 것이 아니라 마음으로 보는 것이 강조되었다. 눈으로 포착하는 감각적인 아

---

157 압판(押し板): 실내에 두어 물건을 장식하는 받침대. 차 도구를 장식해 올려 두기 위해 서원에서 사용함. 도코노마의 원형으로 이것을 붙박이로 만들어 쓴 것이 나중에 도코노마가 됨.
158 삼구족(三具足): 불전에 올리는 세 가지 기구, 즉 향로·화병·촛대.
159 입화(立花): 꽃꽂이 양식의 하나. 중심이 되는 가지를 중앙에 세우고, 여기에 7개의 가지를 배치하여, 전체로서 자연의 양상을 구성하는 것.

름다움은 진정한 아름다움이 아니며, '가을 황혼'이나 눈에 파묻혀 어떤 형체도 남기지 않는 경치를 떠올리게 하는 것에야말로 진정한 아름다움이 있는 것으로 생각했다.

리큐는 "작은 다실의 꽃은 반드시 한 색으로 한 가지(枝) 혹은 두 가지 정도 가볍게 꽂는 것이 좋다(『남방록』)."라고 해, 꽃은 하나의 색으로 국한하며 게다가 한두 가지(枝)로 충분하다고 했다. "물론 꽃에 따라서 풍성하게 꽂는 것도 좋겠지만, 본래는 외관만을 선호하는 것은 꺼리도다."라고 해서, 풍성한 느낌으로 꽃을 꽂는 것도 꽃꽂이의 한 방법이지만, 경관 즉 보이는 것만을 선호하는 꽃꽂이 방식은 마음가짐이 천하다고 해서 물리쳤다.

밤의 다회에서는 "무릇 색 있는 꽃은 꽂지 않고, 흰 꽃은 괜찮다(『남방록』)."라고 한 것을 보면, 꽃은 한 색으로 한정시켰지만, 밤의 다회에서는 그 한 가지 색을 더 제한해서 흰색만을 인정한 것이다. 아마 청초한 느낌이 드는 흰 꽃이 가장 이상적인 한 가지 색으로 선택된 것 같다. 죠오는 도코노마의 마룻귀틀을 검게 옻칠한 것에서 나뭇결 그대로의 흰 나무로 바꾸고 있는데, 와비의 마음으로 보면 흰색이 바람직했음에 틀림없다. 또 리큐는 화병에 꽂아서는 안 되는 꽃을 쿄카(狂歌)[160]의 형식을 빌어 다음과 같이 들고 있다.

---

160 쿄카(狂歌): 해학, 익살, 풍자 등을 담은 비속한 단가(短歌). 에도 중기부터 유행함.

화병에 꽂아서는 안 되는 꽃으로는 서향,[161] 오오야마의 붓순나무,[162] 맨드라미,[163] 여랑화,[164] 석류,[165] 개연화,[166] 금잔화,[167] 센레이화[168]도 꺼리는구나.

이와 같이 8종의 금지된 꽃을 지적하고 있는데, 이는 「엔슈 야회의 관례」[169]에서 고보리 엔슈(小堀遠州)[170]도 말하듯이, 꽃 모양이 나쁜 것도 그 한 이유가 되었다. 그리고 꽃의 색이 강렬하고 자극적인 것은 원래 멀리하였지만, 향의 자극성도 문제가 되어 꽃의 향이 강한 서향 등은 다실의 꽃으로 적합하지 않은 것으로 여겨졌다. 리큐는 다실의 꽃은 "가볍게 꽂는 것이 좋다."라고 했는데, 이는 모든 자극적인 것은 배척하는 자세를 보여주는 것이다.

리큐 문하의 하리야 소슌(針屋宗春)[171]은 다실 꽃에 특히 세심한

---

161 서향(瑞香): 침정화(沈丁花)라고 함, 이름 그대로 상서로운 향기가 나는 나무.
162 붓순나무: 일본에서는 잎과 가지를 불전에 바치며 또는 향료로 사용. 열매는 맹독성이 있음.
163 맨드라미(鷄頭の花): 눈에 잘 띄는 특징이 있음. 혹서에 강하고 꽃이 오래 감.
164 여랑화(女郎花): 마타리과에 속하는 여러해살이 풀. 가을의 일곱 풀 중 하나, 노란 꽃이 가지 끝에 모여 피며 타원형의 열매가 달린다. 어린잎은 나물로 먹고, 전체가 약으로 쓰인다.
165 석류: 6월경 선홍색 꽃이 피고, 과실은 커다란 구형. 과피는 적황색. 줄기에 혹이 많고 가지에 가시가 있음.
166 개연화(개연꽃, 河骨): 미나리아재비목 수련과의 여러해살이 풀. 꽃은 황색.
167 금잔화: 관상용이며, 독특한 향이 남.
168 센레이화: 무슨 꽃인지 불명(不明)이라고 해석되고 있음.
169 엔슈 야회의 관례(遠州夜会の習いの事).
170 고보리 엔슈(小堀遠州, 1579~1647): 에도 초기의 무장, 차인. 주109) 참조.
171 하리야 소슌(針屋宗春, ?~?): 센노리큐의 제자. 주146) 참조.

주의를 기울인 사람으로, 『소슌옹 다탕문서(宗春翁茶湯聞書)』에서[172] "명품 화병에 꽃을 꽂는 것, 꽃을 정말로 미미하게 눈에 띄지 않게 꽂을지어다."라며, "귀인의 화병에 꽃 꽂는 것도 마찬가지니라."라고 하고 있다. 명품 화병이라든가 귀인이 만든 화병은 단지 그것만으로도 사람의 주목을 끄는데, 그런 화병에 꽃이 너무 눈에 띄도록 꽂혀 있는 것은 겉모양만을 신경 쓴 것이라고 해서 소슌은 경계한 것이다.

또 소슌은 "화병에 꽃을 꽂는 것도, '꽃을 살린다'는 점을 잘 생각해서 해야 한다."라고 해서 꽃은 꽃으로 꽂아야 하며, 잘못된 꽃꽂이를 해서는 안 된다고도 하였다.

리큐는 도코노마에 장식할 물건으로는 족자가 제일이며, 그 가운데서도 묵적은 최고의 것으로, 족자와 묵적에 버금가는 것은 없다고 했는데, 리큐의 아들인 도안(道安)[173]이나 소슌에 이르면, 도코노마에서 꽃이 차지하는 비중이 묵적과 거의 동등해져서, 꽃을 꽂는 행위에도 정신적인 요소를 중시하기에 이른다. 그리고 나중에는 도코노마의 꽃이 족자를 대신하기까지에 이른다.

이이 나오스케(井伊直弼)[174]의 『다탕일회집(茶湯一會集)』[175]에 "예

---

172 『소슌옹 다탕문서(宗春翁茶湯聞書)』: 하리야 소슌(針屋宗春)의 저서. 이 책은 다도 일반에 관한 것 외 꽃, 로지, 차호 외관, 화기 외관·천목다완 외관, 차솥 외관, 묵적 그림 등의 항목을 만들어, 다도는 의도와 마음이 중요하다고 역설함. 다서로서 귀중하다.
173 센 도안(千道安, 1546~1607): 센노리큐의 장남. 주66) 참조.
174 이이 나오스케(井伊直弼): 주69) 참조.
175 『다탕일회집(茶湯一會集)』: 주51) 참조.

전에는 족자와 화병 등 여러 가지로 장식을 했는데, 도안의 뜻에 따라 초좌(初座)[176]에는 족자 그리고 후좌(後座)[177]에는 족자 대신 꽃을 장식했다. 스승 리큐도 이를 보고 한층 재미있다고 생각하여 그때부터 리큐도 초좌와 후좌에 각각 한 가지로만 장식했다. 이에 따라 초암의 규정도 초좌는 족자, 후좌는 꽃이 되었다. 때에 따라서는 초좌를 꽃, 후좌를 족자로 하는 일도 있다."라고 나와 있다. 예전에는 도코노마에 족자를 걸면서 꽃도 꽂아 함께 장식했지만, 도안은 창의적으로 두 가지 중 하나만을 선택하여 초좌에는 족자만을 걸고, 후좌에는 족자를 떼고 꽃만을 꽂아서 장식하기 시작했던 것이다. 초좌와 후좌 어느 쪽에 족자를 먼저 걸고 꽃을 나중에 장식할 것인가는 상황에 따라 바꿔도 된다고 했는데, 여하튼 족자와 꽃을 동시에 장식하지는 않았다.

소슌도 도안과 마찬가지로『소슌옹다탕문서(宗春翁茶湯聞書)』에 "나팔꽃 다도, 손님 들어올 때 묵적 없이 꽃만을 장식하고, 다회 휴식시간 후 꽃을 치우고, 묵적을 걸고…"라고 해서, 분명히 족자와 꽃을 따로따로 장식했다. 소슌은 족자라고 해도 일반적인 족자가 아닌 분명히 묵적이라고 가리키고 있으며, 꽃을 꽂아 장식하는 것과 묵적을 거는 것을 동일한 수준으로 보았다. 나팔꽃 다도라고 하면, 리큐가 도요토미 히데요시의 소망대로 그를 나팔꽃 다회에 초대했을 때, 정원에 피어 있던 나팔꽃을 한 송이도 남기지 않

---

176 초좌(初座): 정식 다회에서 전·후 2부로 나누어진 전반부.
177 후좌(後座): 정식 다회에서 2부로 나누어진 후반부, 진한 차와 연한 차를 냄.

고 다 따버리고 도코노마에만 잎이 달린 나팔꽃을 단 한 송이 장식한 것을 이르는 말로서, 이 경우는 아마 도코노마에는 족자가 걸려 있었으며 나팔꽃만을 장식했다는 것은 아닐 것이다. 리큐는 족자야말로 제일의 도구로서 중시했는데, 꽃이 도코노마에서 차지하는 비중을 그 정도로까지는 생각하지 않았던 것이다.

그런데 후에 도코노마에 꽃을 꽂아서 장식하는 것이 도코노마의 묵적에도 비길 만하게 되자, 단순히 도코노마의 꽃은 눈에 띄지 않도록 가볍게 꽂아야 한다는 것 이상으로, 꽃을 꽂는 마음가짐의 문제가 제기되는데, 그 점『다탕일회집(茶湯一會集)』에서는 다음처럼 말하고 있어 주목된다.

꽃이란 다만 변하기 쉽고 덧없어라, 꽃이 흩어지고 잎이 떨어지는 모습을 본다는 것이 중요하므로, 군이 진귀한 꽃을 감상할 것은 없어라, 또 무엇을 꽂을 것인가 생각할 것도 없거니와, 정원에 제때 핀 꽃을 몸소 꺾어 그대로 화병에 꽂는 주인의 배려 깊음도 알게 되어 정취가 있네, 꽃가게 등에 있는 그저 잘라 둔 꽃은 도저히 도코노마에 올릴 수 없으리.

즉, 진귀한 꽃을 감상하는 것이 꽃꽂이의 목적이 아니라, 꽃을 꽂는 사람의 마음가짐, 배려 깊음이 중요하다는 것이다. 리큐는 꽃의 형태가 나쁜 꽃은 금화(禁花)라고 해서 꽂지 않았는데, 외형적으로 모양이 좋지 않은 꽃은 차라리 꽂지 않는 편이 좋다는 것과 함께, 진귀한 꽃을 감상한다는 것이 꽃을 꽂는 목적이 되어서는 안 됨을 말하고 있다. 또 꽂으면 안 되는 꽃을 지정하는 것은 꽃에 대한 감상의 측면에서이지만, 진귀한 꽃을 부정하는 것은 공연히 진귀한 것을 추구하지 않는다는 정신적인 측면에서 말하는 것으로, 꽃에 대한 사고방식 및 견해가 여기서 크게 바뀌게 된 것을 볼 수 있다.

소탄의 제자 스기키 후사이[178]도 다실 꽃은 특별히 진귀한 꽃을 꽂아서는 안 되며, 사람들이 늘 봐오던 꽃을 꽂는 것이 바람직하다고 했는데, 이 역시 진귀한 꽃에 마음을 빼앗기는 것을 경계한 데서 나온 말이다. 차를 마시는 것이 유희나 취미가 되어 가면, 재력이 있는 사람은 거기에 맞게 진기명품을 수집해서 애지중지하기 쉬우며, 꽃을 꽂는 것도 마찬가지로 필경 진귀한 꽃을 찾는 일이 일어날 것임에 틀림없다. 겨우 한두 가지만 꽂는 꽃이고 보면 꽃의 양으로 생기는 아름다움에 대한 기대가 생겨나지 않아서, 자칫 진귀함에 대한 관심을 높이는 결과를 가져올 수도 있을 것이다. 그것을 뜻있는 차인들은 경계해서, 꽃의 아름다움을 마음의 아름다움으로 승화시키고, 마침내는 묵적과 마찬가지로 도코노마의 꽃을 일심득도의 대상으로 삼으려고 한 것이다.

사실 아름다운 꽃은 누가 봐도 아름다워서 다실 안이든 밖이든 그 수가 많은 것이 좋지만, 단지 감각적으로 눈으로 즐기는 것에

---

178 스기키 후사이(杉木普齊, 1628~1706): 에도 전기·중기의 차인. 소탄에게 와비 차를 배워, 한평생 와비차의 정신으로 살아감.

머무르지 않고 마음으로 포착되는 아름다움이야말로 진정한 미라고 생각해서, 뛰어난 차인들은 공연히 많은 꽃을 장식하여 미의 겉모습만 바라보는 행위를 배척한 것이다.

다실 속의 꽃은 한두 가지로 조촐하게 장식하여 거의 눈에 띄지 않는데, 그러면 로지는 화려하게 꽃으로 채웠느냐 하면 결코 그렇지도 않다. 리큐도 오리베도 로지에서조차 엄격히 꽃을 제한하여, 꽃이 피는 나무는 일체 심지 않았다. 리큐같은 이는 삼나무조차 화려하게 보인다고 해서 심지 않았다. 로지에서 꽃을 보고서 다실에 들어가 도코노마의 꽃을 보면, 인상적이지도 효과적이지도 않다고 해서 로지에는 꽃 피는 나무를 심지 않았다고도 하는데, 그 가장 큰 이유는 단풍도 벚꽃도 없는 곳이나 눈으로 온통 뒤덮인 곳 등의 그 무일물의 세계야말로 차의 미가 있는 곳이라는 것을 로지에서부터 명확히 하고자 한 것으로, 감각적인 눈으로 포착하는 미를 로지는 모두 거부한 것이다.

꽃 피는 나무를 심지 않았다는 점에서 리큐는 복숭아라든가 비파 등 열매 맺는 나무도 심기를 꺼렸다. 오리베는 리큐와는 약간 취향을 달리했는데, 예를 들어 상록수와 같은 것도 열매를 맺는다고 모두 심지 않았다고 한다. 열매 맺는 나무는 꽃뿐만 아니라 열매로써 사람의 눈을 밖으로 빼앗기 때문이었을 것이다.

스기키 후사이는 도코노마의 꽃도 열매를 맺는 것은 별로 좋지 않다고 했는데(『다탕지화생양』),[179] 꽃에서 열매가 연상되는 것은 더욱 바람직하지 않았을 것이다.

한편 다실의 계절감은 거기에 장식한 꽃이 가장 단적으로 잘 나타내었을 것이다.

"여름은 아주 시원하도록, 겨울은 아주 따뜻하도록, 숯은 찻물이 끓도록, 차는 마시기 좋도록, 이것이 비전(秘傳)의 전부입니다『남방록』)."라고 리큐는 말했다는데, 다실 꽃에 만약 비전(秘傳)이 있다고 해도, '사계 자연 그대로'라는 것 이외에 따로 비전이라고 할 만한 것은 없었을 것이다. 그리고 보면 리큐가 '꽃은 들꽃처럼'이라고 했던 것처럼 꽃은 자연과 합일하는 꽃이어야 하는 것이다. 계절을 벗어난 희귀한 꽃을 좋아하는 것은 자연에 대한 역행으로, 자연과의 합일에서 벗어나는 것이다.

그런데 가장 사계의 자연에 합일해서 자연 그대로의 꽃을 다실 꽃으로 한다고 해도, 단풍도 벚꽃도 없이 눈 일색으로 뒤덮인 듯한 무일물의 정신세계가 그 근저에 자리해야 한다. 한마디로 다실 꽃의 특성을 말하자면, 꽃은 사계절 자연 그대로이면서, 동시에 또 그대로인 것도 아닌 것이다. 이런 논리가 성립하기 위해서는 일심득도라는 마음의 깨달음이 있어야 하는데, 다실 꽃에 대한 엄격한 마음 수행이 필요함을 말하고 있다.

---

179 『다탕지화생양(茶湯之華生樣)』:「다도의 꽃꽂이 방법」을 적어놓은 스기키 후사이(杉木普齊)의 저서.

9. 물

차노유(茶の湯)[180]라는 말이 나타내듯이 음료인 차를 마시는 데는 뜨거운 물이 필수이다. 리큐는 "차는 마시기 좋도록(『남방록』)"이라고 했는데, 그 마시기의 적당함은 물의 온도에 크게 좌우된다. 그런데 뜨거운 물은 찬물을 끓인 것으로, 뜨거운 물을 문제 삼는다는 것은 근본적으로 가열하기 이전의 원래 그대로의 물을 문제 삼는 것이기도 하다. 물 자체가 다도에서는 필요불가결한 것인 바, 물의 문제는 그 자체의 사용 목적에 따라 여러 가지로 생각해야 할 것이다.

다도에서는 물을 담는 물 항아리가 차 도구로서 필수적인데, 차를 끓일 때는 먼저 필요한 물을 이 항아리에 채워둔다. 그리고 이 물은 다실에 만들어 놓은 화로나 밖에서 운반해 온 풍로에 걸린 차 솥으로 끓이는데, 이렇게 뜨겁게 끓인 물을 그대로 차를 만드는 데 쓰지는 않고, 물 항아리에 담긴 물로 먼저 차를 마시기에 적당하도

---

180 차노유(茶の湯): 끓인 찻물, 일본에서는 다도와 같은 의미로 사용되었음.

록 차 솥의 물 온도를 조절한다. 그것이 물의 뜨거운 정도를 적당하게 하는 것이다.

"여름은 아주 시원하게, 겨울은 아주 따뜻해지도록(『남방록』)"이라고 리큐가 말하는 것은 물의 뜨거운 정도를 이와 같이 조절하는 것과 적지 않은 관계가 있다. 차 솥에는 대략 7~8인분의 물을 넣고 화로에 올린다. 음료라는 점에서 차 솥에 담긴 물을 음미할 때는 당연히 엄격해야 하지만, 다도의 정신적 측면에서도 물에 대한 마음가짐은 매우 까다롭다.

리큐는 다도 모임은 시간적으로 아침·점심·저녁의 어느 때든 있을 수 있어도, 차에 사용하는 물은 언제나 새벽에 길은 물을 사용해야 한다고 하였다. 새벽이란 음양의 양(陽)이 시작되는 시간인데, 새벽물에는 맑은 기운이 감돈다고 하여 이런 청정함이 서려 있는 물을 써야 한다는 것이다.

다도는 초대하는 사람도 초대받는 사람도 마음의 깨끗함이 제일인데, 리큐는 물의 청정성은 마음의 깨끗함에도 연관된 것임을 강하게 주장하고 있다. 음료로서의 물인 이상 소위 좋은 양질의 물을 선택해야 하는데, 그 좋은 물(名水)에 덧붙여 리큐가 물에 대한 차인의 마음가짐을 설한 것은, 좋은 물을 그냥 끓여서 마시기만 하면 되는 것이 아님을 가리키는 것이다.

쥬코의 제자인 마쓰모토 쥬호[181]에게 다음과 같은 이야기가 전

---

181 마쓰모토 쥬호(松本珠報, ?~?): 무로마치시대 무사(武士)이자 차인(茶人), 무라타 쥬코의 제자.

해 온다.

쥬호가 교토 동쪽의 도인시죠(洞院四条)[182]에 기거하며 다회를 즐기고 있었을 때, 그는 버드나무 우물물을 좋아하여 항상 아침 일찍 동트기 전에 이 물을 길으러 다녔다. 그러던 어느 날 시간이 늦어버려 물을 길어 돌아올 때 그만 동이 트고 말았다. 그때 쥬호는 물통을 길가에 내던지고 서둘러 집으로 돌아갔다고 한다.

쥬호는 좋은 물을 남모르게 긷는 행위로 자신의 마음이 깨끗하고 맑음을 느꼈던 것인데, 그것이 동이 터서 다른 사람이 알게 됨으로써 자신의 그런 마음이 손상을 입었다고 생각하여 그 물을 버린 것이다. 아마 리큐 이전의 다도에서도 물에 대한 이런 생각은 있었던 것으로 보인다. "차는 마시기 좋도록"이라고 리큐가 말하는 배경에는, 단순히 마시기 적당한 물의 온도만이 아니라 물에 대한 엄숙한 마음가짐이 있었다는 것을 알 수 있다.

물 항아리의 물은 손님을 초대하려는 전날 예비로 채워 두고 항아리도 청결하게 해 두며, 다시 그 당일에 새벽에 길은 물로 바꾸도록 이이 나오스케는 말하고 있는데(『다탕일회집』), 이는 그 정도로 물의 청정함을 존중한다는 것을 가리킨다.

『남방록』에 "물을 긷고, 땔감을 준비하며, 물을 끓이고, 차를 달

---

182 도인시죠(洞院四条): 교토 동네 지명(地名).

이며, 부처님께 공양하고, 다른 사람에게도 나눠 주고, 나도 마신다, 꽃을 꽂고 향을 피우는 것, 모두 부처님과 조사의 행적을 배우는 것이다."라고 나와 있는데, 무엇보다도 물 긷는 것을 부처님과 조사의 행적을 배우는 제일의 행동으로 치고 있다.

길어온 물은 마시는 데 쓰는 것은 말할 것도 없지만, 손 씻는 물로 사용하기도 한다. 『집운암 7개조』[183] 제2「손 씻는 물에 관한 것」에서 "오직 마음속을 씻는 것을 이 도의 중요함으로 삼는다."라며, 초암다실에 들어오려면 그릇에 담긴 손 씻는 물을 이용해서 그 물로 입을 헹구고 손을 깨끗이 씻어야 한다고 하였다. 이때 손 씻는 물을 사용한다는 것은 단순히 입이나 손만을 깨끗하게 하기 위한 것이 아니고, 마음을 맑게 하는 것을 중요시하기 때문이다.

돌로 만든 수수발(手水鉢)을 특히 쓰쿠바이[184]라고 하는데, 이를 이용하여 먼저 주객 모두 손 씻는 물을 사용하는 것이 다실에 들어설 때의 기본 행위이다. 리큐는 차를 대접하는 주인은 다도에 쓰일 물을 길어 오고, 초대받은 손님은 손 씻는 물을 사용하는 것이 기본행위라고 하였다. "로지에서 주인이 처음 하는 일은 물을 길어

---

183 집운암(集雲庵): 집운암은 잇큐의 제자인 기오 쇼테이(岐翁紹禎, ?~?)가 스승의 뜻을 어겨 퇴출되어 집운암을 짓고 살았던 데서 유래하는데, 그 후 용서받아 집운암의 명칭을 난보(南坊)로 개칭했다. 2세인 난보 소케이(南坊宗啓)는 센노리큐의 수제자인데, 센노리큐와 함께 다도의 준칙이라고 해야 할 로지차 규약 7개조(7簡條)를 제정함.

184 쓰쿠바이(또는 츠쿠바이, 蹲): 돌로 된 손 씻는 물그릇으로, 약간 쭈그린 자세로 손을 씻기 때문에 붙은 이름. '쭈그리고 앉는다[蹲]'는 말에서 유래. 즉, 다실 뜰 앞의 낮은 곳에 갖추어 놓은, 손 씻는 물을 담아 놓은 그릇으로, 돌로 된 수수발(手水鉢)을 의미함.

오는 것이며, 손님도 첫 행위로서 물로 손을 씻는다, 이것이 로지 초암의 근본이다(『남방록』)."라고 하면서, 이어 "이 로지에서 마주하고 있는 사람들, 서로 세속의 더러움을 씻어 내는 수수발이다."라고 했다. 여기서 물을 길어 온다는 것은 로지에서 하는 행위인데, 수수발에 물을 길어 담는 것을 가리킨다. 앞에서 로지는 단순히 다실로 향하는 통로가 아니며, 로지에 발을 내딛는 것은 깨달음의 세계에 발을 내딛는 행위에 다름 아니라고 했는데, 그 깨달음의 세계에 들어가기 위해서는 수수발의 물로 세속의 더러움을 깨끗이 씻어내야 한다는 것이다. 리큐가 수수발의 물을 운반하고, 손 씻는 물을 사용하는 것이 로지 초암의 근본이라고 한 이유는 이 수수발이 가지는 의미와 무관하지 않다.

수수발인 쓰쿠바이의 물이 세속의 더러움을 씻어 깨끗하게 하는 것이라고 한다면, 물론 그 물을 담는 그릇도 또 물 자체도 청정해야 한다. 더러운 그릇에 언제 담았는지 알 수 없는 오래되고 탁한 물이 들어 있으면 안 된다. "수수발은 청정한 것이 근본인데, 고여 있는 물을 항상 깨끗하게 유지하고 오염되지 않도록 마음을 써야 한다(「다탕일회집」)."라고 되어 있는 것처럼, 수수발은 청정한 것이 근본이라고까지 말하고 있다.

음료로서의 물이 깨끗해야 하는 것처럼 수수발의 물 또한 청결하지 않으면 안 된다. 리큐는 추울 때라도 주인은 수수발의 물 긷기를 싫어해서는 안 된다고 하였다.

리큐는 또 로지의 물 뿌리기와 그 마음가짐에 대해서도 일러주고 있다. 물을 로지의 초목에 뿌리는 것은 분명히 청신한 느낌을 자아내며, 손님을 접대하는 중요한 마음가짐의 하나로 삼고 있다. 물은 눈에 호소하는 감각으로도 청량감을 주는데, 리큐는 과연 이 점도 놓치지 않고 있다. 아니 놓치기는커녕 오히려 "다도의 주안점은 다만 이 삼탄삼로(三炭三露)에 있다(『남방록』)."라며, 세 번 화로의 숯을 보충하고 세 번 로지(다실정원)의 물 뿌리기에 마음을 모을 것을 강조하고 있다. 오랜 시간에 걸쳐 화로에 차 솥을 걸어, 물이 끓도록 해 두기 위해서는 숯불에 신경을 써 숯을 보충해야 한다. 또 로지에 신선한 청신함이 감돌도록 물 뿌리는 것을 잊어서는 안 된다는 것이다.

리큐는 삼탄삼로는 "능히 숙련된 자가 아니면 다회 때마다 생각처럼 되기는 어려우리라."라고 했는데, 사실 리큐조차 생각처럼 잘되지는 않았던 것으로 보인다. 구체적으로 삼로(三露)란 손님이 로지에 들어오기 전과 손님이 다회에서 간단한 음식을 먹고 일단 자리를 떠서 로지에서 휴식을 취하기 전, 그리고 다회가 끝나고 손님이 돌아가려는 때 등 모두 세 번에 걸쳐 로지에 물을 뿌리는 일을 가리킨다. 특히 마지막 물 뿌리기를 할 때는 로지에 잘못된 점이 없나 살펴보고, 수수발에도 또 물을 채우고, 초목에도 물을 뿌려서 손님에 대한 깊은 배려를 보여줄 수 있도록 해야 한다고 일러준다. 여름 더울 때 특히 이런 배려는 손님에게 청량감을 주게 되는데, 리큐는 항상 손님에 대한 성의는 이런 배려에서 비롯되어야 한다고 지적한다.

리큐의 제자인 하리야 소슌은 로지에 물을 뿌리지 않은 것은 여자가 허리띠를 풀어헤친 것처럼 볼썽사납다고 한다. 하지만 추운 겨울날에는 로지에 물을 뿌리지 않는 편이 좋다고 하였다.

겨울의 물 뿌리기의 사례로서, 리큐는 눈 내리는 날 손님의 발자국이 징검돌에 더럽게 남는 것을 싫어하여 징검돌만 살짝 물로 씻었다고 한다. 징검돌에 물을 뿌리느냐 않느냐는 것은 그때그때 보행 사정에 따라 달라지겠지만, 눈 오는 날 리큐가 징검돌에 물을 뿌렸다는 것은 다른 의미의 청결감을 나타내고자 한 것으로 주목된다.

여하튼 물 뿌리는 일은, 리큐도 "대충의 마음가짐이어서는 안 된다(『남방록』)."라고 했는데, 다도의 중요한 소양이었다. 『다탕일회집』에는 "물 뿌리는 일, 가장 차인다운 행위로 삼아서 항상 주인 스스로 단련해야 한다, 숙련된 자가 뿌리는 것은 한층 아름답고 깊은 운치를 보게 된다."라며, 다도를 지향하는 자는 모두 수련하지 않으면 안 되는 행위라고까지 보고 있다.

물을 뿌리는 일은 결코 물을 그저 흩뿌리는 것이 아니라, 주인 스스로의 수련 과정으로 삼아야 한다는 것이다. 물을 가져오고, 땔감을 준비하고, 물을 끓이고, 차를 달이는 것은 부처와 조사의 행적을 배우는 것이라고 했는데, 다도에서 물은 모두 마음의 수련 대상인 것이다.

선(禪)에서는, 세수나 목욕할 때도 얼굴과 몸뿐만 아니라 마음의 때를 씻어 내는 것이 중요하다고 했는데, 다도에서도 이 선의 가르침과 마찬가지로 물을 항상 정신의 문제와 관련시켜서 생각한다. 사람의 눈에 띄기 전, 새벽에 물을 긷는 것도 선에서 중시하는 음덕의 가르침과 통하는데, 그 행위가 선행으로서 다른 사람 눈에 띄는 것을 염려하고, 일단 다른 사람의 눈에 띄면 그것은 이미 음덕이 안 되고 마치 나쁜 짓을 하다 발각된 것처럼 여긴다. 맑고 깨끗함을 제일로 삼는 다도의 마음은 남에게 보이는 것이 아니라, 항상 자기 자신 속에 내재해야 한다는 것이다.

리큐는 각별히 수수발을 중시해서 여러 형식과 형태를 가진 수수발을 고안했는데, 좁은 로지에는 돌로 된 큰 수수발을 두었다고 한다. 초암다실의 크기가 다다미 4장 반에서 1장 반으로 좁아졌지만, 다실 앞의 수수발은 오히려 큰 것을 두었다. 좁은 로지에 비해 커다란 수수발은 일견 불균형하게 느껴지나, 주객 모두 '서로 세속의 더러움을 씻어내는 수수발이 되리라'는 견지에서 본다면, 수수발의 크기를 정하는 것은 균형의 문제가 아니다. 다실과 다실 정원인 로지가 크고 넓은 데서 점차 작고 좁아지는 이행 과정을 겪으며 그 속에서 차의 정신성이 엄격하게 추구되었다면, 수수발은 그 역할로 볼 때 반대로 작은 것에서 큰 것으로 변화되어간 것이 수긍된다.

카미야 소탄[185] 일기에 있는 1591년 10월 20일 낮의 리큐 다회의 기록을 보면, 다다미 2장짜리 다회에 "수수발, 자연석인 큰 돌을

---

185 카미야 소탄(神谷宗湛, 1551~1635): 아즈치·모모야마시대와 에도시대의 거상, 차인. 그가 남긴 수기인 『소탄일기(宗湛日記)』는 당시 다회 기록으로 유명.

캐고, 물바가지는 보통보다 커서, 위로 올려보도다."라고 적혀 있다. 큰 돌을 골라 커다란 수수발을 만들었다는 것을 알 수 있다. 커다란 수수발에 큰 물바가지를 걸어 세속의 더러움을 크게 정화하고자 한 것인가. 깨끗한 물이 커다란 수수발에 넘실대고 있는 로지가 눈으로 보는 정원에서 마음으로 보는 정원이 되고, 나무가 간소하게 심겨진 정원의 아름다움이 마음의 깨끗함으로 이어져서, 보기만 해도 청정의 미감을 주는 것으로 여겨진다.

리큐가 만든 정원에는 서원 정원의 계보에서 중요한 물의 흐름을 고려한 면도 있는데, 정원이 좁은 로지가 되고 수목도 극히 적어짐에 따라 로지에는 실제의 물의 흐름을 배치하는 일이 불가능해졌고 또 불필요하게도 되었다. 정원이란 산수의 경관을 제한된 공간 속에서 모방함으로써 이루어진 것인데, 로지에서는 그 물의 흐름이 마음으로 보는 수수발의 물로 집약된 듯하다. 로지에 있는 물은 수수발에 담겨 있는 물뿐인데, 그것은 비록 고여 있는 물이지만, 그 움직이지 않는 물에서 마음으로 흐르는 물을 보고 있었던 것이다.

카레산스이[186]의 정원은 메마른 물로 물의 흐름을 표현하는데, 표현 방법은 달라도 수수발에서도 마찬가지 개념으로 생각할 수 있을 것 같다. 리큐는 좁은 로지에 커다란 수수발을 두어 천연 그대로의 산수의 대경관을 마음속에 담아내고자 한 것은 아닐까.

---

186 카레산스이(枯山水): 일본 정원에서 물을 쓰지 않고 돌, 모래를 배치하여 산수(山水)를 나타내는 양식.

선어(禪語)에 '한 입에 마셔버리는 강서(江西)의 물'이라는 구절이 있다. 강서는 지리적으로는 양자강 서쪽에 해당하는데, 당대(唐代) 마조도일[187]이 출현해 선이 번성한 연고가 있는 땅이다. 그 땅의 물을 한 입에 다 마셔버린다는 것인데, 의미하는 바는 천지를 한 입에 삼키는 것으로서 선의 깨달음의 경지를 이렇게 표현하고 있다. 다도에서는 한 잔의 차도 천지를 삼키는 심경으로 마시는 것이 바람직하겠지만, 그것은 어찌되었든 간에 우선 수수발에서 그 물을 사용하여 입을 헹구고 손을 씻는 그 순간에 천지와 하나 되는 심경이 열려야 할 것이다.

세속의 더러움을 씻어 버린다는 것은 바꾸어 말하면 그런 심경을 연다는 것이다. 그런 심경이 열리면 수수발의 물은 물의 흐름이 되기도 하고 또 산수의 일대경관을 나타내기도 한다. 이런 점에서 리큐가 좁은 로지에 커다란 수수발을 만들었다는 것은 분명히 흥미롭다.

다도에서는 마시는 물도, 씻는 물도, 뿌리는 물도 모두 마음의 맑고 깨끗함과 관련되어 있다. 더욱이 마음의 청정성은 물 그 자체의 청정함에 의해 한층 더 깊어지게 된다. 이 마음의 맑고 깨끗함으로 연결되는 청정한 물의 의미가 넓어지게 되면 그 어떤 정신성의 넓이도 지닐 수 있게 된다.

---

187 마조도일(馬祖道一, 709~788): 중국 당나라의 선승. 남종선(南宗禪) 발전에 공이 크며, 평상심(平常心)이 곧 도라고 주창하여 생활 속의 선(禪)의 실천을 강조.

다도에서 수수발의 물을 사용하기 이전과 이후는 물에 대한 사고방식에 큰 차이가 생긴다. 세속(世俗)과 탈속(脫俗)의 경계가 수수발에 의해 확연히 주어지는 듯하다.

10. 리큐의 다도 − 초암다실의 미학 결론 −

리큐는 다도가 서원 다도에서 시작된 것이지만, 다도의 정신을 평가할 때는 초암 다도가 으뜸이라고 하였다. 이 다도의 정신이란, "초암 다도는 가장 먼저 불법으로 수행 득도하는 일이다(『남방록』)."라는 리큐의 말처럼, 불교로 수행하고 그 수행으로 불도를 체득함으로써 얻어질 수 있는 것이라 하여, "이 부처님의 가르침, 다도의 본래 의미다(『남방록』)."라고까지 했다. 또 "다도 본시 득도를 위한 것, 깨끗이 번뇌에서 벗어나 깨달음의 경지에 들지 않고서는 이루기 어려울 것이다(『남방록』)."라며, 다도는 원래 불도를 체득하는 수단이라고 하여, 그 체득이 없으면 다도의 길은 성취하기 어렵다고도 했다. 불도란 이 경우 선(禪)을 가리키며, 다도는 선 수행과 똑같은 과정을 거쳐 선의 깨달음을 얻어야 한다고 했다. 여기에 리큐 다도의 특징이 있는 바, 리큐는 다도의 종교적인 철학을 성립한 것으로 보인다.

지금까지 초암다실에 대해서 이것저것 논했는데, 결론적으로 리큐가 차의 정신성을 어떻게 심화시켜 왔는지 살펴보자.

『남방록』에 「멸후(滅後)[188]의 권(卷)」이라는 한 책이 있는데―이것은 리큐가 죽은 뒤 3년째 될 때 난보 소케이(南坊宗啓)가 리큐에게 전해 들은 것을 기록한 책―, 그 속에 다음과 같은 것이 있다.

서원 다도의 음양곡척(陰陽曲尺)으로, (대자[189]의) 백 천만 장식부터 초암의 한적한 다실까지 (많은 장식법이 생겨났다), 이 장식법의 자세한 규준은 다년간 수행하기 이전의 것이구나. 와비의 본뜻은 청정무구한 부처님의 세계를 나타내는데, 이 노지 초암에 이르러서는 진애를 털어 없애고 주객이 함께 곧은 마음 교류하면 (다도구를 배열하는) 규칙·치수·(차를 내는) 의식 예법은 굳이 말할 것 없어라. 그저 불을 피우고 찻물을 끓이고 차를 마시면 그뿐이라. 다른 것이 있어서는 안 된다. 이것이 바로 불심이 드러나는 곳이구나.

서원 다도 탁자(대자)란 차를 내기 위한 탁자로, 이 선반에 다기 및 다도구를 장식하고 배치하는 데는 곡척비율이라는 음양의 이법(理法)에 근거한 규칙이 있어 몇 척(尺) 몇 촌(寸)이라는 구체적인 치수로 자리를 정했는데, 이 규칙은 리큐가 초암 다도를 주장할 때까지는 반드시 지키지 않으면 안 되는 것이었다. 위의 '백 천만'이란 규칙의 다양성을 나타내는 말인데, 장식 방법에 다양성이 있으

---

188 멸후(滅後): 원래는 부처님의 입멸 후이나, 여기서는 리큐의 사후를 가리킴.
189 대자(臺子): 이동식으로 된 찬장 모양의 다도구를 얹어 두는 서원 다도 탁자.

면 이법도 그만큼 다양해서, 이 이법을 수행하여 체득하는 것이 다도의 소양으로 되어 있었다. 그런데 리큐는 이 곡척 비율의 규칙을 중시하는 것은 오랜 수행을 닦기 전의 일로서, 초암 다도의 본의(本意)는 불법으로 수행 득도하는 데 있다고 하여, 세속의 '진애를 털어 없애고', 차를 끓여 초대하는 주인도 다도에 초대받는 손님도 함께 불심을 교류하는 데 있다고 했다. 그래서 그는 곡척 비율이라는 이법은 반드시 지킬 필요가 없는 것이라고 했다. 그러면서 차를 달이기 위해 불을 피우고 물을 끓여 차를 마시면 되는 것으로, 그 이외에 어떤 것도 없다고 하고 '이것이 바로 불심이 드러나는 곳이구나'라며, 곡척 비율이라는 외형상의 규칙보다는 마음 내면상의 청정을 존중했다.

'불심(佛心)의 드러남'이란 바꾸어 말하면 깨달음으로, 리큐의 다도가 외적인 문제에서 내적인 문제로 옮아갔다는 것을 가리킨다. 이것은 「멸후의 권」을 좀 더 살펴보면 한층 명확해지는데, "서원 다도를 비롯해 차에 관한 규칙과 법도는 백 천만 가지구나. 옛 성현도 규칙과 법도를 익히는 것을 다도로 여긴 것 같다. 각각의 법식(法式)을 소중히 다루는 것만을 비서(秘書)에 기록해 두었구나. 나(리큐)는 이 법식을 발판으로 삼아 좀 더 높은 곳으로 끌어 올리겠다는 뜻을 세워, 대덕사·남종사(南宗寺)¹⁹⁰ 등의 스님들께 한결같이 묻고 들으며 참선하고, 아침저녁 선림(禪林)의 청규를 근본으로

---

190 남종사(南宗寺, 난슈지): 오사카부 사카이시(堺)에 소재하는 임제종 대덕사파의 사원. 다케노 죠오, 센노리큐가 수행했던 곳.

삼아 정진했다. 그래서 저 서원 다도 법식의 규칙을 간소화하여 로지의 한 경지인 정토 세계를 활짝 열어 한 칸짜리 초암 2장 다실에 조용히 한거하며, 땔감을 장만하고 물을 길어 나르면서 수행하며 한 잔의 차에 참맛 있음을 드디어 어렴풋이 깨달았다."라는 것에서도 알 수 있다.

　서원 다도는 쥬코(珠光), 죠오(紹鷗) 등이 많이 연구했는데 '옛 성현도 이것을 다도로 파악한 것으로 보인다'라는 것은, 아마 이들을 가리키고 있는 것으로 보인다. 리큐는 '지금 좀 더 높은 곳'으로 차의 정신을 끌어 올리겠다고 결심하여 대덕사, 남송사에 가서 참선하며, 선림의 청규(淸規)를 근본으로 수행하여 '로지의 한 경지인 정토 세계'를 체험하고 터득하여, 한 잔의 차에 참맛이 있다는 것을 어렴풋이 알았다고 한다.

　쥬코(珠光)도 죠오(紹鷗)도 선 수행을 한 사람으로 다도에서 와비의 사상을 주장했지만, 리큐의 참선은 한층 더 엄격해서 확실히 깨달았다고 생각된다. 리큐 참선의 스승인 쇼레 소킨(笑嶺宗訴)[191]은 "리큐거사의 다도 정신, 옛 차인의 경지에 머물러 있지 않다, 선법의 진정한 맛이란 이것에 다름 아니다(『남방록』)."라며, 리큐는 옛 차인과는 또 다른 경지를 체득한 것으로 보고 있다.

　또 이렇게도 말한다. "정말 다도의 깊은 맛은 초암에 있다, 제대로 된 서원 다도는 격식 법식을 엄중히 다루는 세간법이구나. 초암

191　쇼레 소킨(笑嶺宗訴, 1490~1568): 센고쿠(戰国)시대의 승려. 주277) 참조.

다실 로지의 특색은 정식의 곡척을 기본으로 하지만, 마침내는 규칙을 벗어나고, 기예를 망각해서 심미(心味)를 무미(無味)로까지 만드는 출세간의 법이구나."라고. 리큐는 세간법으로서의 다도와 출세간법으로서의 다도 사이에 차이가 있음을 분명히 규명하여 곡척(규칙, 자리매김)에 얽매이지 않고 차를 끓이는 기술을 완전히 망각하는 곳에 정신적인 차[心味]가 있다고 하여, 그 정신적인 차는 정신적이라는 말조차 사용해서는 안 될 정도로 순수한 차여야 한다고 하였다. '심미(心味)를 무미(無味)로까지 만드는'이란, 이런 것을 말하려고 하는 것으로 해석된다.

이 '심미(心味)를 무미(無味)로까지 만드는' 것에서 생각나는 것은, 리큐의 '와비' 사상이다. 리큐는 와비의 본뜻은 '청정무구한 부처님 세계를 나타내는 것'이라고 했는데, 리큐는 분명히 와비의 본뜻을 깊이 추구해서 그것을 파악한 것으로 여겨진다. 와비란 화려하고 요염한 것과 대조되는 개념으로, 와비에서 파생된 '영락(零落)하다'라는 말에서 알 수 있듯이, 시들어 보잘것없는 상태 또는 뜻하는 바가 근심에 처하는 어두운 상태를 나타낸다.

와비 사상은 다도가 선과 교류함으로써, 선에서 발생한 사상으로 생각되는데, 리큐는 그 와비의 사상을 화려하고 요염함과 대조되는 것으로 파악하지 않고, 상대성을 초월한 절대적인 것으로서 '심미(心味)를 무미(無味)로까지 만드는'이라고 할 때의 '무(無)'라는 한 단어에서 볼 수 있는 와비를 말하고자 한다. 종래의 와비 사상을 무(無)의 와비로 귀착시켜 와비의 절대성을 말하고 있다.

선은 '산은 산이다, 그런데 산은 산이 아니다, 단지 산이라고 명명한다'는 논리인데, 본래의 진정한 산이란 '산이다'라든가 '산이 아니다'라는 상대성을 초월한 것으로, 와비 또한 진정한 와비는 그런 것이어야 한다. 소박하게 '산은 산이다'라는 것에 머물러 와비의 사상을 말하고 있어서는 와비의 본뜻이 보일 리가 없다. 리큐가 다도의 정신은 바로 선의 멋이라는 것을 철저히 함으로써 와비 사상은 종래의 의미에서 비약을 이루었다고 볼 수 있다.

와비가 단순히 화려함의 상대적인 개념이 아니라고 한다면, 와비 속에는 화려함도 포함되는데, 리큐의 와비에는 실제 그런 면이 존재한다. 다도가 화려함과 대조되는 와비에만 치우치면 와비는 쓸쓸한 것·초라한 것으로 추락하나, 리큐의 와비는 그렇게 될 위기에서 벗어났다고 할 수 있다. 쇼레는 리큐 차를 '대오(大悟)의 차'로 평하고 있는데 과연 지당하다. 소지(山上宗二)가 리큐에게 질문한 것을 바탕으로 소지 자신의 견해를 언급한 것에,

죠오는 54세에 먼 길을 떠났다. 그때 그의 다도는 정말이지 한창 꽃을 피웠는데 죽었다. 사물에 비유하자면, 요시노[192]의 풍성한 벚꽃을 지나, 여름도 지나, 가을의 달, 단풍과 닮았구나. 인세츠[193](引

---

192 요시노(吉野): 나라현 남부의 지명, 남조(南朝)의 사적이 많고, 벚꽃의 명소로 유명함.
193 인세츠(鳥居引拙도리이 인세츠, ?-?): 센고쿠(戦国)시대의 차인. 쥬코·다케노 죠오와 함께 다도의 명인으로 불림. 다기의 감정에 뛰어나고, 많은 명품을 소지하여 그 명품을 장식하기 위해 자기 식의 선반을 고안함.

拙: 쥬코의 제자)는 10월 늦가을 비 나뭇잎에 흩뿌리는 것과 닮았는데, 70세에 서거, 쥬코는 82세에 서거, 설산(雪山)인가, 이 세 사람, 행위는 여러 가지로 다르나, 모두 재미있다.(『山上宗二記』)

라는 것이 있다. 리큐의 다도에 대해서는 "리큐 다도도 이른 초겨울 나무구나, 범인(凡人)은 알 수 없구나."라고 부언하는데, 죠오·인세츠·쥬코 각자 삼인삼색의 다도에 개성이 나타나기는 하지만, 리큐의 다도는 각별하며, 평범한 자가 추종할 수 없다고 보고 있다. 세 사람 모두 각자의 개성으로 와비의 사상을 구현했는데, 죠오에게서는 봄 벚꽃이 한창일 때부터 여름을 지나 가을이 되어 보름달에 나뭇잎이 단풍들 무렵의 와비를, 인세츠에게서는 늦가을 비로 나뭇잎이 떨어질 무렵의 와비를, 쥬코에게서는 가을도 지나 눈이 내려 쌓인 무렵인 산의 와비를 보고 있는데, 리큐에 대해서는 '이른 초겨울 나무구나'라고 해서 단숨에 겨울을 맞이한 나무의 와비를 보고 있다. 이 겨울나무가 무엇을 의미하는가는 야마노우에노 소지(山上宗二)가 기록한 글만으로는 판단하기 어려우나, '범인은 알 수 없구나'라는 말에서 보면 평범한 사람은 이해할 수 없는 의미심장한 것임을 알 수 있다.

　소지는 리큐의 제자인데, 제자의 눈에도 리큐 다도의 특이성이 분명히 간파된 것이다. 소지가 "리큐는 명인이라서 산을 계곡, 서를 동이라 하며, 다도법을 깨고, 자유롭게 해도 재미있다. 보통 사람 그것을 그대로 모방해도 다도에 이르지 못한다."라고도 했는데, 리큐는 명인이라고 부를 수밖에 없는 사람이었으며, 이 사람의 다도에는 산을 계곡이라 하고, 서를 동이라 할 정도의 자유로움이 있었던 것이다. 이 자유라는 말은 '대오(大悟)의 차'에서 처음으로 나오는데, 여기에도 리큐 다도가 깨달음을 근저에 두고 있음이 보인다.

선은 깨달음을 설명하면서 "깨닫기 전의 선악은 모두 악이며, 깨닫고 난 뒤의 선악은 모두 선이다."라고 한다. 도덕적 선악이 깨달음에 의해 바뀌는 것이 아니라 깨닫느냐, 아니냐에 따라 선악을 보는 관점이 달라진다고 하여, 깨달으면 깨닫기 이전의 선악을 보는 관점과는 완전히 다르게 보인다고 한다. 리큐가 산을 계곡이라 하고, 서를 동이라 하는 것은 그 완전히 달라진 관점에 도달했다는 것을 말한다.

공자의 말을 빌리면 "나, 15세에 학문에 뜻을 두고[志學], 30세에 입신하며[而立], 40세에 불혹(不惑), 50세에 지천명(知天命), 60세에 이순(耳順), 70세에 마음이 하고자 하는 바를 따라도 도리에 어긋나지 않네[從心]."라는 그 70세가 되어 도리를 어기지 않는 경지에 리큐의 다도가 도달했다는데(山上宗二記), 이 다도는 '명인 외에는 알 수 없구나'라고 해서, 명인으로 불릴 정도의 다도의 수련을 쌓은 자 이외에는 이해할 수 없는 다도라고 하고 있다.

리큐는 아무 일도 아니라는 표현으로 "집은 비새지 않을 정도, 식사는 굶지 않을 정도로 족할 것(『남방록』)"이라며, "여름은 아주 시원하게, 겨울은 아주 따뜻하게, 숯은 찻물이 끓도록, 차는 마시기 좋도록 이것이 비법입니다."라고 해서 주거의 훌륭함, 진미의 식사를 문제 삼는 다도를 물리치고, 뭔가 특별한 비법이 있는 듯한 다도도 배척한다. 소위 자연 그대로의 다도는, 리큐가 "이것이 부처님의 가르침, 다도의 본래 의미이다."라고 하는 불도 수행에 의한 득도를 매개로 해서 처음으로 설한 것인데, 이 아무렇지도 않은 표현 배후에 리큐의 '대오(大悟)'가 있음을 간과해서는 안 된다.

산은 산인데, 정말 산이 산이려면 산은 산이 아니라는 입장을 넘어서야 하는데, 단순히 산은 이것이 산이라는 것만으로는 안 된다. '숯은 찻물이 끓도록, 차는 마시기 좋도록'이라고 해도, 표면적으로 봐서 산은 산이라는 입장에 서서 이 의미를 해석해서는 안 된다. '불을 피우고 찻물을 끓이고 차를 마시면 되는 것이구나, 다른 것은 있어서는 안 된다. 이것이 불심이 나타나는 곳이구나'라고 했는데, 다른 것은 있어서는 안 된다고 했지만, 거기에는 불심이 드러나며, 이 불심이 드러나는 곳을 아무렇지도 않은 표현에서 파악해야 한다.

리큐는 이 불심이 드러나는 것을 초암다실에서 발견했는데, 작은 다실을 시작한 것은 죠오였으나, 그 다실을 불법으로 수행 득도하는 곳으로 만든 것은 리큐였다고 할 수 있다. 거기에는 다실의 좁고 넓음을 논할 수 없는 '청정무구한 부처님 세계'가 나타나는데, 리큐에게 초암다실은 사실 작은 방이 아니었던 것이다.

리큐는 곡척 비율이라는 규준을 충분히 중시하면서 "손기술 여러 도구 모두 정해진 법칙 없으니"라고 하며, 그래서 "정해진 법이 없기 때문에 정법(定法)이고 대법(大法)이다."라고 해서 정법을 부정한 곳에 정법이 대법임을 보고 있다. 산은 산이 아니기 때문에 산이 산이라고 하는 산을 보고 있다. "정해진 법이 없기 때문에 정법이고 대법이다."라는 말이 어떻게 나왔느냐에 대해서는 "상세한 설명은 다만 일심으로 득도하려는 행위 외 다름 아니다. 어중간한 차인은 알 수 없구나. 자연스럽게 행해지는 때를 알아야 한다."라고 해서 '일심으로 득도하려는 행위'에서 그것이 말해졌으며, 형식상 말한 것은 아니라고 한다. 어중간한 차인이 엿봐서 알 수 있는 세계는 아니라고 하고 있다. 정성을 다한 한마음으로 부지런히 덕을 쌓고 깨달음의 경지에 도달하려는 수행을 통해 그것은 자연히 그렇게 되며, 그런 때가 나타나도록 노력해야 한다는 것이다.

'자연스럽게 행해지는 때'라는 의미는 굉장히 심오하다. 리큐는 주객의 마음가짐이 서로 어떠해야 하는가를 깨우치며 "아주 서로의 마음에 들면 좋다. 그렇기는 하지만 서로의 마음에 들려고 하면 좋지 않다."라고 하며, "득도한 손님, 주인이라면 저절로 좋은 마음이 된다."고 해서, 인위적인 의도가 있어서는 안 된다는 것을 경고하고, '저절로 좋은 마음'이라는 자연스러움이 중요하다고 보았다. '자연스럽게 행해지는 때'를 '알아야 한다'는 혜안이 있어야 하는 것이다. 대법은 행해야 하므로 행하는 것이 아니라, 자연히 행해져야 한다. 이 자연스럽게 행해지는 곳에 자유가 필연적으로 보이는데, 리큐는 다도의 자유를 확실하게 실현할 수 있었던 것이다.

리큐가 '다도 원래 득도의 장소'라고 한 한마디는, 다도가 득도라는 깨달음의 경험 없이는 성립되지 않는다는 것을 단적으로 표현한다. 리큐의 다도를 평해서 세간에서는 다선일미(茶禪一味)라고 하는데, 그 일미(一味)는 단순한 일체가 아니라, 다도의 본뜻이 이 득도에 있다는 것을 말한다. 다도가 선의 영향을 받았다는 점에서 다선일미라고 한다면 리큐의 다도를 오해한 것이라고 할 수 있다.

지금까지 다실 미학을 다실이라는 형상을 통해 논했는데, 사실 그 다실 미학의 근저를 이루는 것은 다도가 지니는 철학일 것이다. 그 다도의 철학은 쥬코 출현 이후의 전통에 의해 점차 형성되는데, 중간에 여러 명이 등장했다 해도 리큐가 출현한 것이 가장 크다. 리큐가 다도의 시조[祖]로 받들어지는 데는 결코 이유가 없지 않다.

11. 선차(禪茶)와 그 미(美)

1) 선차의 계보

차는 분명히 음료다. 일찍이 약용으로 사용되었다고는 해도 여하튼 음료라고 할 수 있다. 그 음료인 차에, 단순히 갈증을 풀거나 약효를 얻기 위해서가 아니라 마신다는 그 행위에 의식(儀式)이 수반된 것은 주목할 일이다. 일단 의식이 개재되면, 목이 마르다고 아무렇게나 벌컥벌컥 마시는 것은 삼가게 되고, 마신다는 행위에 당연히 예의범절이 따른다. 그리고 그 예절이 엄격해지면, 차는 음료라기보다는 오히려 그 예절 형식이 중요해진다. 마시기 위한 예절이라기보다는 예의범절을 위해 마시는 상황에 이르게 된다.

그런데 그 예절이 형식적인 행위에 그치지 않고 마음가짐이 문제가 되면, 예의범절을 위해 마신다는 행위에 정신성이 가미된다. 즉 형식적인 행동만 갖춰지면 되는 것이 아니라, 행동으로 나타나기 이전의 혹은 행동을 하게 하는 내면세계가 중시된다. 그렇게 되면 음료인 차는 생리 욕구로 마신다기보다는 정신 수행으로서 마신다는 것도 되며, 그 결과 마시는 행위의 의미가 바뀌는 것이다.

음료인 차가 소위 다도로서 자리매김한 것은, 대체로 이런 과정을 겪으며 발달한 것으로 보인다. 차노유(茶湯)를 다도(茶道)로 부르게 된 데는[194] 차의 역사가 거쳐 온 이런 과정이 있다.

그러면 이 차를 마시는 행위 속에 형성된 미(美)라는 것은 어디에 근거하는 것일까.

차가 음료였다고 해도 옛날에는 지금처럼 일반화된 것은 아니고 세간에서 상당한 지위에 있는 사람들 사이의 귀중한 음료였으며, 그 사람들이 유흥을 즐기는 장소에서 마시는 특별한 것이었다. 아시카가 요시마사(足利義政)[195]가 많은 유흥에 싫증나고 늙어

---

194 일본어 차노유(다탕: 茶の湯)와 차도우(다도: 茶道)는 한국에서는 둘 다 통상 다도라고 같이 번역되는데, 일본에서의 차(茶) 용어의 변천 과정은 다음처럼 요약할 수 있다. "차가 투차라는 놀이예능에서 정신성과 문화성을 겸비한 차노유로 변화된 것은 무로마치시대 중기로 서원식 건축양식의 발달과 더불어 렌가(連歌) 등의 예술과 접목되는 시점이다. 실내에 다다미를 깔아 놓은 차노유노마라는 공간이 창출되어 예능과 요리를 즐기고, 차를 마시는 생활 습관이 생기어 차노유라는 단어가 표현되기 시작했다.…차노유는 단지 차를 끓여 마시는 그 자체를 의미하는 것이 아니고, 센노리큐에 의해서 불교의 선(禪)사상이 이입되어 새로운 차문화로서 형성된 것을 말한다.…차노유는 에도시대(江戶時代: 1603~1867)에 이르러 무사들의 소양으로서 발달하고, 유파가 확립되면서 후대로 계승되어 간다. 17세기에 사용되기 시작한 다도(茶道)라는 말은 차노유의 도(道)를 탐구한다는 의미가 있으며, 차노유를 습득하고 체득하기 위한 끊임없는 연습을 의미하기도 한다. 차노유는 도구를 갖추고 손님을 접대해서 주인이 온 정성을 다해 끓인 한 잔의 차를 접대하는 것이 본래의 모습이다."[노근숙(2005), 「『南方錄』을 중심으로 한 차노유의 문화와 예절」, 『차문화, 산업학』 Vol.1 NO.2.p.9] 즉 일본의 차는 유희성 차에서 시작하여 정성을 다하고 불도(佛道)를 지향하는 차노유의 과정을 거쳐, 차노유를 체득하려는 다도로 변천하고 있음을 알 수 있다.

195 아시카가 요시마사(足利義政, 1436~1490, 재직: 1449~1473): 무로마치 막부 제8대 장군, 선종사상의 영향을 받은 히가시야마 문화[東山文化-히가시야마의

서 몸이 뜻대로 움직여지지 않게 되었을 때, 노아미(能阿彌)[196]를 통해 다도(茶湯)의 재미를 처음 알았다고 한다. 노아미는 "삼가 아뢰옵니다. 차 가마솥의 끓는 소리는 솔바람을 시새우며, 또한 봄 여름 가을 모두 재미있게 즐길 수 있습니다(『山上宗二記』)."라고 말하고 있다. 차가 하나의 유희였다는 것은 분명하다. 명기 명품을 가지고 달구경 꽃구경을 하며 연회를 계속한 끝에, 차 가마솥을 걸고 솔바람 소리를 들으며 조용히 차를 마시는 유흥을 알게 된 것으로 보인다.

노아미는 남도[197] 칭명사(稱名寺)의 쥬코[198]를 요시마사에게 소개하며, "요즘 남도 칭명사에 쥬코라는 인물이 있는데, 이 다도에 뜻이 깊어 30세에 이미 다도를 습득했고, 또 공자의 도(道)도 배웁니다."라고 했다. 게다가 『산상종이기(山上宗二記)』에 "쥬코가 전하는 비법, 구전하는 비법 및 21개조를 모두 자세히 말씀드립니다. 그리고 외래에서 수입한 당물(唐物)인 장엄하고 비범한 명물을 눈앞에 두고 보니 이것 또한 명품의 은덕입니다. 작은 단지, 큰 단지, 화병, 향로, 향합, 그림, 묵적 등을 가지고 즐기는 예스럽고 우아

은각사로 옮아간 아시카가 요시마사 장군 때 노(能), 차(茶), 꽃(花), 렌가(連歌), 정원(庭園) 등의 예술이 개화[를 탄생시키고, 은각사(銀閣寺)를 지음.

196 노아미(能阿彌, 1397~1471): 무로마치시대의 전문 렌가 가인(連歌師), 화가. 수묵화에 능했으며 다도와 향도(香道)에도 능함. 아시카가 요시마사의 도호슈(同朋衆: 무로마치·에도시대에 쇼군이나 다이묘를 섬기며 신변의 잡무나 예능상의 여러 일을 맡아보던 사람들을 지칭) 역할을 담당.

197 남도(南都): 지금의 나라(奈良)를 지칭.

198 무라타 쥬코(村田珠光: 1423~1502): 주8) 참조.

한 차노유(茶の湯)를 넘어서는 놀이는 없습니다. 또 선종의 묵적을 다도에 사용하는데, 묵적으로는 쥬코 또는 잇큐화상 때부터 원오 (圜悟)[199]선사의 것을 오로지 즐기고 있습니다. 그러니 불법도 다도 속에 있다고 상세히 사정을 아룁니다."라고 되어 있듯이, 차를 넘어서는 유흥은 없다고 말하고 있다. "이로써 자조원(慈照院)[200]주군 인 요시마사는 쥬코를 불러내어 다도의 스승으로 삼고, 이 세상의 즐거움 바로 이것이구나."라고 하며, 요시마사는 쥬코를 상대로 차를 즐겼다고 한다.

요시마사는 부귀하고 사치스런 유희로서의 차를 맛보다가 노아미를 통해 쥬코를 알게 되고, 쥬코를 다도의 스승으로 삼음으로써 지금까지 경험하지 못했던 새로운 차의 즐거움을 안 것이다. 여기서 요시마사가 차를 즐긴 자세의 변화가 분명히 엿보이는데, 그것은 호화롭고 사치스런 유흥에서 소박한 유희로의 이동이며, 유흥의 음료에서 불법(佛法)을 닦는 음료로의 이동이다.

만약 이 경우 차의 아름다움을 논한다면, 사치스럽고 요염한 아름다움과는 다른 차분해서 광택이 사라진 아름다움, '불법도 다도 속에 있다'라는 것처럼 정신적인 깊은 내면을 간직하고 있는 아름다움이 발견된 것이라고 할 수 있다.

쥬코는 잇큐의 제자였는데, 선 수행 경험을 쌓은 사람이다. 쥬

---

199 원오극근(圜悟克勤, 1063~1135): 주115) 참조.
200 자조원(慈照院, 지쇼인): 교토시에 있는 임제종 상국사파(派)의 사원. 아시카가 요시미츠 및 세습 친왕가의 보리사(菩提寺). 은각사(銀閣寺)의 별칭.

코의 차가 정신적인 면을 강하게 지닌 것은 분명한데, 요시마사가 이런 쥬코를 '다도의 스승으로 삼았다'는 것을 보면 쥬코의 차에는 당시의 차를 즐기는 경향에 큰 변혁을 가져올 만한 것이 있었다고 봐야 한다. 즉, 차 속에 불법이 있다고 하는 정신성의 추구, 차는 선 수행과 마찬가지로 수련을 쌓아야 한다는 요구가 차를 마신다는 의식 위에 부과된 것이다. 차의 아름다움이 도구나 의식 속에서 얻게 되는 감각적인 아름다움에서 차를 수행으로 삼는 마음의 아름다움으로 발전해간 것이다.

쥬코가 후루이치 하리마(古市播磨)[201]에게 전했다고 하는 다도 비법서를 봐도 쥬코가 하리마에게 전하고자 한 것이 차의 의식에 관한 것이 아니라, 일관되게 차를 즐기는 사람의 마음가짐이며 마음의 문제를 이야기하고 훈계하고 있음을 볼 수 있다. "이 도(道)를 이룸에 있어, 제일 나쁜 것은 마음의 아만(我慢)이요, 아집(我執)이다."라고까지 말하며, 불법에서의 무아(無我)의 가르침을 역설한다. 그리고 마음의 문제에 대해서도, "마음의 스승이 될지언정 마음을 스승으로 삼지 말라."[202]라는 옛 성현의 가르침을 인용해서, 자주적으로 마음 잡는 방법까지 기술하고 있다.

---

201 후루이치 하리마(古市播磨, 1452~1508): 무로마치-센코쿠시대의 승병. 무로다 쥬코의 제자. 다도에 통달했으며, 와카와 렌가에도 능함.
202 "마음의 스승이 될지언정 마음을 스승으로 삼지 말라.": 가마쿠라시대의 승려인 니치렌(日蓮, 1222~1282)의 인용으로, '자신의 마음은 스스로 다잡아야 하며, 마음 가는 대로 감정에 휘둘려서는 안 된다'는 의미('心の師とはなれ 心を師とせざれ').

쥬코에게 차는 엄격한 마음 수양의 수단이었다. 따라서 쥬코에게는 외면적으로 눈에 띄기보다는 내면적으로 깊어지는 것이 중요한 일이어서, '행동은 자연스럽고 남의 이목을 끌지 않도록 해야' 했다. 행동이란 원래 밖으로 드러나는 행위이기는 하나, 그 행위를 안으로 향하도록 하자는 것으로, 쥬코가 나타내고자 했던 차의 아름다움도 '남의 이목을 끌지 않는' 것이었으며, 꽃을 꽂아도 '가벼이 꽂아야 한다'는 차원의 것이었다.

차는, 쥬코에서 죠오[203]에 이르는 사이에 "전체적으로 다도 모습은 선(禪)이구나(『山上宗二記』)."라고 말할 정도가 된다. 더욱이 "다도는 선종에서 나온 것으로서, 오로지 승려같이 수행을 하는 것이구나, 쥬코, 죠오 모두 선승이구나(『山上宗二記』)."라는 말처럼, 오로지 선승과 똑같은 수행을 하기에 이른다. 소위 다선일미(茶禪一味)[204]라는 것이 차의 근본을 이루게 된 것이다. 원래 적어도 차의 스승이라고 한다면 도구에 대해서도 안목이 있으며, 차 달이는 예법도 능숙해야 하지만, 쥬코나 죠오가 지향한 것은 그 이상의 정신적 문제로서, "한 가지 도에 뜻이 깊은 자는, 명인이다(『山上宗二記』)."라는 말처럼 어떤 득도한 사람이 되는 것이었다.

죠오는 와비를 정신적 의미로도, 미적 의미로도 이야기한 사람이다. 다도에 관한 일은 조금도 마음을 떠난 행위가 아니라고 하

---

203 다케노 죠오(武野紹鷗, 1502~1555): 주13) 참조.
204 다선일미(茶禪一味): 다도와 선은 똑같이 불법을 근간으로 수행하며, 득도를 추구하는 마찬가지 경지라는 의미.

면서, 와비를 마음의 본성에 기인하는 것으로 보고 있다. 죠오 와비문[205]으로 명명되어 있는 글 중에 죠오의 표현을 빌린 것이지만, "정직하고 신중하면서 교만하지 않는 모습을 와비라고 한다."라는 글귀가 있는 것은, 와비의 근저에 마음의 정직함과 신중함이 있어야 함을 규정하고 있는 것으로 주목해야 할 것이다.

죠오가 말하는 와비 차인(茶人)이란 "어디까지나 신중하며 게으르지 않을 것, 세상에서 훌륭한 차인입니다."라는 글처럼, 와비의 모습을 외면으로 치장하는 자가 아니고 어디까지나 마음이 정직하고 신중하며 겸허한 와비차의 경지를 즐기는 사람을 가리켰던 것이다. 또 "와비라는 문자, 쿠보(空法)대사[206] 몇 날인가 궁리를 해도 결말이 나지 않는다, 본래 한 물건도 없는 사람은 (와비를) 손에 넣기 어렵습니다. 아, 아, 황송하도다."[207]라고도 했는데, 와비는 겉치장으로서의 궁리만으로 얻어지는 것이 아니라, 본질로서 마음으로 체득해야 한다고 한 것이다.

게다가 『남방록』에 의하면, "죠오의 와비차의 마음은, 『신고금집』에 수록된 사다이에(定家)[208]가 읊은, "둘러보니 벚꽃도 단풍도

---

205 죠오 와비문: 다케노 죠오가 34세 이전의 리큐에게 와비의 진수에 대해 준 글이 「죠오 와비문(紹鷗侘の文)」이다.

206 쿠보(空法)대사: 쿠카이(空海, 774~835)를 가리킴. 헤이안 초기 일본 진언종의 개조. 홍법대사(弘法大師)라고도 함.

207 쿠카이는 '원래 한 물건도 없는 존재(本来無一物)'임을 이미 깨달은 자인데, 깨닫지 못한 자만이 와비가 무엇을 의미하는지 알 뿐, 이미 깨달음의 경지에 있는 사람은 와비의 단계를 넘어섰다는 다케노 죠오의 깨닫지 못한 자신에 대한 에두른 표현.

208 후지와라 사다이에(藤原定家, 1162~1241): 주123) 참조.

지고 없구나. 포구의 뜸집에 지는 가을 황혼'이라는 노래의 마음 속에야말로 있습니다."라고 한다. 이 노래의 뜻은 "무일물의 경계, 포구의 뜸집이구나."라고 『남방록』이 평하고 있듯이, 와비란 무일 물(無一物)의 경계 또 다른 말로 하자면, 무심무아(無心無我)의 경 지를 나타내는 것이다. 이 무일물의 경계를 『남방록』은 서원차와 대비해서, "꽃과 단풍은 서원 다도의 화려함에 비유하며, 이 꽃도 단풍도 깊은 마음으로 노래해 보면 무일물의 경계, 포구의 뜸집이 로구나."라고 하고 있다.

죠오의 와비차는 서원차의 화려함을 뛰어넘는 곳에서 또 다른 세계를 발견하고 있는데, 죠오는 물적으로 표현하자면, 무일물의 아름다움을 말하고자 한 것이다. 하기야 다도에서 정말로 한 물건 도 없다고 해서는 차의 예법이 성립되지 않을 터이지만, 온통 좋고 많은 도구로 만드는 차에 대해, 그 좋은 것을 부정하는 데서 이 같 은 표현이 나온 것으로 이해되며, 죠오가 적어도 도구차[209]는 취급 하지 않았다고 확언할 수 있을 것이다.

『산상종이기』에, "죠오 때보다 10년 전에는, 금은이 박힌 다기 에, 두 번째 요리, 세 번째 요리까지 나왔다."라고 되어 있어, 회석 에서도 사치스러운 풍조가 아직 남아 있었던 듯하다. 또 "옛 성현 이 전하는 바, 다도 명인이 된 후에는 다구 한 종류로 오직 와비를

---

209 도구차(道具茶): 차에 따라 필요한 각종 차 도구를 말하는 것으로, 차의 정 신보다는 도구를 더 중시하는 것을 의미함. 차를 우리는 도구인 다관과 자 사호부터, 찻잔과 받침 등 차를 마시는 도구, 다식 그릇 등 차와 함께 즐기는 도구 + 풍로, 솥, 차통, 찻숟가락, 말차용 차도구 등을 말함.

애호해야 한다. 신케이(心敬)[210]법사의 렌가(連歌)[211]에, 렌가는 메마르고 춥지만 (그 가운데서 진실을 찾으려고 할 때 발견되는 아름다움이) 있다고 했는데, 다도의 끝도 이와 같다고 죠오는 항상 말했다."라는 것처럼, 죠오는 도구 한 종류로 와비의 마음에 의거하는 차를 주장한 것이다. 원래 도구 한 종류만 쓰는 차가 되면, 각종 도구의 아름다움을 즐긴다는 것은 전혀 기대할 수가 없고, 와비의 아름다움은 오직 심성의 아름다움 즉 그 심성에서 우러나오는 모습의 아름다움에만 있게 된다.

다만 이 경우, 오해하면 안 되는 것은 죠오가 차 도구를 한 종류만 가지고 있었다는 것은 아니다. 아와타 구치젠보(粟田口善法)[212]처럼 냄비 하나만을 가지고 차를 끓였다는 차인도 없지는 않지만, 죠오는 젠보 같은 사람과는 달리 실은 각종 명품 도구의 소유자였다. 『산상종이기(山上宗二記)』를 봐도, "사카이(堺) 다케노 죠오 명인, 명품 도구를 60종 가지고 있구나."라고 되어 있으며, 실제로 죠오 소유의 명품 기록은 다회 기록에서 종종 눈에 띈다. 여기서 죠오가 '도구 한 종류로'라고 한 것은 수많은 도구에 구애받지 않았다는 뜻이며, 많은 도구 속에 있으면서도 항상 한 종류의 도구라는

---

210 신케이(心敬, 1406~1475): 무로마치 중기의 가인, 전문 렌가 가인(連歌師).
211 렌가(連歌): 일본의 정형시인 와카(和歌)의 상구(上句 5·7·5)와 하구(下句 7·7)를 번갈아 읊어나가는 형식의 노래 시. 이 상구(上句)만을 떼어낸 것이 일본 정형시의 한 장르인 하이쿠로 발전했다.
212 아와타 구치젠보(粟田口善法, ?-?): 무로마치-센고쿠시대(室町~戦国時代)의 차인. 무라타 쥬코의 제자. 교토 아와다구치에 살며, 검소함을 중시하고, 중탕 냄비 하나로 식사하고 차를 끓였다고 함. 와비 차인의 이상형.

입장을 취했다는 것이다. 이것은 도구를 한 종류밖에 구입할 수 없는 빈자(貧者)의 입장에서 말한 것이 아니라, 사치를 다할 수 있는 부유한 자가 그 재력을 자기 마음대로 사용하여 도구 모으기에 광분해지기 쉬운 것에 대해, 도구 한 종류의 사용에 대한 의미를 말한 것으로 보인다. 자칫 재력으로 사치스런 차를 즐기려는 자에게 가능한 것을 가능하게 하지 않고 가능한 것 속에서 하기 어려운 것을 하게 하여, 차의 정신성 바로 이 점을 강조한 것이다.

『분류초인목』에

다도라는 풍류, 어떤 도(道)에도 좋아하고 즐기는 것이 있는 법이다. 근대 다도의 도를 풍류 다도[数奇][213]라고 하면 수(數)를 세며 모으는(奇) 것, 즉 물건을 모으는 것이로구나. 와비를 즐기는 자도 풍로 솥·작은 판자·물 항아리·퇴수기·차솥개반(솥뚜껑 얹는 받침대)·차통·찻잔·차선·차 국자·다건·화로·갈고리·숯·부젓가락·화병·그림·묵적·차통·차 절구 등을 모으는구나. 모든 예도 중에서 다도만큼 도구를 많이 모으는 것 없구나.

라고 해서, 차가 모든 예도 중에서도 도구 모으기가 가장 심하다고 하고 있다. 훌륭한 도구만 많이 모으면 다도가 성립하는 것처럼 생각하는 경향이 뿌리 깊어진 것을 보고, 죠오가 도구의 수를 묻지

---

213 풍류 다도(数奇): 풍류의 길. 특히 차노유(茶の湯)를 즐기는 것.

않고 한 종류의 도구만을 사용하는 차를 이상으로 삼은 것은, 다도의 방향을 크게 바꾼 지론이라 해야 할 것이다.

또 죠오는 기예에 마음을 쏟지 않으면 서투르게 된다고 하여 기예의 능숙함을 강조했고, "서예와 문학은 마음으로 써야 한다."고 제자들에게 가르치기도 했다. 이것은 『산상종이기』에도 죠오가 말한 것으로 나오는데, 죠오가 와비의 의미를 마음 본성의 문제로서 추구함과 함께, 차(茶)에서의 교양의 폭을 넓힐 필요성을 말하는 것으로 받아들일 수 있을 것이다. 차와 선이 결부되면서 다도에서 중요한 의미를 가지는 묵적이 족자로서 사용되어졌는데, 그 묵적을 감상하는 데는 서예에 대한 이해와 문자에 대한 이해가 갖추어져야 하며, 또 그런 교양을 쌓는 것이 요건이 되기 때문이다.

묵적이란 특히 선승의 필적을 가리키는 것이 관례인데, 묵적이 다회의 도코노마에 걸린 것은, 쥬코가 잇큐에게서 전해 내려오는 원오(圓悟)의 묵적[214]을 표구한 것이 아마 시초가 아닌가 한다. 차가 마음의 수련이라는 점에 무게를 두게 됨에 따라, 묵적의 어구(語句)를 우러러보면서 스스로의 마음을 깊이 가다듬게 된 것이다. 쥬코는 죽을 때 원오의 묵적을 소슈(宗珠)[215]에게 건네주며 기일(忌日)에는 그 묵적을 걸고 차를 공양해 달라고 유언했다고 전해지는데, 쥬코는 그 묵적을 전수한 것을 차의 비법을 전수한 증명으로

---

214 원오(圓悟)의 묵적: 주116) 참조.
215 소슈(宗珠, 村田宗珠, ?~?): 무로마치 말기의 차인. 쥬코의 다법을 이어받고, 원오의 묵적 등을 전함.

삼은 것 같다. 이것은 묵적을 중시하여 자신의 초상화를 대신하여 전수한 것과도 같은 의미를 가졌을 것임에 틀림없다.

묵적을 존중한 것은 죠오 또한 마찬가지였다. 죠오의 시대에서는 묵적이 일반화되어 사용되기에 이르렀다.

묵적이 당대에 널리 사용되어, 옛 성현의 마음을 선(禪)수행자들이 이용하는구나. 이런 마음도 없는 사람, 다도구라고 해서 거는 일 우습구나. 선법(禪法)을 터득해서 만사를 내려놓고, 집착을 끊는 말씀을 알아차려, 내 마음을 안온하게 하고자 심중에 받아들일 때야 말로 묵적을 걸어 즐겁구나. 단지 명품이라고 해서 걸어두고, 그저 바라보면서 어떤 도구인지도 모르고 훌륭하다고 칭찬하는 일, 소양을 지닌 눈으로 보면 가소롭구나.

라고 하는 글귀가 『분류초인목』에 적혀 있다. 그림 등의 족자보다 묵적이 훨씬 많이 사용된 것이다. '선법(禪法)을 터득해서 만사를 내려놓고, 집착을 끊는 말씀을 알아차려, 내 마음을 안온하게 하고자 하는' 것을 목적으로 묵적을 이용하는 것은, 다도를 수행하는 자의 마음에서의 필요에 의한 것이다. 묵적이 족자로 사용되었다는 것은 명화가 족자로 사용된 것과는 그 의미가 크게 다른 것으로, 묵적을 건 이상은 '어구(語句)를 알아차리고'라는 것처럼, 어구의 의미를 파악해야 한다. 묵적을 건다는 것은 적어도 문학을 독해하는 지식이 필요하다는 의미이다. 문학이란 교양은 와비차에서는 없어서는 안 되는데, 그림과는 달리 서예의 아름다움을 이해하기 위해서는 서예 문장에 대한 교양이 필요했다.

이것이 리큐에 이르러서는, 족자는 묵적을 제일로 친다고 할 정도로 묵적을 거는 의미를 더욱 고취시켰다. '다도 모습은 선이구나'라고 했는데, 묵적은 차의 정신적 근본을 이루는 것이었다. 그리고 여기서 처음으로 묵적의 미라는 것을 알게 되었다. 『분류초인목』에는, 묵적의 어구 내용도 알지 못하고 그 적혀 있는 이치도 모르는 채 묵적을 단지 명품으로만 알고 감상하는 것의 무의미함을 지적하고 있다. 하지만, 묵적이 명품으로 취급받고 내용을 알지 못하면서도 좋아하게 되었다는 것은, 가령 막연한 의식에서일지라도 서예에 대한 미적인 감상의 눈을 얻게 된 것임을 보여주는 것으로서 새로운 상황의 전개라 할 수 있을 것이다.

리큐 시대가 되면 다회의 여러 도구 중에서 족자는 최고의 것으로, 특히 묵적은 족자 중에서도 으뜸으로 자리매김하게 된다. 『남방록』에서도, "주객이 함께 다도 삼매의 일심을 득도할 수 있는 물건이구나. 묵적을 최고로 친다."라고 했다. 또 묵적은 "그 문구(文句)의 마음을 숭배하고, 필자인 도인과 조사의 덕을 음미(『남방록』)"하는 것이라고 하여, "부처님 말씀, 조사 말씀과 필자의 덕을 함께 마음에 새기는 것이 제일"이라고 한 것이다. 또 필자가 혹시 크게 우러러볼 만한 사람이 아니더라도 "부처님 말씀, 조사 말씀을 봐서 차선[第二]으로 삼는다."라고 했다.

다회의 기록을 봐도 알 수 있듯이, 리큐만큼 묵적을 높게 평가한 사람은 없으며 묵적 문구의 마음을 존경하고 그 글을 쓴 사람의 덕을 숭배한 사람은 없었다. 리큐는 묵적을 서예로써 감상하는 데 있어서도 표구에 어울리게 그 미감을 자아내게 하는 데에도 신기할 정도의 예민한 감각을 지니고 있었다. 결과적으로 그에 의해 묵적이 다회에서 주객이 한마음으로 깨달을 수 있는 의지처가 됨과 동시에 와비의 미를 표출하는 가장 훌륭한 도구가 된 것이다.

본래 리큐는 죠오에게 와비의 마음을 지닌 차를 배우면서, 대덕사에서 긴 세월의 참선 수행을 병행했다. 당시 쇼래(笑嶺)[216]·고케(古溪)[217] 등을 모셨는데, 특히 고케에게는 30년의 오랜 기간 동안 참선을 배우며 참구(參究)하였다. 리큐에게는 다도의 모습이 선 행위를 닮은 것에 그치지 않고, 모습도 내실도 그 모든 것이 선 그 자체였다. 리큐는 부처님의 가르침이 바로 다도의 근본이라고 했으며, 이때 그 부처님의 가르침이란 스스로가 참선 수행함으로써 체득한 가르침이었다.

죠오와 리큐를 대비해 볼 때, 누가 뭐라고 해도 리큐는 선(禪) 경험을 한층 더 심화한 측면이 있다. 리큐는 죠오가 궁극적으로 도달할 수 없었던 마음의 자유를 얻은 것으로 보인다. 리큐가 그 마음의 자유를 얻었을 때, 『산상종이기(山上宗二記)』에, "리큐는 명인(名人)이므로 산을 골짜기, 서를 동이라 하며, 다도법을 타파하고 자

---

216 쇼래(笑嶺, 笑嶺宗訢, 1490~1568): 주277) 참조.
217 고케(古溪, 古溪宗陳, 1532~1597): 후쿠이켄(福井県) 출신. 쇼래 소킨(笑嶺宗訢)에게 사사하여, 교토 대덕사 제117대 주지가 됨. 센노리큐(1522~1591)의 참선 스승.

유롭게 해도 풍취가 있어 재미있다. 보통 사람이 그것을 그대로 흉내 내면 다도가 아니다."라는 경지에 처음으로 도달할 수 있었다. 산을 골짜기, 서를 동이라고 하는 것은, 다시 말하면 정해진 법칙에 구애받지 않는다는 뜻인데, 리큐에 이르러서 비로소 차를 넘어선 차의 세계가 새로이 창조된 것이다.

리큐는 야외 다회에 대해서 "야외 다회는 정해진 법은 없지만, 근본의 격이 모두 갖추어지지 않으면 이루어지기 어렵다(『남방록』)."라며, 정해진 법이 없으면서 근본의 격이 갖추어져야 비로소 자유자재가 가능하다고 하여,

> 들차회는 그 토지 중 가장 깨끗한 곳에서 행해져야 하는데, 대개 소나무 아래나 물가, 잔디밭 같은 곳이며, 주객의 마음도 맑고 깨끗해야 함이 가장 중요하다. 그런데 단지 이때만 마음이 청정해서는 안 된다. 다도 행하는 곳, 본시 득도의 장소, 맑은 출세간의 사람이 아니고서는 이루기 어려워라. 부족한 사람의 들차회는 옳지 않다. 다도는 흉내에 지나지 않게 되리. 손기술 및 여러 도구에 정해진 법 없어라. 정해진 법이 없기 때문에 정법이고 대법이다.

라고 하고 있다. 정해진 법칙이 없다는 것은, 저절로 정법 대법에 딱 들어맞는 것이어야 한다는 것이다.

리큐는, 죠오의 와비차는 사다이에(定家)의 「둘러보니 꽃도 단풍도 없구나, 포구 뜸집에 지는 가을 황혼」이라는 노래에서 보이는

무일물의 경계에 있다고 했는데, 또 다른 한 수인 이에타카(家隆)의 노래「꽃 피기만을 기다리는 이에게 산촌의 봄눈 녹은 틈 사이에 피어나는 새싹을 보여드리고 싶구나」의 뜻을 덧붙여 그 차의 마음을 이해해야 한다고 했다. 리큐는 죠오가 말한 무일물의 경계에서 한 발 더 나아가 자유롭게 그 마음이 움직여 나가는 것을 보고자 한 것이다. 『남방록』은 이에 대하여,

세상 사람들, 그 산, 이 숲의 꽃이 언제 필 것인가 자나 깨나 기다리며, 세상의 꽃과 단풍도 내 마음에 있음을 알지 못하고, 단지 눈에 보이는 색만을 즐기는구나. 산촌은 포구의 뜸집과 마찬가지로 쓸쓸한 주거지로구나. 작년에 한창이었던 꽃도 단풍도 모두 눈에 덮여 아무것도 없는 산촌이 되어 쓸쓸해지면 포구의 뜸집과 마찬가지로 되는구나. 다만 다시 이 무일물의 장소에서 저절로 감흥이 일어나는 자연스런 행동과 같이, 혹은 쌓인 눈 봄이 되어 햇볕을 맞아 그 사이사이 아주 새파란 풀 두 잎 세 잎 여기저기 움트는 것처럼 인위적인 힘 들이지 않고 참된 장소가 되는 도리를 알라.

라고 말하고 있다. 무일물의 경계를 정적으로 보지 않는 곳에, 리큐가 산을 골짜기라 하고 서를 동이라고도 하는 자유로운 동적인 전개가 있는 것이다.

원래 '다도는 서원차를 근본으로 하는(『남방록』)' 것이었지만, 리큐가 서원차를 넘어 초암차를 중시하게 되었던 것도, 그 근본이 되

는 차의 규칙을 초월하고자하는 목적을 가졌기 때문이며, 거기서 "정해진 법칙(定法)이 없기 때문에 정법(定法)이고 대법(大法)이다." 라는 자유의 차를 발견하려 한 것이다. 『남방록』의 소위 대외 비밀 문서격인 「먹칠(墨引)」[218]에,

> 진정한 서원차는 격식 법식을 엄중히 갖춘 세간법이구나. 초암 작은 방, 로지의 특색은 정식의 곡척(서원 다도의 규칙)을 근본으로 하지만, 마침내는 규칙을 떠나 기예를 잊고, 심미(心味)가 무미(無味)로 돌아가는 출세간의 법이구나.

라고 적고 있다. 서원차를 세간법이라고 한다면 초암차는 출세간법으로도 부르는데, 세간법 즉 세간의 규칙의 척도로는 잴 수 없는, 그런 차원을 넘어섰다는 것이다. '심미가 무미로 돌아가다' 라는 것은 특정의 한정된 마음의 상태를 가지지 않는다는 것이며, 무한한 정신미를 지닌 마음의 넓이를 느낀다는 말이다. 소위 마음의 자유를 말하는 것으로 여겨진다. 즉 초암차는 자유 차인데, 그 자유란 마음의 자유에 뿌리를 두고 있다. 『남방록』의 첫

---

218 「먹칠(墨引)」: 묵인(墨引)은 비밀스런 구절이 누설되지 않도록 이미 기록한 것을 먹으로 칠해 지워버린다는 뜻으로, 한국에서는 주로 '먹칠'로 번역되고 있다. 『남방록』을 쓴 난보 소케이가 스승인 리큐에게 「먹칠(墨引)」 부분을 교정 받고자 했을 때, 스승인 리큐가 비밀로 해야 할 구절이 너무 많아 불에 태워 없애라고 분부했는데, 난보 소케이는 이 글을 태워 없애지는 않고, 혼자서 볼 생각으로 '먹칠(墨引)'이라는 제목을 붙여 정리했다.

머리에

소에키(宗易: 리큐를 가리킴)가 말하길, 초암 다도는 제일 먼저 불법 (佛法)으로서 수행 득도하는 것인 바, 주거의 훌륭함이나 식사의 진 미를 즐거움으로 삼는 것은 속세의 일이다. 집은 비가 새지 않을 정도이고, 식사는 허기가 면할 정도면 족하며, 이런 정신을 바탕으로 하는 부처님의 가르침이 다도의 근본이다. 물을 길어 오고 땔감을 준비하며, 물을 끓이고 차를 달여서 부처님께 공양하고 다른 사람에게도 베풀며 나도 마신다. 혹은 꽃을 꽂고 향을 피운다. 이 모두 부처님과 조사들이 해 오던 수행이며, 그 행적을 우리들은 배운다. 보다 심오한 뜻은 자네 스스로의 깨달음으로 터득할 수 있을 거야.

라고 되어 있다. 초암차는 불법으로 수행 득도하는 것이며 다회의 모든 것은 부처님과 조사들의 행적을 배우는 것인데, 이는 오로지 마음의 수련에 중점을 둔 것이며, 마음의 자유는 수행 득도를 떠나서는 얻어질 수 있는 것이 아니라고 하였다. 리큐의 초암다실에서 족자 그중 묵적을 제일 중요한 것으로 든 이유는, '그 문구의 마음을 숭배하고, 필자인 도인과 조사의 덕을 음미'함으로써 마음의 자유를 얻고 수양하며 배우고자 한 것에 다름 아니다.

게다가 초암차는, 주거의 훌륭함·식사의 진미에서 재력이나 권력으로 호사를 부리지 않고, 다회를 주최하는 주인이 몸소 땔감이나 물을 준비하는 수고를 하며 그 준비 과정을 스스로의 수행 득도의 방편으로 삼는다. 그리고 초대받은 손님 또한 주인의 마음을 심중에 담아 주객이 함께 다도 삼매의 경지에 들도록 해야 한다고 본다. 즉, 차의 자유가 마음의 자유에 있다고 한다면 그 마음의 자유는 실제의 행동 속에서 닦여져야 한다는 것이다. 초암차는 그 점에서 엄격한 마음의 수련을 실제로 행하는 장소로 여겨졌으며, 초암다실은 그것이 행해짐으로써 구현되는 자유의 장소가 된 것이다.

리큐는 로지에 손님을 맞아들이는 주인의 첫 행동으로서 손수 물통에 물을 길어 수수발에 나르는 것을 '로지 초암의 대(大)근본(『남방록』)'이라고 하며, "이 로지에서 마주하고 있는 사람은 서로 세속의 더러움을 씻어내는 수수발이어라."라고 말하고 있다. 손 씻는 물을 사용하는 사소한 것에도 대 근본이라고까지 의미를 부여하는 것은, 스스로의 행동을 통한 확실한 증명을 철저하고 엄격히 요구하고 있는 한 예라고 할 수 있다.

리큐는 여름과 겨울의 차에 대한 마음가짐의 비법에 대한 질문을 받았을 때, "여름은 아주 시원하도록, 겨울은 아주 따뜻하도록, 숯은 찻물이 잘 끓도록, 차는 마시기 좋도록, 이것이 비법의 전부입니다(『남방록』)."라고 대답했다고 한다. 이 대답은 너무나 당연해서, 질문한 사람이 재미가 없어져 그런 것은 누구라도 뻔히 아는 것 아니냐고 말하자, 리큐는 "그러면 방금 말씀드린 바를 마음에 꼭 들도록 해 보이시오."라고 하며, 만약 그렇게 해 보일 수 있다면 나는 당신 집에 손님으로 찾아가서 당신의 제자가 되어도 좋다고 말한 것으로 전해진다.

리큐가 "마음에 꼭 들도록 해 보이시오."라고 말하고 있는 것은, 이론으로써가 아니라 자신의 행동 속에 그것을 체득해서 나타내어야 한다는 것이다. 마침 이때 리큐의 참선 스승인 쇼래(笑嶺)가 동석해 있었는데, "소에키(리큐)의 말씀 지극히 당연하구나."라고 하며, 그 옛날 백낙천(白樂天)[219]이 조과도림(鳥窠道林)[220]에게 불교란 무엇인가 물었을 때, 조과도림이 "모든 악을 행하지 말고, 모든 선을 위해 힘쓰고, 자기의 뜻을 맑게 하라, 이것이 불교이니라."[221]라고 대답했더니, 백낙천은 그런 것은 세 살짜리 아이라도 알고 있는 것이라고 하자, 조과도림이 세 살짜리 아이도 알고 있는 것이 막상 행동으로 옮기려고 하면 팔십 노인이 되어도 쉽게 할 수 없는 것이라고 가르쳤다는 고사를 들면서, 리큐의 말도 그것과 마찬가지라고 했다 한다.

이런 이야기가 전해지는 것에서도 알 수 있듯이, 리큐는 수행 득도를 이론이 아니라 실제로 몸소 행해야 한다고 까다롭게 가르친 것이다. 『남방록』「멸후서각서(滅後書覺書)」[222]에

---

219 백낙천(白樂天, 772~846, 白居易를 가리킴): 당대 중기 시인. 자는 낙천. 장한가(長恨歌)로 유명.

220 조과도림(鳥窠道林, 741~824): 중국 당대 선승. 백거이(백낙천)와의 교류로 알려짐.

221 칠불통계(七佛通戒)를 가리킴: 제악막작(諸惡莫作) 중선봉행(衆善奉行) 자정기의(自淨其意) 시제불교(是諸佛敎).

222 「멸후서각서(滅後書覺書)」: 『남방록』중 리큐가 타계한 후에 편집되었던 부분

다만, 와비의 본뜻은 청정무구한 부처님 세계를 나타내므로, 이 로지 초암에서는 세속의 먼지를 털어내고, 주객 함께 곧은 마음을 교류하면 규칙이나 치수, (차를 내는) 의식, 예법 등은 굳이 말할 것 없어라. 그저 불을 피우고 찻물을 끓이고 차를 마시면 그뿐이라. 그 외 다른 것이 있어서는 안 된다. 이것이 바로 불심이 드러나는 곳이구나. 예법이나 인사에 구애받기 때문에 여러 세간의 의리 관계에 얽히고, 손님은 주인의 실수를 비난하고 주인은 손님의 실수를 조롱하는 형국이 되는구나.

라는 말이 적혀 있다. 여기에서도 불을 피우고, 찻물을 끓이고, 차를 마시는 것뿐으로, 그 외 다른 일은 없다고 강조하는데, 그런 행위에서 '불심이 드러나는 것'을 느껴야 한다는 것이다. '주객이 함께 곧은 마음을 교류'함으로써 그것을 구체적인 사실로 표출해야만 한다.

리큐가 서원차에서 초암차로 나아가면서, 차가 지니는 정신성을 추구하고, "차의 마음이 보다 심오해지는 곳 초암다실보다 나은 곳 없어라."라고 하며 초암차를 "부처님의 가르침, 다도의 본뜻이라"고 한 것은 유희적인 요소에서 벗어나 수행 득도의 차로 변혁시키고자 한 의도를 단적으로 나타내었다고 할 수 있다. 이것을 좀 더 요약하면, 그에게 부처님의 가르침이란 선(禪)이며, 선을 차

이므로 멸후(滅後)라는 이름이 붙었음.

의 근본이라고 한 것은 틀림이 없는데, 선종의 승려인 쥬코와 죠오의 전통을 이어가면서도 선에서 유래하는 정해진 규칙을 넘어 선을 차와 융합시켜 그 속에 자유로움을 도입한 것에 그 주안점이 있었다고 보인다. 실제로 리큐는 산을 골짜기라 하고 서를 동이라 하는 마음의 경지를 완전히 수행체득 했던 것이다.

『리큐객지차제(利休客之次第)』[223] 말미에 「세상에 차를 마시는 사람은 많지만, 도(道)를 알지 못하는 사람은 차에 먹힌다」라는 한 수가 생각나는데, 리큐에게는 차를 마시는 것이 도를 아는 것이며, 도를 아는 것이 차를 마시는 것이었다. 그에게는 차에 먹힌다는 부자유스러움이 전혀 없었던 것이다. 차는 어디까지나 음료라고 주장하는 사람이 있지만, 차를 마시는 것인지 차에 먹히는 것인지의 구분을 리큐는 중대한 과제로 삼았다고 할 수 있다.

당나라 조주(趙州)는 어느 스님에게서 하루 12시간을 어떻게 쓰고 있는가라는 질문을 받고서, 모든 사람은 12시간에 이용되지만 자신은 12시간을 사용하고 있다고 답했다. 여기서 12시간이란 우리의 일상 시간이라고 생각하면 되겠는데, 많은 사람들은 자신이 시간을 사용하고 있는 것같이 생각하나 사실은 일상 시간에 이용되어 시간의 제약과 구속을 받고 있다. 자유란 그런 제한이나 구속 속에는 존재하지 않는 것으로, 시간의 흐름 속에서 시간을 사용하는 곳에 자주자유(自主自由)가 있는 것이다. 리큐는 이런 의미에서

---

223 『리큐객지차제(利休客之次第)』: 손님 접대에 대한 내용을 담은 센노리큐(千利休)의 저서(利休7則). 『新修茶道全集 8』, 春秋社, 1956.4.

차를 사용한(먹히지 않고 마시는) 사람이었다고 해도 좋을 것이다. 와비라는 측면에서 보자면, 리큐는 와비를 자유롭게 부린 사람이었다고 해도 좋다. 보통 사람에게는 무용(無用)이라고 할 정도로, 범인은 흉내 낼 수 없는 와비의 세계를 계속 창조해 간 것이다.

여기에 리큐에게 얽힌 몇 개의 일화가 있다. 한 예로, 리큐가 나팔꽃을 보러 오라고 히데요시를 초대했을 때, 로지의 나팔꽃을 모두 따버리고 도코노마에 단 한 송이만을 꽂았다는 이야기가 전하는데, 거기에는 와비에 구애받지 않고 와비를 부리고 와비를 자유롭게 쓴 마음이 분명히 엿보인다.

"와비의 마음을 가지지 않고서는, 다도는 성립될 수 없다."라고 『장암당기(長闇堂記)』[224]에도 적혀 있는데, 와비의 마음이 갖춰져야 와비가 드러나는 것으로, 리큐는 그 와비의 마음을 자유롭게 부린 사람이며 그 점에야말로 리큐의 와비차의 본질이 있다고 할 것이다.

리큐가 히데요시의 노여움을 사서 비극적인 생애를 마감한 이유를 생각해 보면 그 인격을 의심하지 않을 수 없다는 지적도 있지만, 적어도 이 인물이 단순한 차인이 아니었다는 것만은 확신할 수 있을 것이다. 누가 뭐라고 해도, 참선 수행의 경험을 쌓은 지 30년에 이르며 이 사람만큼 철저하게 차의 경지를 구명(究明)한 이는 전무후무하다 할 것이다.

---

224 『장암당기(長闇堂記)』: 주60) 참조.

리큐 문하(門下)에서는 많은 뛰어난 차인들이 배출되었다. 그러나 시간이 지나면서 리큐가 초암차에 도입한 수입 외래 명품[唐物]이 차인들의 관심의 표적이 되어서 다회는 명품 도구 전시장으로 변해 버리고, 천하의 명품이니 천하 제일의 도자기이니 해서 그 가격이 화제의 중심이 되었다. 수행 득도는 자취를 감추어 버리고, 와비는 마음의 와비라기보다는 도구의 와비라는 단순한 물질 중심의 경향이 나타났다. 이것은 바꿔 말하면, 차의 자유 정신이 없어지는 결과가 되어 다도는 정법화(정해진 격식, 규칙, 법도에 매이는 현상)를 따르게 된 것으로, 정법(定法)을 넘어서는 것이 어렵게 되었다.

야마노우에노 소지(山上宗二)[225]도 가미타니 소탄(神谷宗湛)[226]도 차인으로서 실력자이기는 하지만, 소지기록(宗二記)을 봐도 『소탄(宗湛)일기』를 봐도 이것을 한마디로 요약하자면 도구 기록이며 명품의 훌륭함을 기록한 것으로, 차가 지니는 아름다움을 주객 상호간의 맑고 깨끗한 마음에서보다는 물건 속에서 발견하고 있다. 『야마노우에노 소지기(山上宗二記)』의 「묵적에 관한 것」에는 쥬코가 잇큐에게 받았다는 원오(圜悟)의 묵적부터 허당(虛堂)[227] · 무준(無

---

225 야마노우에노 소지(山上宗二, 1544~1590): 아즈치 모모야마(安土桃山)시대 차인. 센노리큐(千利休)에게 차를 배우고, 도요토미(豊臣秀吉)를 섬겼다. 저서인 「山上宗二記」는 다도의 비전서(秘伝書)로 다도사의 기본 사료.

226 가미타니 소탄(神谷宗湛, 1551~1635): 아즈치 모모야마 · 에도 초기의 거상이자 차인. 그의 수기인 『소탄일기(宗湛日記)』는 당시의 다회 기록으로서 유명하다.

227 허당지우(虛堂智愚, 1185~1269): 주137) 참조.

準)²²⁸ 등 송(宋) 선승들의 명품 족자 그리고 원(元)대 선승의 족자도 열거하고 있다. 거기에는

대혜(大惠), 밀암(密庵), 치절도충(癡絶道沖)²²⁹, 남당(南堂)²³⁰, 청졸(清拙)²³¹, 무고림(茂古林)²³² 낙관 찍은 종류, 혜서암(惠西岩)²³³ 등 원오선사 이후 19대 조사들의 묵적 여러 가지가 있구나. 대체로 묵적 제일은 조사(祖師), 제이는 말씀 또는 모양에 따라 다도에 속하는데, 가격도 비싸며…

라며, 가격을 언급하고 있다. 리큐가 "족자만큼 으뜸가는 도구는 없다. 주객이 함께 다도 삼매의 일심득도할 수 있는 물건이구나.

---

228 무준사범(無準師範, 1177~1249): 주138) 참조.
229 치절도충(癡絶道沖, 1169~1250): 70세 때 대혜종고(大慧宗杲, 대혜파의 시조) 법어 뒤에 쓴 발문인 필적이 교토 국립박물관에 있다. 밀암함걸(密庵咸傑)의 법을 이어 받았으며 천동산(天童山), 영은사 (靈隱寺), 경산(径山) 등을 두루 거쳤으며 불감선사(仏鑑禪師, 즉 무준사범)와 더불어 남송시대 선림의 거장으로 칭해졌다.
230 남당(南堂): 요암청욕(了庵清欲, 1288~1363)의 호. 중국 원(元)대의 선승.
231 청졸(清拙, 清拙正澄, 1274~1339): 중국 원대 임제종 승려. 복주(福州, 福建省 사람). 1326년 일본으로 옴. 호죠 다카도키(北条高時)의 신임을 받아, 건장사 (建長寺, 겐쵸지)·건인사(建仁寺, 겐닌지)·남선사(南禅寺, 난젠지) 등에 머물렀다. 일본 선종 24파의 하나인 청졸파(清拙派), 대감문도(大鑑門徒)의 시조. 일본 초청으로 일본에 가서 일본 선종 발전에 공헌함.
232 무고림(茂古林, 古林清茂): 중국 원대를 대표하는 선승. 원대 선림의 제 일인 자. 고림(古林)은 선종 세계에 「게송」을 주(主)로 하는 문예적 요소를 도입한 것으로 알려져 있음. 주140) 참조.
233 혜서암(惠西岩, 西岩了惠, 1198~1262): 임제종의 양기파(楊岐派)로 무준사범(無准師範)의 법사(法嗣).

묵적을 제일로 친다."라고 한 것이, 후대에 이르러 가격을 문제 삼는 도구가 되어버린 것이다. 더구나 '제일(第一)은 조사, 제이(第二)는 말씀'이라고 하였으나, 그것도 묵적의 상태 나름이 문제시되면서 동시에 가격으로 연결되는 것으로 받아들여지게 되었다. 소탄 일기에서도, 묵적에 적혀 있는 말은 이미 내용으로써가 아니라 자수(字數)와 행수(行數)의 문제가 되면서, '다섯 자(字)씩 12행(行)'이라는 표현까지 나타나고 있다.

허당(虛堂)의 묵적을 천하제일이라고 해도 특별히 기록하고 있는 것은 표구에 관한 것으로 "위아래는 (차의) 노랑 명주, 중간에는 옅은 노랑 명주, 한 일 자로 길게 늘어진 금란의 천, 천은 갖가지 보배로 잔뜩 그려져 있는데, 모란부터 풀 등 족자는 꽃 천지구나."라는 식의 평가에 지나지 않았다.

리큐가 가장 중시한 그 묵적이 표구의 대상으로만 보이게 된 것은, 차의 정신성이 중대한 요소로 되어 있던 관점에서 바라보면 차의 세계가 꽤 다른 방향으로 전개되어 간 하나의 증거로 보인다.

리큐도 묵적의 표구에 대해서는 일견식이 있어 묵적을 족자로서 감상할 때 절단하거나 표구에 신경을 쓰거나 했지만, 묵적을 "한층 더 음미해서 이렇게 해야 한다(『남방록』)."라는 말에 이어서 "특별히 귀의해야 할 대상이구나."라고 서술하며, 묵적은 귀의의 대상이라는 점을 각별히 강조했다. 묵적을 제일로 치는 근본을 결코 잊지 않은 것이다. 그러면 리큐의 '이 부처님의 가르침, 다도의 본뜻이구나'라는 정신성의 차가 누구에게 계승되었느냐 하면, 리큐의 손자인 소탄(宗旦)[234] 정도가 그 대표적인 인물로 떠오른다. 차의 와비라는 마음의 아름다움도 또한 소탄에게서 다시 볼 수 있을 것이다.

쥬코는 "초가집에 명마를 매어두는 것이 좋구나(山上宗二記)."라고 하며, 초라한 다다미방에 명품을 두는 그 재미를 즐겼다고 한다. 만약, 이런 재미에 리큐가 주장한 차의 정신성을 발견할 수 없다고 한다면, 그 재미가 와비를 나타낸다고 해도 그것은 그저 혼란스런 연출에 지나지 않을 것이다. 『분류초인목』에는,

다이묘[235] 같은 부귀한 사람이 다도는 와비의 멋이 풍취가 있다고 하여 객실도 음식도 오로지 빈천한 사람의 흉내를 내는데, 이렇게 해서는 안 된다. 자신의 있는 그대로를 따라서 하는 것이 풍취가 있는 것으로, 예를 들어 사루가쿠[236]에서 거지 흉내를 내며 누더기를 걸치는 것은 봐줄 수가 없구나. 자신에게 구비된 조건에 맞게 해야 할 것이다.

라고 되어 있는데, 이런 와비의 겉치레 흉내는 이미 일찍이 생겨난

---

234 소탄(宗旦, 千宗旦, 1578~1658): 주45) 참조.
235 다이묘(大名): 시대에 따라 조금씩 의미는 변화하나, 한 지역의 영주(領主)를 의미함.
236 사루가쿠(猿樂): 헤이안(平安)시대에 유행되었던 민중 예능. 익살스러운 동작과 곡예를 주로 하는 것이었으나, 후에는 가무와 흉내 내기 등을 연기하는 노(能)와 쿄겐(狂言)으로 갈라짐.

것으로, 리큐의 출현이 와비차의 전통을 구축하는 데 힘을 실은 것은 사실이지만, 와비의 흉내 또한 그 사이에 적지 않게 행해진 것이다. 특히 다이묘라든가 부귀한 사람들은 차에 대하여 상당한 정도의 수행이 되어 있지 않는 한, 와비의 마음을 갖는 것이 곤란했을 것으로 보인다.

리큐의 주위에는 다이묘 차인이나 부호 차인들이 많았는데, 그런 사람들은 자칫 와비를 빈곤의 흉내라는 식으로 이해하여 사치에 질린 나머지 빈곤한 모습을 보이는 것을 심심풀이로 삼는 그런 행위를 와비로 이해하고 있었던 것 같다. 명품 도구에 큰 비용을 지불하고서 일부러 빈천한 흉내를 낸다고 해서야 그 와비는 엉터리 와비라고밖에 할 수 없는데, 이것이 리큐가 죽은 후 와비에 대한 오해가 되어 나타난 듯하다.

이런 조짐이 두드러지게 되었을 때, 소탄은 와비의 진정한 마음을 지닌 와비차를 역설하며 나타난 것이다. 소탄은 리큐 장남인 도안(道安)의 자식이라고도 하고 차남인 쇼안(少庵)의 자식이라고도 하는데, 아무튼 리큐가 할복했을 때는 아직 14세로 대덕사 슌오쿠(春屋)[237]에게 맡겨져 성장했다고 전해진다. 아마 이때 경험한 참선 수행이 후에 소탄의 사람됨을 만드는 계기가 된 것 같다. 게다가 대덕사 세이간(清巖)[238]에게도 참선을 배우며, 다선일미의 고담(枯

---

237 슌오쿠(春屋宗園, 1529~1611): 아즈치·모모야마시대에서 에도시대에 걸친 임제종의 승려. 리큐의 손자인 소탄(宗旦)을 제자로 둠.

238 세이간(清巖宗渭, 1588-1662): 에도시대 전기 스님, 서화에 뛰어나고 다도에 능함. 센소탄(千宗旦)의 참선(参禅) 스승.

淡)한 차를 익혔다고 한다. 고담하다는 점에서는, 리큐보다 한층 더 철저한 탈세속적이며 고아한 정취의 경지를 열어간 것으로 보인다.

리큐는 서원차와 초암차를 병행했지만, 소탄은 초암차로 시종 일관했으며, 걸인 소탄이라고 불릴 정도로 소박한 차를 즐겼다. 평생 다이묘를 받드는 일 없이 그리고 세간에서의 교류를 구하는 일도 없이, 다만 와비의 마음을 벗 삼았던 것이다. 리큐 취향에 대비하여, 소탄이 좋아한 것은 소위 소탄 취향이라고 해서 차 도구에 많이 전승되는데, 어느 하나 예외 없이 수수하며 깊은 맛이 있다. 예를 들어 대추 모양의 차호에 보이는 옻칠[239]은 리큐가 좋아한 검정칠보다 더욱더 차분한 맛의 깊이를 보이는데, 정말 소탄다운 취향이라는 것이 느껴진다.

앞에서 쟈쿠안 소타쿠(寂庵宗澤)의 저서라는 『선차록』[240]에 대해 언급한 바가 있는데, 세간에서는 이 책이 소탄의 유작이 아닐까 하는 견해도 있다. 내용면에서 볼 때 바로 믿기 어렵지만, 소탄의 사상과 어떤 점에서는 통하는 철저한 정신주의의 차에 대해 서술하고 있다. 참고로 그 사상의 일부를 소개하면 다음과 같다.

우선, "진귀한 보물을 좋아하고, 술과 음식을 세심히 준비하고,

---

239 옻칠: 주칠(朱漆)로 애벌칠하고 숯으로 광택을 지운 다음, 투명한 칠을 하여 검붉게 마무리하는 과정을 거치는 옻나무 진을 바르는 것.

240 『선차록』: 다도의 '다선일미' 사상을 실수행적 방법으로 제시한 다서로서 찻일과 관련된 물질·공간 등의 유형적 측면을 배제하고 오로지 선 수행을 위한 마음 수양의 관점에서 저술되었다는 것이 큰 특징이다. 주49) 참조

혹은 다실을 훌륭하게 꾸미며 정원의 수석을 완상하고, 행락의 시설을 갖추는 것은 다도의 원래 뜻과는 다르다."라고 하며, 유희의 차를 배척하고, 일체의 다회는 모두 선(禪)을 향한 수행과 다름 아니라고 해서, "점다(點茶)[241]는 전적으로 선법(禪法)으로 자성(自性)을 이해하는 공부다."라고까지 말하고 있다.

『선차록(禪茶錄)』의 선차란 이 책의 제1장에서 "다회는 선도(禪道)[242]를 으뜸으로 하는 것"이라는 말로 시작되는 바 이를 주 내용으로 한 것인데, 이론적인 다선일미를 주장하기보다는 참선 수행이라는 체험을 근저에 두고 수련을 통해서 그 일여(一如)[243]의 세계를 체득해야 한다는 것이다. 쥬코와 죠오 그리고 리큐도 모두 선종의 사람으로서, 와비차는 와비의 마음을 지니지 않으면 안 된다고 하여 그런 선적 마음의 문제를 중시한 것인데, 『선차록』에서는 그 입장을 하나로 정리하여 다선일미(茶禪一味)로 일관해서 기술한 것이다.

지금까지 대개 다회에서는 다도구라는 것이 적지 않게 큰 비중을 차지해 명품 다기를 존중했는데, 『선차록』에서는 점다(點茶)는 전적으로 선법(禪法)이라는 기본적인 사고에서,

선차[244]의 기물은 아름다운 다기[美器]가 아니며, 진귀한 다기[珍器]

---

241 점다(點茶): 가루차(말차)를 다기에 넣고 끓는 물을 부어 타는 차.
242 선도(禪道): 선법(禪法)을 가리킴.
243 일여(一如): 진리는 오직 하나이고 절대이며 평등함을 이르는 말로서 차와 선이 같은 경지라는 의미.
244 선차(禪茶): 선(禪)에 의거한 다도.

도 아니며, 보물 같은 다기[寶器]도 아니고, 오래된 다기[舊器]도 아니다, 원만하고 거리낌 없으며 깨끗한 한마음[一心]으로 도구를 삼을지니라. 이 깨끗한 한마음을 기물로 다루는 것이 선승의 자재(自在)한 차(茶)이다. 그러므로 명품이라고 하여 세상에서 감상하는 다기는 존중할 만하지 않다.

라고 하였으며, 「선 다기에 관하여」라는 장(章)까지 설정해서 기물은 선차(禪茶)의 도구여야 한다고 주장한다. 그리고 극단에 이르도록 차의 정신성을 강조하여, 기물 도구의 아름다움은 '깨끗한 한마음을 도구'로 하는 측면에서 발견해야 한다고 보고 있다. 따라서 선차에서는 기물 그 자체의 값어치보다는 그 기물을 취급하는 마음가짐을 소중하게 여겨,

무릇 차의 본디 의미는 도구의 좋고 나쁨을 가리지 않고, 차 끓이는 장소의 겉모양을 논하지 않고, 다만 다기를 다루며 삼매에 들어 본성을 깨닫는 수행에 있으며, 또 찻일로 자성(自性)을 찾는 공부는 다른 곳에 있지 않으며, 주일무적(主一無適)[245]의 일심으로 다기를 다루며 삼매에 들어가는 곳에 있다.

---

245 주일무적(主一無適): 송(宋)의 정주(程朱: 정호程顥, 정이程頤 형제와 주희朱熹를 일컬음)의 수양설(修養說)로 '마음에 경(敬)을 두고 정신을 집중하여 외물에 마음을 두지 않는다'는 것인데, '마음이 한 가지에 집중해 다른 곳에 가지 않는다'는 의미.

라고 한 것이다. 리큐도 분명히 불법으로 수행 득도하는 차의 중요
성을 인정하기는 했지만, 『선차록』처럼 도구의 좋고 나쁨을 가리지
않은 것이 아니라, 오히려 그 좋고 나쁨을 가려 소위 기물을 잘 사
용함으로써 마음의 자유를 즐긴 것이다. 리큐도 『선차록』도 똑같이
삼매를 말해도, 『선차록』의 삼매는 묵적을 '다도 삼매의 일심득도
하는 물건'이라고 보는 리큐의 삼매와는 어딘가 다른 것이다. 리큐
에게는 묵적이 귀중하게 대해야 할 도구이지만, 『선차록』에서는 도
구 그 자체는 무익한 보물에 지나지 않는다. 한마디로 말하자면,
『선차록』은 기물 도구를 방패로 삼지 않는 선 중심의 차를 주창한
것이라 할 수 있다. 『선차록』이 전달하고자 하는 것은, 자칫 차의
영역을 넘어서는 정도까지 '차의 본뜻은 바로 선의 뜻이다'라고 해
서, 선사상을 보다 엄격하게 적용하는 것이다. 이것은 리큐의 와
비차가 그의 사후 와비의 내실이 결여된 겉모양만 보이게 되는 경
향에 대한 비판이 아닌가 한다.

　물론 이 『선차록』에 기록되어 있는 모든 것이 소탄의 사상이라
고 보기에는 약간의 의문이 있다. 그렇다고는 해도 『선차록』에 있
는 것처럼 리큐차가 반성해야 하거나 비판받아야 하는 경로를 밟
고 있는 상황이라면, 소탄의 저서가 전달하고자 하는 것과 이 책에
적혀있는 것이 연관성을 가지고 있으리라고는 추측할 수 있다.

246　후루타 오리베(古田織部, 1544~1615): 아즈치·모모야마시대 무장이며 다이
　　묘 차인. 센노리큐의 수제자로 도요토미 히데요시 사후 은거하여 다도 삼매
　　의 생활에 들어갔으나, 도쿠가와 가문의 다도 사범으로 활동함. 그러나 오사
　　카 전쟁에서 음모를 의심받아 자결.

후루타 오리베[246]나 고보리 엔슈[247] 등의 다이묘 차인들이 도구를 좋아하고 도구를 감정하여 그 풍류를 즐기고, 화려한 정원을 축조하거나 하면서, 리큐가 "차의 마음이 보다 심오해지는 곳은 초암다실보다 나은 곳 없어라."라고 한 초암차에서 화려한 서원차로 시대적 취향이 옮겨갔을 때, 소탄은 그런 취향과는 전혀 대조적인 사고방식을 가지고 있었던 것이다. 이『선차록』이 비판하는 구체적인 대상은 왠지 엔슈와 같은 취향으로 보인다.

리큐차는 소탄과 엔슈 시대에 이르면 두 가지 형태로 나뉘어 변화해 간다. 첫 번째는 차에 대한 마음의 깊이(정신성)를 보다 심화시키고자 한 것이고, 두 번째는 차의 물질적인 면에 대한 관심을 한층 뚜렷이 한 것인데, 전자가 마음의 수련에 중점을 둔 데 반해, 후자는 기술·기교에 역점을 둔 것이다. 그런데 일반에게는 이 기술·기교의 다도가 환영을 받아 대세를 이루게 되었는데, 반면『선차록』의 주장은 오히려 정신주의로 일관하게 되었다. 즉『선차록』은 바른 다도로서의 선차가 가야 할 진정한 길 및 이상적인 모습을 분명히 하려는 의도를 나타낸 것으로 생각된다.

세이간(淸巖)의 「다회 16개조」[248]를 보면, 당시까지의 다도 또는 다도를 다룬 전문 담당자를 여러 유형의 명칭으로 부를 수 있다며, 「옛(古) 차인, 현(今) 차인, 다이묘 유력 다도, 옛 와비 다도, 현(現)

---

247 고보리 엔슈(小堀遠州, 1579~1647): 주109) 참조.
248 세이간(淸巖)의 「다회 16개조」: 에도시대 전기의 임제종 승려 세이간(淸巖, 淸巖宗渭, 1588~1662)의 저술『淸巖禪師茶事十六ヶ条』에서 나오는 것으로 '다회의 마음가짐에 관한 것'임.

와비 다도, 관청 다도, 전수(傳受) 다도, 중개 다도, 흉내 내기 다도, 명성 다도, 무명 다도」 등으로 구별했는데, 이 중 자신에게는 이름나지 않은 무명 다도라는 명칭을 사용하여 스스로의 입장을 나타내고 있다. 또 가타키리 세키슈(片桐石州)[249]의 세키슈 와비 문장[250]을 보면,

기물을 사랑하고 풍치를 좋아하는 것은 겉모양을 즐기는 차인이구나. 마음을 즐기는 차인이야말로 진정한 차인이라 할 것이라.

고 하여, 와비의 마음을 존중하는 차를 주장하고 있다. 차의 세계는『선차록』이 세상에 출현한 것을 하나의 계기로 정신주의의 부흥기에 들어선 것이다.

『선차록』을 누가 썼든 선차의 관점에서 본다면, 명품의 다기라도 귀하게 대접받지 못하고 기물 도구의 중요성은 거의 인정하지 않는다. 가장 아름다운 것은 '원만허심의 청정한 일심', 즉 원만하고 거리낌 없으며 깨끗한 한마음[一心]이어서, 다기로서 존중해야 하는 것은 바로 그 한마음이라는 그릇이라고 한 것이다. 차에서의 기물 도구의 지위를『선차록』에서만큼 부정적으로 본 적은 없는데, 정신성을 중시해 온 차의 전통은 마침내 원만허심의 청정한 한마음만으로써 다기로 삼을 정도까지 고양되는 상황이 되었다. 기물

---

249 가타키리 세키슈(片桐石州, 1605~1673): 에도 전기 차인.
250 세키슈 와비 문장(侘びの文): 세키슈가 적은 와비에 관한 글.

을 사랑하거나 풍치를 좋아하는 것은 외관만을 즐기는 차인에 지나지 않으며, '진정한 차인'은 마음을 즐겨야 한다고 한 세키슈의 사상과 『선차록』의 사상은 상통하는데, 이 『선차록』이 만들어진 시기를 전후해서 차에서 마음이라는 문제가 물질에 대항해서 급속히 대두했다.

『선차록』에서는 와비차는 와비의 마음으로 만들어야 한다는 입장을 전적으로 승계하고 있는데, 『선차록』이 그런 입장을 취한 것은 여기에 대립되는 다른 입장이 존재했기 때문으로, 그래서 한층 더 정신주의를 명료하게 부각시킨 것이라고 할 수 있다.

차의 정신주의를 주창한 또 한 사람으로 마츠에(松江)의 영주 마츠타이라 후마이(松平不昧)[251]를 들 수 있다. 후마이는 「췌언(贅言)」에서 「차 솥 하나 있으면 다도는 되는 것을, 수많은 도구를 애호하는 허망함」, 「다도란 다만 물을 끓여 차를 타서 마시면 된다는 근본을 알아야 한다」라는 리큐의 노래 두 수를 인용하며, 만약 이 노래의 뜻처럼 다도가 행해진다면 차는 세상의 조롱을 받는 일은 없을 것이라고 말한다. 후마이는 이 노래를 인용하여 첫 노래에서는 도구차를 경고하였으며, 두 번째 노래에서는 '근본을 알아야 한다'는 그 근본이 바로 도(道)라는 것을 지적하였다. 차 솥 하나라고 한 것은 아마 아와타 구찌젠보(주212, 참조)가 손잡이가 있는 차 솥 하나로 차를 끓였다는 것에서 가져온 말로서, 와비차는 차 솥 하나면

---

251 마츠타이라 후마이(松平不昧, 1751~1818): 에도시대(江戸時代, 1603~1867)의 대표적 차인.

충분하다는 취지를 이야기한 것이다. 여기에 대해 후마이는,

　도구에 관한 것, 차 솥 하나면 된다고 해도, 차인이 찻잔도 없이 차
　를 낼 수는 없네. 그래서 간절히 차 맛이 사라지지 않게 하고 싶어
　옛 차호와 찻잔 그리고 물 항아리를 좋아하게 되네. 새 다기는 흙
　내가 나서 차 맛이 없어지니, 그리하여 흙내가 없어진 옛 것을 좋
　아하게 되네, 물 항아리와 찻잔도 이와 마찬가지, 칠기 차호도 옻
　칠 냄새가 빠져 차 맛에 지장 없는 것을 좋다고 하는데, 후세 사람
　이를 잘못 이해하여 단지 희귀한 옛 것을 좋아하게 된다네.

라고 하고 있다. 차 솥 하나라고 해도, 물론 그것만으로는 차를 만
들 수 없어 최소의 다구는 필요한데, 그렇다고 해도 차가 도구 취
향이 되어 오래된 도구만 아주 가치가 있는 듯이 생각하는 것은 틀
렸다고 보고 있다. 즉, 오래된 도구를 사용하는 이유는 흙내나 옻
칠 냄새가 빠져 차 맛에 지장을 주지 않기 위해서라고 하여, 오래
되었다는 것 자체는 실용적인 가치에 지나지 않는다고 본 것이다.
후마이는 차인의 도구 사랑은 와비의 겉모습만을 장식하는 것이
며, 고물 보여주기와 같은 것이고, 오래되었다는 것으로 사람을
속이는 것이며, 그 근성은 도둑과 마찬가지라고까지 극언하였다.
그리고 차의 본질이 실종되고 단지 도구 보이기로 타락하는 것을
격한 말로 공격하고 있다.
　후마이는 "무릇 다도는 지족(知足)의 도(道)"이고, "차의 본뜻은

지족을 근본으로 한다."고 하며, 나아가 '다도는 족한 것을 알리기 위한 작업'이며 와비차는 지족의 도를 행하는 것이라고 하여, '근본을 알아야 한다'는 것은 이 지족의 도(道)를 아는 것 외 다름 아니라고 한 것이다. 도구 사랑은 족한 것을 알지 못하는 취향의 욕구를 증대시키는 것으로서 지족의 길에 어긋나는 것이라고 비난했다. 그리고 리큐가 죽은 후 이 지족(知足)의 사상을 끝까지 밝힌 것은 후마이 한 사람 정도가 아닐까라는 의미를 넌지시 암시하면서 "지족(知足)이야말로 다도의 근본, 불심암(不審庵)²⁵² 리큐 거사의 본뜻이다, 이 뜻을 리큐 거사의 마음속에 들어가 잘 살피는 사람은 백 년 전에도 없었고 백년 후에도 없을 것이다, 족함을 안다는 것을 차의 규범으로 이해해야 할 것이다."라고 하였으며, 또 이 지족을 지금까지 누구도 분명히 말하지 않은 차의 근본에 해당하는 진리라고 주장한다.

『선차록』이 "차의 본뜻은 바로 선의 뜻이다, 그러므로 선의 뜻을 제쳐놓고 차의 본뜻이 없으며, 선의 맛을 모르면 차의 맛도 알 수 없다."라고 한 것에 대해서, 후마이의 『췌언(贅言)』은 차의 본뜻이 지족(知足)이라며 사치에 대한 경고를 하면서 사치로 흐르는 도구 애호차를 배척하고 있다.

후마이는 또 다도를 체득하여, "다도로 다스리면 천하국가를 경영하는 데 도움도 된다."라고 해서, 차에는 치국평천하(治國平天

---

252 불심암(不審庵): 센노리큐가 교토 대덕사 앞에 세운 다실의 이름. 불심(不審)은 리큐의 호(號)이기도 함.

下)의 원리까지 구비되어 있다고 하였다. 『선차록』은 다선일미의 철학을 말하면서 선차의 다기는 아름다운 다기[美器]나 진귀한 다기[珍器] 등 가릴 것 없이 원만하고 거리낌 없으며 깨끗한 한마음[一心]으로 그릇을 삼으라고 했다. 이에 대해 후마이의 『췌언』은 차는 현실에 소용되는 것이라고 하여, 크게는 한 나라를 다스리고 작게는 한 집안과 한 몸[一家一身]을 다스리는 데 유용하다고 차의 효용성을 주장한다.

전자가 이론적인 입장을 취한 것에 대해서, 후자는 실용적 입장을 취하면서 차가 도구차가 된 것에 대한 혁신을 주장한 것이다. 『췌언』에서 "후루타 오리베·고보리 엔슈 시절부터 이미 어긋나 어지럽습니다."라는 기록을 통하여 차의 세계가 오리베와 엔슈의 시절부터 본래의 길에서 벗어났다고 지적하며, 오리베나 엔슈의 화려한 취미차를 비판하고 『선차록』과 일맥상통하는 다도 정신을 취하였다.

후마이는 가타기리 세키슈가 중시하는 와비차의 이념에 영향을 받아, 세키슈가 세상에서 차를 단지 보여주는 구경거리로 알고 있는 오류와 또 구경거리로 삼음으로써 사치로 치닫는 위험 등을 논한 사상을 이어 받았다. 게다가 스스로도 차 수련과 함께 참선 수행의 체험을 쌓음으로써 다도에 대한 일견식을 가지게 되어, 무문관(無門關) 제2칙 「백장야호(百丈野狐)」[253]의 공안(公案)인 '불락인과,

---

253 백장야호(百丈野狐): 백장스님과 들여우 이야기.
   백장 화상이 설법하려고 할 때, 항상 대중들과 함께 설법을 듣고 있던 노인

불매인과(不落因果, 不昧因果)'에서 유래하는 후마이(不昧)라는 호를 가진 데서 엿볼 수 있듯이, 차를 사랑하면서 차에 어둡지 않게 된 것이다. 와비차의 이념을 정치라는 현실 문제에까지 적용해서 이해한 것은, 과연 차에 눈이 밝은 다이묘다운 다도론의 하나라고 해야 할 것이다.

차는 실제로 차 솥 하나만으로는 끓이기 어렵고, 도구가 많으면 아주 좋다는 점에서, 『분류초인목』[254]의 "근대 다도를 풍류 다도[數奇]라 함은 다기의 수(數)를 세어 모으는[奇] 것인 바, 다수의 물건을 모으는 것이구나."라는 말처럼 결국 도구 모음이 된다. 드디어는 와비 차인조차 그 예외는 아니어서 "모든 예도 중에 다도만큼 도구를 많이 모으는 것은 없구나."라고 할 정도까지 되고, 시대와

이 한 명 있었다. 설법이 끝나서 대중들이 모두 물러가면 노인도 물러가곤 했다. 그런데 어느 날 노인은 설법이 끝나도 물러가지 않았다. 마침내 백장 화상이 물었다. "내 앞에 서 있는 사람은 도대체 누구인가?" 그러자 노인은 말했다. "예. 저는 사람이 아닙니다. 옛날 가섭 부처가 계실 때 저는 이 산에 주지로 있었습니다. 그때 어느 학인이 제게 '크게 수행한 사람도 인과(因果)에 떨어집니까?'라고 묻기에, 저는 '인과에 떨어지지 않는다'라고 대답했다가 500번이나 여우의 몸으로 거듭 태어나게 되었습니다. 간청하오니 화상께서 깨달음의 한마디 말을 하셔서 여우 몸에서 벗어나도록 해 주십시오." 이어 노인은 백장 화상에게 물었다. "크게 수행한 사람도 인과에 떨어집니까?" 그러자 백장 화상이 대답했다. "인과에 어둡지 않다." 백장의 말이 끝나자마자 노인은 크게 깨달으며 절을 올리면서 말했다. "저는 이미 여우 몸을 벗어서 그것을 산 뒤에 두었습니다. 화상께서 죽은 스님의 예로 저를 장사 지내주시기를 바랍니다."(여우가 깨달음을 얻은 때)[무문관 2칙] 백장야호(百丈野狐), 불락인과(不落因果)는 '인과에 떨어지지 않는다'는 뜻으로 인과를 부정하는 것이고, 불매인과(不昧因果)는 '인과에 어둡지 않다'는 의미로, 인과의 이치를 잘 알고 있다는 뜻이다.

254 『분류초인목(分類草人木)』: 주126) 참조.

함께 그 풍조가 더욱 심해져 갔다.

그 도구 모음도 "차인은 여러 가지 도구를 즐기는 바 희귀한 것만 좋아하거나 세간에 없는 것을 즐기고, 오래되거나 보기 드문 찻잔 가령 젓갈단지 같은 것을 차호로 구입하며, 실제로는 무엇인지 알지도 못하는 물건을 비싼 대금을 치러 매입해 거기에 차를 따라 사람에게 마시게 하는(『췌언』)" 상황에 이르면서, 세간의 조롱을 받게도 된다. 후마이는 이에 대해 "사람들이 웃는 것, 조금도 무리가 아니다, 지극히 당연한 일이다(『췌언』)."라며, 도구 모으는 차의 세계가 비난받는 것은 당연하다고 보고 있다.

본디 차를 단순한 음료가 아니라 정신성을 가미해 마시는 마음가짐을 중시한 것은 하나의 전통이라고 할 수 있지만, 『선차록』이 나온 시기부터 극단적으로 차 정신이 강조되고 고양된 것은 바꿔 말하면 차에 정신성이 없어진 증거이기도 한 것으로, 이것은 곧 도구차(道具茶)가 유행했다는 것을 보여준다고 할 것이다.

『선차록』이 나온 무렵부터 일어난 이런 차 정신주의의 움직임이 어떤 결말을 맺게 되었을까. 『선차록』이 전하는 것처럼 원만하고 거리낌없으며 깨끗한 한마음을 도구로 삼는다 해도 이것이 구체적인 차를 타는 도구는 아닌 것이며, 또 차 솥 하나로 충분하다 해도 차를 끓이기에는 부족할 수밖에 없는 것이었다. 도구차는 원래 겉모습을 즐기는 차이며 구경거리 차이며 마침내는 사치스런 차가 된다는 점에서 경계해야만 하지만, 차를 끓이기 위한 도구의 필요성은 여전히 남는 것으로 도구를 어떻게 볼 것인가 하는 문제가 새로운 과제로서 제기된다.

여기서 생각나는 것은 난보(南坊)에 대해 언급한 히코네(彦根)[255] 영주인 이이 나오스케(井伊直弼)[256]의『다탕일회집(茶湯一會集)』[257]에 나오는 한 구절이다. 거기에는,

다회에서의 득도를 위해서는 일부러 물품을 바꾸어 장식하지 말고, 다도 예법이 바뀌지 않으면 다도의 즐거움이 얻어지지 않는다고 말하지 말라, 일찍이 없던 일이다. 난보 소케이(南坊宗啓)가 리큐의 카이세키 요리[258] 일기를 발췌하여 리큐에게 보이며 인증을 부탁했을 때, 리큐가 답하기를 "연중 매 다회마다 도구 바꾼 것만을 적는 것 이해할 수 없구나. 직접 대면해서 생각을 듣고 싶구나. 부디 바꾸지 말고 매일 똑같은 일만을 하는 가운데, 마음의 움직임은 바뀌고 바뀌도록 어떻게든 마땅히 그래야 한다. 진기한 예법이나 장식 방법은 불쾌하다."고 하였다.

이는 가장 지당한 교훈으로, 항상 똑같은 물건을 사용하고 장식이나 다도 예법까지도 평범하게 하며, 마음만을 항상 바꾸고 새롭게 가져 대접하는 것이 다도의 근본이라.

---

255 히코네(彦根): 시가현(滋賀縣) 동부, 비와호(琵琶湖) 동쪽 중앙부에 있는 시. 원래 이이 나오스케(井伊直弼)의 35만 석인 성하(城下) 도시.
256 이이 나오스케(井伊直弼, 1815~1860): 주69) 참조.
257 『다탕일회집(茶湯一會集)』: 이이 나오스케(井伊直弼)의 저서. 주51) 참조.
258 카이세키 요리(懷石料理): 다회에서 차를 권하기 전에 내는 간단한 음식.

라고 기술하고 있다. 난보는 리큐의 다회에 종종 참석도 했는데, 다회 일기를 발췌하여, "다른 점이 있으면 첨삭해 주십시오(『南方錄』)."라고 의견을 구했더니, 리큐가 "위와 다르지 않습니다."라고 인증한 뒤, "말이 나온 김에 말씀 올립니다."라며, 『다탕일회집』에서 인용한 것과 같은 한 문장을 써서 난보에게 준 것이다.

즉, 난보(南坊)가 다회일기 속에서 색다른 도구가 사용된 다회만을 골라 그 도구만을 메모한 기록에 대해, 난보(南坊)의 도구관은 도구가 바뀌는 것에 주목하고 도구의 진귀함에 사로잡혀 있다고 하여, 그 점에 관한 마음가짐이 좋지 못하다고 호되게 꾸짖었다. 그리고 똑같은 도구라도 그 속에 마음의 움직임이 바뀌어 나타나야 한다고 하면서, 다도 예법이나 장식과 도구의 배합을 희귀하게 하는 것은 불쾌한 다회라고까지 경고하고 있다. 리큐는 진귀한 도구보다는 진귀한 마음이 중요하다고 말할 만큼 마음의 움직임을 중시한 사람으로, 똑같은 도구를 사용하면서도 사용할 때마다 마음이 바뀌어 작용해야 한다고 보았다.

리큐와 난보 사이에는 도구에 대한 근본적인 견해 차가 보이는데, 리큐는 변하지 않는 것에서 변하는 것을 보는 반면, 난보는 변하는 것과 변하지 않는 것을 별도로 취급해서, 도구가 바뀌면 비로소 변한 것을 보며 도구가 바뀌지 않으면 변하는 것을 보지 못했다. 따라서 난보 입장에서는 마음의 새로운 움직임을 가지기 위해서는 항상 마음의 대상이 되는 물건이 바뀌어야 하는데 그러기 위해서는 계속 새로운 도구를 필요로 하게 된다.

이 점을 나오스케는, "기물이나 장식 등이 바뀌면 저절로 주객의 기분도 바뀌며, 인사말을 할 때도 편해지는데, 실제로 접대하기 좋으므로 많은 사람들이 이처럼 하는구나."라며, 다회 득도를 위해서는 일부러 도구를 바꾸거나 장식이나 말차 타는 예법 등이 바뀌지 않으면 차의 도리가 아니라고 하는 것은 일찍이 없던 일이라고 하였다. 그리고 수많은 도구를 가지고 있다가 다회 때마다 그것을 바꾸어 내는 것은 옳지 않은 일이라고 주장했다.

나오스케는 차의 흥취를 돋우기 위해 다회마다 똑같은 도구를 내지 않고, 장식을 바꾸고, 말차 타는 예법을 연구하거나 하면서 오직 진귀함만을 신경 쓰는 것은 재미삼아 차를 즐기는 무리들이나 하는 짓이라고 보고 있다. 특히 '다회 득도를 위해서는'이라며, 리큐가 불법(佛法)으로 수행 득도를 하는 것에 집중하는 입장과는 구별하고 있으면서, 항상 똑같은 도구와 똑같은 장식이나 말차 예법 등을 당연시하고, 마음을 바꾸어 새로워진 기분으로 대접하는 것이야말로 '다도의 근본'이라고 하고 있다.

리큐는 "초암차 도구는 많은 것을 갖추지 않는 것이 좋다(『南坊錄』)."라고 했다. 이렇게 도구가 부족한 것을 좋아하는 마음 상태를 후마이식으로 말하자면 지족(知足)을 의미한다. 사실 도구의 부족이란 한정된 도구만 가지고 있는 것이 괜찮다는 것이 아니라, 부족해도 마음의 움직임을 바꾸어 새롭게 할 때 그 도구의 부족함이 오히려 마음의 움직임을 일으켜 가는 직접적인 원인을 제공해 준다는 점에서 그것을 좋다고 한 것으로 보인다. 리큐는 갖추어진 도구도 그저 손님에게 보이기 위한 것이 아니라, 도구가 지닌 의미를 자신과의 관계에서 파악하고 자신의 마음의 움직임과 도구를 직접 연결해서 보고자 한 것으로 여겨진다. 그만큼 리큐는 원래 도구에 대해 엄격한 사고를 지니고 있었던 것이다.

나오스케는 차가 도구의 수(數)를 세며 모으는 차(茶)가 되어갈 때, 도구는 수량의 문제가 아니라 똑같은 것을 반복 사용해도 조금도 지장이 없으며, 다도의 근본은 도구의 수에 있는 것이 아니라 도구를 사용하는 사람의 마음에 있다고 하였다. 『다탕일회집』을 보면, 나오스케가 도구의 구색(具色)에 대해 논하는 한 장(章)이 있는데, 그가 도구를 가벼이 생각하지 않고 도구를 아끼며 소장한 것을 알 수 있다. 나오스케는 차를 만들 때 도구 측면에서 손잡이 다관 하나면 충분하다고 한 것이 아니라, 도구를 가진 자는 가진 자답게 도구를 사용하면 된다고 하였다. 다만 도구를 많이 소장하고 있을 경우 다회 때마다 손님을 신기하게 만들려는 의도에서 도구를 계속 바꾸어 사용하는 것은 다심(茶心)을 잃은 도구차에 지나지 않는 것이라고 했다.

나오스케가 도구에 대해 어떤 마음을 품고 있었는가를 알 수 있는 한 예로서,

도구를 모두 결정했으면 식사 메뉴도 구색을 맞추어야 한다. 이때 진수성찬이 좋은 것이 아니라 보통의 요리로 구색 맞추는 것이 가장 좋은 것이라, 오로지 두터운 호의로 대접해야 할 것이다.

라고 했는데, 여기서도 분명히 알 수 있듯이 도구의 구색은 우선 '두터운 호의로 대접'하는 데 있는 것이지 결코 진귀한 도구를 보여주는 데서 나오는 것은 아니었다. 또한 족자 하나 거는 데에도 세심하게 유의해서 '내 마음에 충분하다고 생각되도록' 걸지 않으면 안 된다고 하였다. 일체, 차는 도구가 아니라 마음이라고 한 것이다. 다회에서의 교류는 주인과 손님의 일기일회(一期一會)[259]로서, 몇 번이나 똑같은 주객이 서로 만나도 그날의 다회는 시간적으로 두 번 다시 반복될 수 없는 절대의 만남이라고 하면서, 그런 만남인 만큼 성의를 다하여야 한다는 것이 나오스케의 차에 대한 근본적인 견해였는데, 이 생각은 물론 도구에도 영향을 미친 것이다.

하리야 소슌(針屋宗春)[260]은 "오래된 도구로 마음을 새로이 하는 것, 다도의 으뜸이라(『宗春翁茶湯聞書』)."라고 하며 낡은 것에 대한 새로움을 마음에서 구하고 있다. 그 새로움이 필시 마음의 의도에서 구해지는 것이라면, 나오스케가 리큐의 가르침을 명심하여 마음을 바꾸고 바꾸는 움직임 속에서 본 것은, '마음을 바꾸고 개선하여 대접하는 것' 즉 손님에 대한 성의였다. 마음을 바꾸는 것이 필연적으로 새로움을 동반하는 것이라고 해도, 나오스케는 새로움보다도 성의를 훨씬 우선시한 것이다.

나오스케는 도구의 의미 자체에 대해서는 특별히 비판적인 의

---

259 일기일회(一期一會): 리큐의 제자, 소지(宗二, 1544~1590)의 「山上宗二記」에서 나온 말. 일생에 단 한 번뿐인 만남. 사람과의 만남의 기회를 소중히 해야 한다는 것에 대한 비유로 쓰임.
260 하리야 소슌(針屋宗春): 주146) 참조.

견을 가지지 않은 것 같으며, 도구를 취급하는 사람의 마음의 움직임을 문제시해서 차는 주객 상호 간의 교류여야 하며 도구에 의해 연출되는 것은 아니라고 했다. 이 점, 물건보다는 마음이라고 하여, 차의 정신성을 역설한 『선차록』과는 약간 입장을 달리한다. 똑같이 차의 마음을 문제 삼으면서도 나오스케는 도구를 단지 물건에 지나지 않는다고 하면서 물리치는 일이 없었으며, 오히려 도구를 살려서 사용하는 것을 인정한 것으로 보인다. 또 『췌언』처럼 도구를 실용적인 기물로 보는 입장과도 달라서, 도구를 충분히 중시하면서도 도구에 휘둘림 없이 그것을 사용할 것을 주장한 것으로 보인다.

차가 의식(儀式)이자 손님 접대가 수반되는 것인 한 그것을 위한 도구는 필연적으로 요구된다. 하물며 다실이라는 의식 공간 내에서 의식을 위한 차 모임이라도 가지게 되면 몇 개의 도구가 필요한 것은 당연한데, 차가 음료이므로 단지 마시기 위한 식기 하나만 있으면 되는 것이 아니라, 준비과정에서 여러 도구를 갖출 수밖에 없는 것은 당연하다고 할 수 있다. 차는 이런 의미에서 도구와는 떼려야 뗄 수 없는 연관을 가지게 되었다고 하겠다.

그러나 차가 단순히 음료가 아니고 의식으로서 마시는 데 그치지 않으며, 차의 본뜻이 불교와 선에 기원을 둔다고 한다면 차가 지니는 정신성이 중요한 위치를 차지하게 된다. 이 정신성의 바탕 위에서 비로소 차가 차인 이유가 성립했다면, 그 차는 이 정신과 떼놓을 수 없는 도구와도 일체적 관계에 있다고 할 수 있을 것이다. 하기는 그 일체 관계가 차의 본뜻은 불교에 있으며 차의 모습은 선이라고 하는 경우와, 또 "최근 사람들이 다도·하이쿠·장기·쌍륙[261]을 똑같은 것처럼 한마디로 읊조리는 것은 유감천만(『췌언』)"이라고 하는 경우와는 또 다른 이야기지만, 어느 때는 이 두 가지의 정신과 도구라는 측면이 서로 얽힌 관계가 되기도 하는데, 여하튼 정신과 도구라는 두 측면을 품고 있는 것이 차라고 할 것이다.

차가 엄격한 마음의 수련만을 강조한다면 차의 명맥은 오늘날까지 이어져 오기 어려웠을 터이다. 차가 도구에 매력을 품어 설령 도구차로 불리게 되었다 하더라도 이것이 세간에서 널리 애호 받은 이유가 되었다고도 생각된다.

차는 어느 때는 정신적인 측면에 또 어느 때는 도구라는 측면에 치우치기도 했었는데, 이 두 가지 관계가 끊어질 수 없는 곳에서 그 생명이 긴 차의 역사가 만들어져 왔다고 보아도 좋을 것이다. 차의 미에 대해서도 똑같은 말을 할 수 있는데, 결국 차에 나타난 미는 차를 달이는 사람의 지극한 자세 속에서 보이는 마음의 아름다움에 있다는 것은 말할 것도 없으며, 그 마음과 일체 관계에 있는 도구로도 이어지고 있음은 부정할 수 없는 것이 아닐까.

---

261 쌍륙(雙六): 두 개의 주사위의 끗수에 따라 말을 써서 승부를 겨루는 놀이.

2) 먹의 예술

　문자는 일종의 기호인데 그 문자를 쓰는 행위가 서도(書道)[262]라는 예술을 성립시킨 것은 동양미술에서 볼 수 있는 수많은 특징 가운데 하나라고 할 수 있다. 이 서도라는 예술이 이루어진 큰 원인은, 쓰는 행위에 필수적인 붓과 먹이 발달한 데 기인한다. 붓과 먹의 발달은 서도를 성립시킴과 함께, 소위 회화로서의 묵화(墨畵)를 탄생시키면서 파묵(破墨)[263]이라는 독자적인 화법도 나타나기에 이르렀다.

　먹은 말할 것도 없이 색으로서는 검정 한 색이다. 따라서 먹만을 사용해서는 우선 색채상의 다양성이 없다. 겨우 농담(濃淡)에서 생기는 변화 정도만 있을 뿐이다. 먹으로 그림을 그리게 되면, 색채로서는 원래 검은 색밖에 존재하지 않는다. 검은 산, 검은 꽃, 검은 사람이 되는 것이다. 묵화는 이런 검은 산, 검은 꽃이라는 색채의 한계를 바탕으로 하면서 오로지 검은 한 색으로 완성된 색채의 세계를 나타낸다.

　서도 중에서도 특히 묵적(墨跡)이라고 부르는 한 분야가 있다. 묵적이란 일본에서는 불교의 선승(禪僧)들이 쓴 필적을 가리킨다. 이 경우 일부러 묵(墨) 자를 따서 묵적이라고 부르는 데는 뭔가 이

262　서도(書道): 붓글씨를 정신 수양의 관점에서 이르는 말.[참조: 서예(書藝)는 서도(書道)를 조형 예술의 관점에서 이르는 말]
263　파묵(破墨): 주119) 참조.

유가 있는 것이다. 이들 묵적에서 그 의미상 존중되는 것은 선(禪)의 정신인데, 단순한 필적과는 달라서 기술적으로 글이 능숙하다거나 서투르다는 것은 그 다음의 문제이다. 선승의 먹 글씨에는 이 정신성이 부여되어 있다고 하는데, 그런 인식은 그 먹 속에 선(禪)의 철리(哲理)가 담겨 있다고 보기 때문이다. 마치 먹으로 완성된 색채 속에 무한한 색채가 나타나 있다고 생각하듯이.

무로마치시대 이후 선승의 붓으로 그려진 묵화는 많은데, 선승의 묵화는 일반 묵화보다도 더 먹이 지닌 의미를 심화시키고 있다. 먹 속에 온갖 색채를 나타낼 뿐만 아니라, 선의 정신을 구체적으로 표현하고 있다. 묵화가 묵적과 다른 점은, 눈에 보이지 않는 정신을 눈에 보이는 것으로 표상화하고 있다는 점일 것이다.

선승의 묵화에는 종종 파묵이라는 극히 간단한 화법이 사용된다. 똑같은 산수 풍경을 먹색 하나로 그려도 붓놀림을 가능한 한 줄여서, 소위 감필(減筆)이라는 생략된 표현 방식을 취한다. 때때로 묵화는 그림으로서의 한계까지 붓놀림이 생략된다. 선승의 묵화는 대상을 기계적으로 충실히 그리는 것이 아니라, 그리는 대상은 가능한 한 축소하고 반면 그리기 어려운 마음은 가능한 한 넓혀서 그리는 것이다.

따라서 어떤 선승이 묵화를 잘 그린다고 해도, 대상을 그려내려는 일반 화가와는 그 입장이 완전히 다르다. 무로마치 시기의 이색적인 선승으로서 잇큐(一休)의 존재가 널리 알려져 있는데, 잇큐가 뛰어난 화가였다고 해도 그저 그림만 잘 그리는 단순한 화가는 아니었다. 잇큐는 기교표일[264]한 선승으로 알려져 있는 바, 잇큐에게 보이는 특이한 선풍(禪風)은 그가 그린 그림에서 충분히 엿볼 수 있다. 잇큐는 자신이 수행한 선(禪)을 확실하게 그려낸 것인데, 이런 잇큐와 같은 사람의 그림을 선묵화(禪墨畵)라 부르면 좋을 것 같다. 그의 그림은 아무리 봐도 단순한 그림이라고는 할 수 없는데, 많은 선승의 묵화에는 이처럼 선의 정신이 묘사되어 있다는 것을 간과해서는 안 된다.

묵화라고 하면 누구라도 떠올릴 셋슈(雪舟)[265] 또한 선승의 한 사람이었다. 설혹 셋슈가 선승이라기보다는 화승(畵僧)으로 불린다고 해도, 그가 단순한 화가였다고는 말할 수 없다. 셋슈는 최고의 기술을 가진 화가이면서 게다가 선(禪)의 묘사도 빠트리지 않고 있다. 선종의 제2조(二祖) 혜가가 초조(初祖)인 달마에게 자신의 팔을 잘라 구도의 결의를 표명했다고 하는 혜가 단비도(斷臂圖)는 셋슈의 걸작 중 걸작인데, 이 그림이 묘사하고 있는 것은 명백히 선(禪)이다.

원래 선이라는 무형의 것을 표현하자면, 각 화가 나름의 독특한 묘사 방식이 있을 것이다. 잇큐와 셋슈는 같은 선적 세계를 나타내면서도 그리는 기술에서는 차이를 보인다. 묵화를 회화의 기술적

---

264 기교표일(奇矯飄逸): 언행이 몹시 별나고, 속세에 얽매이지 않고 마음 내키는 대로 함.

265 셋슈(雪舟, 1420~1506): 무로마치 후기의 화승. 셋슈의 화풍은 종래 일본화의 서정성과는 달리 구도나 광대한 공간표현의 기교 등 자연에 대한 사실적 표현을 특색으로 하며, 거기에 선승이 지닌 진지한 엄격함이 표출되어 있다.

차원에서 논한다면, 잇큐와 셋슈를 같은 수준으로 평가할 수는 없을 것이다. 즉 셋슈는 화가로서도 완전히 전문가여서, 잇큐와 같은 소위 아마추어와는 많이 다르다. 그러나 그렇다고 해도 두 사람이 묘사하고 있는 선의 세계가 의미상 서로 다른 것이라고 잘못 봐서는 안 된다.

요즈음, 묵상(墨象)이라고 부르는 그림이라고도 글이라고도 할 수 없는 먹의 예술이 유행하고 있는데, 지금까지 없었던 재미있는 먹의 활용으로 주목받고 있다. 필적이든 묵적이든 써진 것이 글인 이상 그 글은 읽을 수 있어야 하는데, 묵상의 경우는 읽을 수 있든 읽을 수 없든 상관이 없다. 먹의 선(線)이 일종의 재미를 창조하면 그것으로 좋은 것이다. 따라서 그런 면에서 글자를 전혀 이해하지 못하는 외국인도 먹의 선(線)으로서의 재미는 이해할 수 있다. 묵상이 글자를 모르는 외국인에게도 흥미를 줄 수 있는 것은 사실 이 재미 하나에 기인하고 있다. 즉 묵상에도 그 나름의 하나의 사상이 들어 있다는 것은 알 수 있지만, 뭔가를 글로 적어 표현하려는 정신은 보이지 않는다. 예를 들어, 선(禪)을 글로써 표현하려는 그런 정신성은 보이지 않는다는 것이다.

묵상이 새로운 예술이라고는 해도, 선승의 손으로 그려진 묵적이나 선묵화와 동일한 예술이라고는 할 수 없다. 먹이 검은 색 한 색이며, 묵상도 먹 예술인 이상에는, 그 하나의 색 속에 다양한 색채 감각이 집약되고 있음은 부인할 수 없지만, 그 속에 엄격한 정신성은 조금도 존재하지 않는다. 본디 애당초 정신성을 부여하려고 의도하지 않았으므로, 의도되지 않은 것이 포함되어 있을 리도 없다. 묵상은 극단적인 표현을 빌리자면, 먹을 이용한 미의 유희이다. 먹 속에서 묵상이 노리는 유희의 세계를 발견한 것은 충분히 그 나름의 의미가 있다. 다만 묵상을 묵적이나 선묵화와 경솔하게 혼동해서는 안 된다.

그러면 도대체 선(禪)을 그려서 표현한다는 것이란 어떤 것일까. 잇큐나 셋슈와 같은 선승의 그림에는 선이 그려져 있다고 했는데, 그 선(禪)의 정신을 어떻게 그릴 수가 있는 것일까. 선은 산이라든가 강이라는 개체성이나 구체성을 가지지 않는다. 무형·무상·무체(無形無相無體)의 것이며, 깨달음이라는 마음의 이상적인 움직임을 과제로 한다. 따라서 그런 것은 그림으로 표현하려고 해도 그려낼 수가 없는 것이다. 보통의 일반 화가에게 이와 같은 것을 그려 보라고 해 봐야 해낼 수 없다. 그림의 영역이 아닌 것을 그림으로 그리라는 것과 똑같을 것이다. 아마도 화가에게 음악을 그려내라고 하는 것과 같을지도 모르겠다.

잇큐도 셋슈도 단순한 화가는 아니라고 했는데, 잇큐의 그림을 봐도 셋슈의 그림을 봐도 단순한 그림과는 다른 또 하나를 묘사하고 있다. 산을 산이라고 그려내면서, 산의 형태가 아닌 산 그 자체를 그린다. 그림은 형태를 그려내야 하는데, 그 형태를 외면만으로 포착하지 않고, 산의 모든 것을, 산 속까지 꿰뚫어 그리고 있다. 그림을 넘어선 바로 그 곳에 묘사될 수 없는 선(禪)이 드러나고 있다. 선 그 자체는 그려낼 수 없지만, 산에 선의 정신이 드러나 있다.

선이 지향하는 근원적 목표는 '무(無)'를 자각하는 것인데, 구상적이라든가 추상적이라는 두 가지 존재 방식을 넘어선 절대의 세계를 '무(無)'의 세계라고 한다면, 선승의 그림은 산이라는 단순한 형태를 그리는 데 머물지 않고 바로 이 '무(無)'를 그려내고 있다고 할 것이다. 그림인 이상 아무것도 그려져 있지 않아서야 그림이 될 수는 없다. 그림은 그릴 대상이 있어야 한다. 그 대상으로서 그려진 것이 그대로 '무'를 묘사하고 있는 곳에, 선승의 그림 영역이 존재한다. 묵상이 형태의 아름다움을 추구하는 데 비해서, 선승의 그림은 무(無)의 파악을 추구하고 있다. 거기에 엄격한 정신성이 보인다.

먹이 검은 색 하나로 다양한 색채적 의미를 나타냄과 함께 정신이 그 색 속에서 약동한다. 죽은 것처럼 보이는 무채색의 세계가 살아 움직이고 있는 것이다. 검은 색 하나로 그린 참새가 날아오른다. 검은 강이 푸른 나무의 그림자를 아름답게 비추고, 소리를 내며 흐른다. 게다가 본질적이지 않은 일체의 겉모습을 생략하고, 강이 강다운 극한까지 좁혀 들어가서 강의 모든 것이 그려지는 것이다. 묵상은 선(線)이 유동(流動)하지만, 굳이 선묵화라고 부르는 선승의 그림에는 산이라면 산 그 자체가 움직인다.

이것이 묵적(墨蹟)에서는 한층 더 심오한 철리(哲理)를 띤다. 예를 들어 다이토(大燈)[266]의 묵적을 바라보면, 이 사람의 준열한 선

---

266 다이토국사(大燈国師, 1282~1338): 슈호 묘초(宗峰妙超)를 가리킴. 가마쿠라 시대 말기의 선승이며, 대덕사의 창건자.

풍(禪風)이 거기에 또렷이 드러난다. 개성이라는 것을 이 사람의 글에서만큼 분명히 볼 수 있는 사람은 없다. '남악 72봉, 화정만팔천장(南嶽七十二峰, 華頂萬八千丈)'²⁶⁷이라는 묵적을 볼 때, 그 글씨에서는 웅장한 봉우리(雄峰)의 모습이 생생하게 상기된다. 또 잇큐에게 '일야낙화우, 만성유수향(一夜落花雨, 滿城流水香)'²⁶⁸이라는 명필이 있는데, 서풍(書風) 그 자체가 꽃을 떨어뜨리는 비를 연상시키고, 흐르는 물의 향기조차 피어오르게 한다. 다이토의 글에는 정말 이 사람다운 호기로움이 있으며, 잇큐의 글에는 또 그 사람다운 소탈함이 있다. 특히 잇큐의 글에서는 내리는 비와 흐르는 물이 그림도 표현할 수 없을 정도로 잘 드러나 있다. 이 경우, 글은 구상성을 가지지 않지만, 그 가지지 않는 점이 오히려 형태로 제약받지 않는 무한한 것을 자유로이 그려내고 있다고도 할 수 있다.

무(無)가 진실로 그려질 수 있느냐라는 문제 앞에서는, 오히려 산이라면 산이라는 형태를 그림으로 그려내지 않고, 산이라는 글자로 묘사하는 편이 한층 자유로울지 모른다. 선승의 묵적은 이 '무(無)'를 그려내고자 하는 점이 단순한 서예가의 글과는 또 다른

---

267 南嶽七十二峰, 華頂萬八千丈: '남악에는 72개 봉우리 있고, 화정은 1만8천장(丈) 높이(약 5400m)', 남악(南嶽)은 중국 오악(五嶽)의 하나. 화정은 중국 절강성 천태산의 주봉(主峰)이다.

268 一夜落花雨, 滿城流水香: 밤에 내리는 비가 꽃을 떨어뜨리니, 물 향기가 흘러 성내에 가득하다. 송나라 선승 설보지감(雪竇智鑑, 1105~1192)의 「世尊有密語, 迦葉不覆藏. 一夜落花雨, 滿城流水香」이 원전인데, 일본에서는 그 법손(法孫)인 도겐(道元, 1200~1253)이 『정법안장(正法眼藏)』 45 「밀어(密語)」에서 인용하고 유포시킴.

것이다.

먹의 아름다움이란 그 자체가 다양한 색채의 미를 부정(否定)하고 있는 것, 즉 이미 부정을 매개로 하는 '무'의 요소를 가지고 있는 점이라고 할 수 있다. 먹의 예술은 동양예술의 한 특징인데, 그 먹의 미가 단순히 색채를 부정하는 데 그치지 않고, 그 먹 한 색으로 산이면 산 그 자체를 그림으로 또는 산이 지닌 모든 것을 형태로도 색으로도 천변만화(千變萬化) 자유자재로 포착하고 있다는 점에서 예술 이상의 것을 보여주고 있는 것이다.

선승은 선이라는 종교적 세계에서 동양의 정신사에 역사적인 족적을 남기고 있는데, 예술의 세계에서도 동양 예술사에 유례없는 기여를 하고 있다. 이들은 '무'라는 것을 그림으로 또는 글로도 묘사하고 쓸 수 있다는 사실을 보여주었다. 중국에서 먹과 붓이 발달하고 또 선불교가 일어나서 선승의 예술인 특이한 묵화·묵적이 나타났는데, 이것이 일본에 전해져 선문화(禪文化)라는 일대 문화 대계(文化大系)가 육성되고, 나아가 중국에 비견될 정도의 수준에 도달하였다. 더욱이 그 과정에서 중국에서는 볼 수 없었던 와비라든가 사비[269]로 불리는 독자적인 미의 세계가 이 선(禪)문화의 기반 위에서 널리 전개되었다.

---

269 하이카이와 다도의 미적 이념을 가리킴. 와비(侘び): 간소함 속에서 발견되는 맑고 한적한 정취. 주14) 참조. 사비(寂び): 마츠오 바쇼(松尾芭蕉, 1644~1694) 하이카이의 근본적인 이념으로, 일본 문예 이념의 하나. 일본 중세의 은둔적인 경지를 이어 받은 것으로, 자연과 일체가 되어 철저하게 쓸쓸한, 한적함을 기리는 마음.

색채의 관점에서 보자면, 와비와 사비에는 분명히 먹의 색과 연관되는 측면이 있다. 선문화의 일환으로 다도가 발달했을 때, 선문화의 기반 위에서 전개된 와비, 사비는 차 미학의 중요한 요소로도 되었다. 죠신사이(如心齋)[270]의 노래에 「다도란 어떤 것을 말하는 것일까, 묵화에 그려놓은 솔바람 소리」라는 것이 있다. 와비·사비의 세계를 와비차에서 비유하자면, 묵화에 그린 솔바람 소리라는 것이다. 여기서 솔바람 소리란 묵화의 먹이 지닌 유동성을 표상하는 것으로 받아들일 수 있다. 즉 그림으로 그려진 소나무에서 솔바람 소리가 일어날 리는 없는 바, 그 소리는 '무'의 소리를 나타내는 것으로 해석되며, 결국 와비·사비가 이 '무'로 이어짐을 시사하는 것으로 여겨진다. 이 와비·사비라는 개념에서 보면, 묵화의 소나무 같은, 묵화 혹은 묵적 속에 보이는 '무'의 유동성은 화려한 것이 아니라 대단히 소박한 것으로 나타난다. 먹 예술은 와비·사비의 개념이 강화됨에 따라 탈세속적이고 고아한 고담(枯淡)의 예술이 되어 갔다.

'무(無)'의 사상 그 자체는 중국에서 전래되었는데, 그 사상적 연원은 인도로까지 더듬어갈 수 있다. 와비·사비 사상도 그 기인한 곳을 거슬러 올라가면, 외래사상의 영향이 적지 않을 것으로 보인다. '무' 사상은 동양 사상의 한 특징으로 손꼽히지만, 사실 같

---

270 죠신사이(如心齋, 1705~1751): 오모테센케(表千家) 7대(代). 센케(千家) 다도 중흥조라고 불리며, 센노리큐 이후 센케의 도구나 기록 등을 정리한 것으로 유명하다.

은 동양이라고 해도 인도와 일본의 예를 보면, 반드시 똑같지는 않다. 예를 들어 인도인의 카레 취향은 일본인에게 통하지 않으며, 일본인의 오차즈케[271]는 도저히 인도인에게 먹히지 않는다. 중국과 일본도 같은 문자를 쓰지만, 중국 요리와 일본 요리 사이에는 상당한 거리가 있다. 흔히 동양 사상이라고 한마디로 말하지만, 그 내용면에서는 상당한 차이가 있다. 그런 간극의 토양 위에서 일본의 와비·사비 사상이 생겨난 것으로 보인다. 크게 서양과 동양을 비교하면 동양적 특징이라는 것이 존재하지만, 먹의 예술은 그 동양적 특질의 하나이면서도, 그 속에 특히 일본적 특징이라는 것이 존재한다는 것을 주목했으면 한다.

다도의 발달이 이 와비·사비의 미를 키워온 공적은 적지 않지만, 차가 단순한 음료가 아니라 소위 정신성이 부여된 다도로서 성립한 것은 전적으로 일본에서만의 일이다. 또 다도의 성립과 함께 다도 문화가 성립한 것도 일본에서만의 일이다.[272] 묵화·묵적이 귀중하게 다뤄진 데에는 다도와의 관계가 아주 깊이 작용하는데, 먹의 예술이 와비·사비의 세계에서 나타나게 된 것은 직접적으로는 다도의 영향인지도 모른다.

'무'를 그린다든지 하는 말을 하면 수수께끼 같은 이야기로 들리기 쉬운데, 와비라든가 사비 등으로 불리며 전개해 가는 '무'는 사실

---

271 오차즈케(お茶づけ): 밥에 뜨거운 엽차를 부은 것.
272 역자: 이 뒷부분은 저자 후루타 쇼킨의 주관적인 견해로서 다른 관점도 있다.

고정된 '무' 그 자체를 말한 것은 아니다. '먹의 예술'에서 이 눈으로 볼 수 없는 '무(無)'가 나타나고 있는 것은 정말 흥미진진하다.

여하튼 먹이라는 검정 한 색의 아름다움이 발견되고, 그 아름다움이 창조적인 발전을 거치면서 점점 더 심화되어간 것은, 특수한 아름다움의 탐구 과정이라고 하지 않을 수 없다. 일본은 동양 속의 한 나라임에 틀림없으나, 먹의 예술이 동양적인 것을 넘어 일본적인 성격을 지니게 된 점은, 동양 미술 속의 일부가 아닌 일본 미술사에 들어 있는 그 독자성을 생각나게 한다. 가마쿠라시대 이후 많은 사례가 있는 묵적과 선묵화에 나타나는 '먹의 예술'은 여러 가지 색채를 빌린 예술을 능가한다고 할 수 있다. 먹 그 자체가 일본 문화의 중핵을 이루고 있다고 보고 싶다.

12. 대덕사의 차

　근세 대덕사[273]의 다도(茶道) 문화는 사카이[274]와의 교류로 번창하였다. 사카이라면 대덕사파(派)인 남종사[275]가 우선 머리에 떠오른다. 이 남종사의 역대 계보를 보면, 창건자(즉, 개산조開山祖)인 다이린 소토[276]를 시초로 2세 쇼레 쇼킨,[277] 3세 슌오쿠 소엔,[278] 4세 묘소 소호,[279]

273　대덕사(大德寺, 다이도쿠지): 교토시에 있는 임제종 대덕사파(派)의 대본산인 사원. 대덕사는 많은 명승을 배출하고, 다도 문화와도 인연이 깊어, 일본 문화에 많은 영향을 준 사원이다. 대덕사 본사는 일반에게 비공개이며, 탑두도 비공개인 곳이 많다. 주55) 참조.

274　사카이(堺): 오사카부(大阪府)의 시.

275　남종사(南宗寺, 난슈지): 사카이(堺)시에 있는 임제종 대덕사파 절. 1526년 창설되었다고 한다. 그 뒤 미요시 나가요시(三好長慶), 도요토미 히데요시(豊臣秀吉), 도쿠가와 히데타다(德川秀忠) 등의 원조를 받았다. 차인인 다케노 죠오(武野紹鷗), 센노리큐(千利休)가 수행한 인연이 있던 절로, 사카이의 쵸슈(町衆: 도시 상인 계층)문화 발전에 기여한 사원이다.

276　다이린 소토(大林宗套, 1480~1568): 센고쿠(戰國)시대 승려, 임제종, 대덕사 주지, 차인(茶人), 남종사를 개산했다.

277　쇼레 쇼킨(笑嶺宗訢, 1490~1568): 센고쿠(戰國)시대 승려, 임제종, 남종사의 다이린 소토(大林宗套)에게 사사했으며, 그 법을 이었다. 대덕사 주지가 되어, 대덕사 내에 취광원(聚光院)을 열었다.

278　슌오쿠 소엔(春屋宗園, 1529~1611): 주237) 참조.

279　묘소 소호(明叟宗普, 1516~1590): 교토 대덕사 113세(世), 16세기 말 오다와라(小田原)에 창건된 임제종 광덕사(廣德寺)의 창건자.

5세 고케 소친,[280] 6세 센가쿠 소토,[281] 7세 잇토 쇼테키,[282] 8세 교쿠호 죠소,[283] 9세 운에이 소이,[284] 10세 겟신 소인,[285] 11세 교쿠시츠 소하쿠,[286] 12세 다쿠안 소호,[287] 13세 고게츠 소간,[288] 14세 세이간 소이[289]를 꼽을 수 있다. 이들 대부분이 많든 적든 대덕사의 다도사(茶道史)와 관계를 가지고 있다.

남종사는 다이린의 스승인 고가쿠 소코[290] 때 한 암자로 지어졌는데, 1556년 다이린 대(代)에 이르러 예전에 다이린에게 귀의했던 미요시 나가요시[291]가 망부(亡父)의 극락왕생을 위해서 암자를 개

---

280 고케 소친(古溪宗陳, 1532~1597): 센고쿠~아즈치·모모야마 시대 승려, 임제종. 도요토미 히데요시(豊臣秀吉)가 오다노부나가(織田信長)의 추선(追善) 공양을 위해 세운 총견원(総見院-소켄인, 교토 대덕사의 탑두)의 개산. 후쿠이켄(福井県) 출신. 쇼래 소킨(笑嶺宗訴)에게 사사하여, 교토 대덕사 제117세대 주지가 됨. 센노리큐(千利休)의 참선 선사(禅師).
281 센가쿠 소토(仙岳宗洞, 1545~1595): 대덕사 123세(世), 남종사 6세(世).
282 잇토 쇼테키(一凍紹滴, 1539~1612): 센고쿠~에도시대 전기 임제종 승려. 대덕사 주지. 나중에 남종사로 돌아갔다. 다쿠안 소호(沢庵宗彭)의 스승.
283 교쿠호 죠소(玉甫紹琮, 1546~1613): 아즈치·모모야마(安土桃山)-에도(江戸) 전기의 임제종 승려, 고동원(高桐院, 고도인, 교토 대덕사 탑두)을 엶. 교토 대덕사의 고케 소친(古溪宗陳)의 법을 이어, 1586년 대덕사 주지가 됨.
284 운에이 소이(雲英宗偉: ?~1603): 아즈치·모모야마시대 임제종 승려, 대덕사 141세(世).
285 겟신 소인(月岑宗印, 1560~1622): 에도시대 승려, 대덕사 142세(世).
286 교쿠시츠 소하쿠(玉室宗珀, 1572~1641): 에도시대 전기 승려. 슌오쿠 소엔(春屋宗園)의 법을 이어, 다쿠안 소호(沢庵宗彭)와 고게츠 소간(江月宗玩)과 형제 제자가 된다. 다도를 즐겼으며, 서화로도 유명하다.
287 다쿠안 소호(沢庵宗彭, 1573~1645): 에도시대 초기의 선승. 임제종, 대덕사 주지.
288 고게츠 소간(江月宗玩, 1574~1643): 에도 초기 임제종 승려. 차인.
289 세이간 소이(清巌宗渭, 1588~1662): 주238) 참조.
290 고가쿠 소코(古岳宗亘, 1465~1548): 무로마치~센고쿠시대의 승려. 교토 대덕사 주지. 사카이에 남종암(나중에 남종사)을 지음.
291 미요시 나가요시(三好長慶, 1522~1564): 센고쿠(戦国)시대 무장. 기나이(畿内)

축하여 절로 만든 것이다. 대덕사의 부흥은 대부분 사카이 부호의 지원으로 이루어졌는데, 이때 사카이에 있던 남종사가 사카이의 부호와 대덕사를 연결시켜 주는 데 큰 역할을 하였다. 남종사에 있던 사람들은 모두 대덕사에도 같이 있었는데, 특히 고게츠는 사카이의 경제력을 배경으로 대덕사의 가람 재건에 힘쓴 사람으로 알려져 있다. 고게츠는 다이린을 따라서 선을 참구(參究)한 츠다 소큐[292]의 자식인데, 사카이의 부유한 집안에서 태어난 인연으로 이 사람을 통해서 풍부한 자금이 대덕사에 모이게 된 것이다.

사카이의 부호들은 츠다 소큐뿐 아니라, 이마이 소큐[293], 센노리큐 등과도 참선을 하며 동시에 차를 즐겼다. 다회를 돈의 힘으로 즐기며 취미 삼아 하는 데 머물지 않고, 차에서 정신적인 의미를 발견하게 된 것은 우선 이 사람들이 선방에 출입하게 된 데에 기인한다. 이것은 더 나아가서는 사카이와 대덕사의 관계를 단순한 경제상의 결합이 아니라 정신적인 결합으로까지 발전시켜, 고게츠처럼 선방에 들어가 불도 수업에 전념하고자 하는 사람마저 생기게 했다.

와 아와노쿠니(阿波国)의 센고쿠시대 다이묘. 렌가(連歌)를 잘 지음.

292 츠다 소큐(津田宗及: ?~1591): 아즈치·모모야마시대의 거상(巨商)·차인. 사카이 사람. 아버지로부터 다케노 죠오(武野紹鴎)류의 다도를 배워 노부나가(信長)와 히데요시(秀吉)의 다각(茶角:찻일 담당자)이 됨.

293 이마이 소큐(今井宗久, 1520~1593): 아즈치·모모야마시대 사카이(堺) 거상(巨商)이며 차인. 야마토 이마이(大和今井: 나라켄에 위치)에 살았으나, 사카이로 나와 다케노 죠오에게 차를 배워 후에 그의 데릴사위가 된다. 오다 노부나가, 도요토미 히데요시를 섬겼으며, 센노리큐, 츠다 소큐와 함께 천하 삼종장(三宗匠)의 한 사람이 된다.

다른 예를 들면, 남종사 제6세이며 대덕사 제123세 주지인 센가쿠 소토는 사카이의 타니 소인(谷宗因)의 자식으로, 타니 소린[294]의 동생에 해당하며, 남종사 제9세이자 대덕사 제142세 주지인 운에이 소이는 소린(宗臨)의 자식이며 또 소린(宗臨)은 고가쿠 소코에게 참선을 배운 사람이다. 또 대덕사 제177세 주지 안시츠 소간[295]은 츠다 소큐와 함께 사카이의 차인으로 알려진 스미요시야 야마오카 소무[296]의 자식이다.

이런 사카이와 대덕사의 관계에서 가장 중요한 위치를 차지한 사람은 누가 뭐라고 해도 고게츠이다. '대덕사의 차'라는 관점에서 봐도 역시 고게츠의 위치는 막중하다.

고게츠라고 하면 그와 함께 교쿠시츠와 다쿠안의 이름이 떠오르는데, 이들은 동시대에 대덕사에서 중요한 위치를 차지했다. 대덕사에서 출세한 순으로 보면, 교쿠시츠는 제148세, 다쿠안은 제154세, 고게츠는 제157세인데, 세 명 가운데는 교쿠시츠가 가장 선배 격이다. 이 세 사람은 대덕사 출가 의례에 관하여 막부가 정한 법도에 불복하여 유형(流刑)에 처해지게 되는데, 교쿠시츠와 다

---

294 타니 소린(谷宗臨, 1532~1601): 센고쿠~아즈치·모모야마시대 차인, 거상(巨商), 센노리큐에게 차를 배웠으며, 렌가(連歌)에도 뛰어남.

295 안시츠 소간(安室宗閑, 1590~1647): 에도 초기 임제종 승려.

296 스미요시야 야마오카 소무(住吉屋山岡宗無, 1534~1603): 아즈치·모모야마시대 차인, 차 감정사(茶匠), 사카이 부호, 사카이의 주조업자인 야마오카 소즈이(山岡宗瑞)의 양자가 되어 스미요시 가계를 이어감. 다도를 다케노 죠오, 센노리큐에게 배우고, 오다 노부나가를 모셨으며, 도요토미 히데요시의 다각(茶角)도 맡았다.

쿠안은 함께 우슈(羽州)²⁹⁷로 귀양 갔지만 고게츠만은 그 자리에서 사면되었다. 고게츠는 대덕사 가람의 복구 임무를 맡고 있어서 특별한 배려를 받은 것 같은데, 고게츠 없이는 대덕사가 재정적으로 꾸려나갈 수 없었던 것으로 보인다. 여하튼 고게츠가 대덕사 재정을 담당하는 실력자였던 것은 틀림없다. 그리고 이 실력은 '대덕사의 차(茶)' 분야에서도 뚜렷이 드러난다.

소큐의 피를 이어받은 고게츠는 선천적으로 풍부한 미의식을 갖추고 있었다. 소큐가 명기(名器) 소장자여서 그 소장품을 볼 기회가 많았던 고게츠는 명기에 대한 감식안을 일찍이 갖게 된 것으로 보인다. 고게츠가 그런 감식안으로 좋아하며 모은 다기가 아주 많지만, 그중 하나로 오늘날 천하의 대명물로 꼽히는 유적천목²⁹⁸ 같은 것이 있다. 고게츠를 개산으로 하는 대덕사 두룡광원²⁹⁹에는 이름난 보물이 적지 않은데, 그 대부분이 고게츠가 모은 것이다. 고게츠는 쇼카도 쇼죠³⁰⁰와 특별히 막역한 사이라고 하는데, 쇼죠와 함께 고보리 엔슈³⁰¹에게 차를 배워서 고게츠와 엔슈가

---

297 우슈(羽州): 토호쿠(東北) 지방, 지금의 야마가타(山形)·아키타(秋田)현의 대부분.

298 유적천목(油滴天目): 검은 유약 속에 은색의 작고 둥근 반점이 기름방울처럼 온통 나타난 찻잔, 중국 복건성 건요산(建窯産)이 유명.

299 대덕사 두룡광원(頭龍光院, 대덕사의 탑두塔頭): 임제종 사원. 임제종 대덕사파 대본산 대덕사의 탑두. 국보·중요문화재인 건물이나 미술품이 다수 있는데, 비공개이며, 관광을 목적으로 한 참배는 일체 받지 않음. 일본에 셋밖에 없는 국보 다실인 밀암(蜜庵미탄)이 있음.

300 쇼카도 쇼죠(松花堂昭乘, 1582~1639): 에도시대 초기의 진언종 승려, 문화인.

301 고보리 엔슈(小堀遠州, 1579~1647): 주109) 참조.

차로 맺은 교류도 깊다. 엔슈는 고게츠와 다쿠안에게 사사하고 또 고게츠의 스승이었던 슌오쿠 소엔에게도 사사(師事)하며 선(禪)을 배웠다. 고게츠와 엔슈는 서로 스승인 동시에 제자이기도 했다. 엔슈가 고봉암[302]을 지었을 때 고게츠는 그 암자에 관한 기록을 남기고 있는데, 두 사람은 종종 이 암자에서 만나 다회를 연 것으로 보인다.

또 고게츠에게 참선을 배웠던 한 사람으로 차인인 사쿠마 샤우겐[303]을 꼽을 수 있는데, 샤우겐이 촌송암[304]을 지었을 때 고게츠는 또 그 암자에 관한 기록도 하고 있다. 샤우겐은 고게츠의 법사(法嗣)[305]인 스이간[306]에게도 사사했는데, 스이간은 이 암자의 개산으로 고게츠의 조카이며 남종사 제20세 대덕사 제196세 주지이다. 고게츠의 법사로서, 선에서도 또 대덕사의 차에서도 스이간은 고게츠의 계승자였다고 할 것이다.

또 법사에 고세츠 소류[307]·고운 소류[308] 등이 있는데, 고세츠는

---

302 고봉암(孤篷庵): 교토시에 있는 임제종 사원. 임제종 대덕사파 대본산 대덕사의 탑두. '孤篷'의 의미는 '한 척의 뜸으로 지붕을 엮은 배'라는 의미로, 엔슈가 사사한 슌오쿠 소엔에게서 받은 이름이다.

303 사쿠마 샤우겐(佐久間將監, 1570~1642): 아즈치·모모야마시대 에도시대 전기의 무사, 차인. 차를 후루타 오리베에게서 배웠다고 한다. 만년에는 대덕사 용광원(龍光院) 안에 다실 촌송암(寸松庵)을 지어 다회 삼매에 빠져 보냈다.

304 촌송암(寸松庵): 차인 사쿠마 샤우겐이 대덕사에 지은 다실.

305 법사(法嗣): 법통을 이어받은 후계자.

306 스이간 소민(翠嚴宗珉): 대덕사 195세.

307 고세츠 소류(江雪宗立, 1595~1666): 에도 전기 임제종 승려. 대덕사 181세. 다쿠안 소호(沢庵宗彭)와 고게츠 소간(江月宗玩)에게 사사했으며, 소간의 법을 이음. 서화에 뛰어남.

308 고운 소류(江雲宗立, 1598~1679): 교토에 태어난 선승. 엔슈류의 다장(茶匠)

남종사 제16세·대덕사 제182세, 고운은 대덕사 제185세로 되어 있다. 고세츠는 사카이 출신으로, 고게츠와는 분명치 않으나 어떤 연관이 있는 듯하며, 고운은 고보리 엔슈(小堀遠州)의 자식이다. 둘 다 고게츠의 법사인 만큼 차에 대한 마음가짐이 보통은 아니었던 것 같다.

교쿠시츠, 다쿠안, 고게츠의 세대보다 조금 늦게 세이간 소이가 출현하는데, 대덕사 제171세 주지가 된 뒤에 남종사에도 머무르며 차에 대해서 일가견을 가진 것으로 알려져 있다. 세이간(清巖)에게는 사카이의 부호 나카무라 소유(中村宗有)가 귀의하여, 아들인 소테이(宗貞)와 부자(父子) 2대에 걸쳐서 남종사의 부흥에 진력한다. 또 야마오카 소무[309]의 친족인 제니야 소안[310]도 귀의했다고 하는데, 사카이와의 관계가 깊고, 다회를 통해 이런 사람들과 그 주위의 사람들과도 교류가 있었던 것으로 보인다. 고게츠가 쌓아올린 대덕사 차는 이런 사람들에 의해 전승되었다.

고게츠는 가노 탄유[311]와 교류가 깊었는데, 탄유가 묘사한 고게츠의 모습을 보면, 고게츠는 그 출생이 부호였던 만큼 그의 용모

___

으로 유명한 다이묘 고보리 엔슈(小堀遠州)가 아버지. 에도 전기의 임제종 승려.

309 야마오카 소무(山岡宗無, ?~1595): 무로마치시대 말 아즈치·모모야마시대 사카이의 거상(巨商)·차인. 센노리큐의 막역한 벗이며, 전형적인 사카이 무인(武人).

310 제니야 소안(松江宗安을 가리킴): 제니야(錢屋 : 환전상)로 불린 사카이의 거상(巨商).

311 가노 탄유(狩野探幽, 1602~1674): 에도 초기의 화가. 에도 가노파 번영의 기초를 쌓았다.

에는 복덕이 갖추어져 있었고, 만년의 모습을 그린 초상화를 봐
도 살집이 있는 여유 있는 모습이었다. 또 고인의 필적을 봐도 정
말 이 사람의 가정환경의 여유가 묻어남을 볼 수 있다. 대덕사에는
1610년과 1612년 두 번에 걸쳐 봉직했는데, 원만한 인품에다 교양
도 풍부해 많은 유력한 시주자들의 귀의와 지지를 받았음에 틀림
없다. 1625년에 고미즈노오[312]천황으로부터 대량흥종(大梁興宗)이
라는 선사호(禪師號)를 받는데, 대덕사라는 대(大)가람의 대들보(大
梁)라는 이 호의 의미에서 대덕사의 부흥이 바로 고게츠에 의해 수
행되었으리라는 사실을 알 수 있다. 정말 오늘날의 대덕사가 있는
것은 고게츠의 대량흥종이라는 호처럼 그 활약에 힘입은 바가 크
다. 고게츠는 대덕사의 중흥조라 칭해도 과언은 아니며, 또 대덕
사와 차의 인연을 불가분의 관계로까지 심화시킨 것 또한 고게츠
의 힘이라고 할 수 있다.

그런데 이런 고게츠와는 약간 대조적인 의미의 존재로서 또 한
명의 실력자가 있었다. 그 사람은 다쿠안 소호[313]이다. 교쿠시츠,
다쿠안, 고게츠는 서로 사이가 좋았고 평생에 걸쳐 이 세 사람은
서로 도우며 조금의 대립도 없었지만 성격 면에서는 삼인삼색이었
던 것 같다.

---

312 고미즈노오천황(後水尾天皇, 1596.6.29.~1680.9.11.): 일본 제108대 천황.
313 다쿠안 소호(沢庵宗彭, 1573~1646): 에도 초기의 임제종 승려. 대덕사 및 남
    종사 등의 주지를 역임. 1627년 자의(紫衣) 사건으로 1629년 유배를 당함.
    그 뒤 도쿠가와 이에미츠의 귀의를 받아 시나가와에 동해사(東海寺)를 열게
    됨. 사화(詞華), 하이쿠, 차에 능통하며, 그의 자서는 다도에서 중시됨.

교쿠시츠는 고게츠와 함께 슌오쿠 소엔의 제자로 동문인데, 성품 면에서 이 두 사람은 어딘가 상통했으며, 또 교쿠시츠는 다쿠안과도 공통되는 면이 있었던 것으로 파악된다. 삼인삼색이라고는 해도 교쿠시츠는 다른 두 사람만큼 개성이 있었던 것은 아닌 것 같다. 교쿠시츠는 가타키리 세키슈[314]의 귀의를 받았고 제자인 교쿠슈 소반[315] 또한 세키슈의 귀의를 받았는데, 세키슈는 교쿠슈를 위해 야마토 고이즈미(大和小泉)에 자광원[316]을 세웠다. 교쿠시츠와 교쿠슈의 사제(師弟)지간도 세키슈와 교류하고 있어 차에 친숙했으리라는 것을 알 수 있다. 교쿠시츠도 대덕사의 차를 번성시킨 협력자의 한 사람이었다는 것은 다실 족자풍으로 쓰여진 교쿠시츠의 유묵(遺墨)이 남아 있는 것에서도 추측할 수 있다.

교쿠시츠는 다쿠안과 똑같은 운명을 걸으며 유배라는 화를 당하지만, 유배에서 사면된 뒤로는 다쿠안의 눈부신 활동의 그늘에 가려져 그의 존재가 자칫 세간의 주목에서 벗어난 듯하다. 고노에 노부히로[317] 등도 교쿠시츠에게 참선을 배웠으나, 오히려 그가 다쿠안에게 참선을 배운 쪽이 더 널리 알려져 있다. 교쿠시츠의 제자

314 가타기리 세키슈(片桐石州, 1605~1673): 에도 전기 차인, 다이묘. 세키슈류 다도의 시조.
315 교쿠슈 소반(玉舟宗璠, 1600~1668): 에도 전기 승려. 임제종 대덕사의 교쿠시츠 소하쿠(玉室宗珀)의 법을 이어 주지를 맡았고, 차인 가타기리 세키슈가 기증한 대덕사의 고림암(高林庵), 야마토 자광원(大和慈光院)의 창건자가 된다. 다도를 즐기며 한 줄짜리 묵적을 많이 남김.
316 자광원(慈光院): 나라현에 있는 임제종 대덕사파의 사원. 본존은 석가여래. 세키슈류(流) 다도의 시조인 가타기리 세키슈가 창건했다.
317 고노에 노부히로(近衛信尋, 1599~1649): 에도 전기의 귀족.

인 교쿠슈도 제자를 양성한 점에서는 실력자임에 틀림없으나, 같은 실력자라고 해도 고게츠나 다쿠안과는 좀 다르다고 할 수 있다.

그런 점에서 보면, 다쿠안은 그 방면의 당당한 실력자였다고 할 수 있다. 다쿠안은 정치가는 아니었지만 쇼군[318] 이에미츠[319]를 비롯한 많은 다이묘의 신임을 얻었고, 그 덕망은 에도 막부에서도 두터워 대덕사의 선(禪)은 다쿠안에 의해 에도까지 퍼졌다. 고게츠가 대덕사 가람을 재건했다고 한다면, 다쿠안은 대덕사의 선 그 자체를 흥성하도록 이끌었다고 할 수 있다. 각각 이런 의미에서 두 사람 모두 대덕사 중흥조에 해당한다.

다쿠안은 탄슈 이즈시[320] 출신인데, 집은 고게츠처럼 부유하지 않았으며, 야마나씨[321]에게 봉사하는 일개 무사의 자식으로 태어났다. 대덕사 제127세 주지 잇토 쇼테키의 법을 이어받아 남종사에 머무른다. 그 뒤 대덕사에 들어가는데 그 곳에 머문 지 겨우 3일 만에 하산하여 남종사로 돌아가 버렸다. 다쿠안은 스스로를 소승(小僧) 또는 시골 중이나 촌로라고 부르며, 일신의 영달을 바라지 않고 항상 청빈에 만족했다. 이윽고 그 후 남종사도 나와 고향

---

318 쇼군(將軍): 정이대장군(征夷大將軍)의 준말. 1192(建久3)년 미나모토노 요리토모(源賴朝)가 가마쿠라에 막부를 세우면서 정이대장군이 되고 나서, 정이(征夷)라는 사실과 상관없이 막부의 수장은 대대로 이 직위에 취임하게 되었다. 막부의 주재자로 병권(兵權), 정권(政權)을 장악한 자의 직명.

319 이에미츠(德川家光): 에도 막부 3대 장군(재직, 1623~1651년).

320 탄슈이즈시(但州出石)번(藩): 지금의 효고켄(兵庫県) 이즈시쵸(出石町).

321 야마나씨(山名氏): 일본의 귀족계급인 무가(武家)·화족(華族)이었던 일본의 씨족.

에 집 하나를 지어 옮긴 뒤 조촐한 생활을 했는데, 1627년 갑자기 대덕사 출가 사건[322]이 일어났다.

교쿠시츠의 법사 쇼인 소치[323]가 대덕사 제173세 주지로서 입주한 그 절차가 법도(法度)에 위반된다고 하여, 겐나시대[324]의 법도 이후 대덕사에 머문 자에게 자의(紫衣)[325] 승려복 입는 것을 소급금지하고, 그 인물들을 다시 조사하라는 막부(幕府. 바쿠후)의 통지가 있었다. 대덕사 승려들은 그 일의 중대성에 놀라 중론을 거듭했지만, 의견이 분분해서 다음 방안이 결정되지 않았다. 아무래도 다쿠안의 힘을 빌리지 않을 수 없는 사태가 되자, 다쿠안이 대덕사로 돌아와 교쿠시츠 및 고게츠 등과 상의하여, 대덕사 출가 의식은

---

322 대덕사 출가 사건 = 자의(紫衣)사건: 에도 막부가 성립하자, 사원 법도 등으로 절이나 신사에 대한 압박이 엄격해진다. 특히, 대덕사와 같은 유력한 사원에는, 금중병공가제법도(禁中並公家諸法度)에 의해 조정과의 관계를 약화시키기 위한 규제도 만들어졌다. 이런 법도에는, 종래 천황의 조직으로 결정된 대덕사의 주지직을 에도 막부가 결정한다고 하여, 천황이 하사한 자의(紫衣)의 착용을 막부가 인정하는 자에게만 한한다고 결정되었다. 1627년, 막부는 고미즈노오천황이 막부와 상의하지 않고 행한 자의 착용의 칙허에 대해서, 법도 위반으로 보고 칙허장을 무효로 해서 자의 징수를 명했다. 이에 반발한 다쿠안은 교토에 상경하여 교쿠시츠, 고게츠와 함께 대덕사의 승려들을 모은 뒤, 반대운동을 벌여, 1628년 항변서를 열거하여 막부에 제출했다. 이 운동이 막부의 명령에 거역하는 것이라고 해서 다쿠안 등은 죄를 묻게 되어 그 문책으로 1629년(寬永6) 에도에 소환되었다. 에도 성내(城內)에서 변론한 결과, 그 해 7월에 막부는 다쿠안 등을 유죄로 심판하여 다쿠안은 데와쿠니 가미노야마(出羽国上山)에, 또 교쿠시츠를 무츠구니 타나구라(陸奥国棚倉) 등으로 유형에 처했다. 이때 다쿠안은 57세였다.

323 쇼인 소치(正隠宗智): 대덕사 173세.

324 겐나시대(元和時代): 1615.7.3~1624.2.30.

325 자의(紫衣): (고승이 입는) 보랏빛 승려복으로 천황의 허락이 없이는 입을 수 없었음.

법도에 위반되지 않는다는 취지를 바쿠후에 알리며 항의했다. 그 항의의 결과가 교쿠시츠와 다쿠안의 유배형이었다.

다쿠안의 운명은 이 사건으로 인하여 뜻밖의 방향으로 바뀌었다. 그가 나중 사면되어 유배에서 돌아오자 예기치 않게도 장군 이에미츠(家光)의 후대를 받았는데, 마침내는 시나가와(品川)에 동해사(東海寺)가 새로 지어지고, 그 곳에 부임하여 살아야 되는 상황이 되었다. 출세간적이고 소박한 생활을 즐거움으로 삼고 있던 다쿠안에게 이러한 에도(江戶) 막부의 후대는 귀찮기 짝이 없었지만 어떻게 피할 도리가 없었다.

다쿠안은 진작부터 고보리 엔슈(小堀遠州)와 깊은 교류가 있었는데, 그런 인연 때문인지 동해사(東海寺)에 머물게 되면서부터는 종종 장군이 주최하는 다회에 초대되었다. 이에미츠(家光)는 다회를 즐겼던 것 같은데, 성안이나 성 외곽에서 또 시나가와(品川) 저택에서도 다회를 개최하는 일이 자주 있었다.

다쿠안은 차는 좋아했지만 다회 유흥은 싫어했고, 차가 사치스럽게 흘러가는 것을 은근히 우려해 이런 다회에 초대받는 것이 사실 달갑잖은 친절이었다. 다쿠안이 도키 요리유키(土岐賴行)[326] 앞으로 쓴 서간은 그의 다도관(茶道觀)을 단적으로 보여 주고 있는데, 그 내용은 다음과 같다.

---

326 도키 요리유키(土岐賴行, 1608~1685): 에도시대 전기의 다이묘, 창술(槍術)을 능히 다루는 사람.

다도는 천지중화(天地中和)[327]의 기운을 근본으로 치세안온(治世安穩)의 풍속이 되었다. 그러나 오늘날은 오로지 벗을 초대하는 모임의 매개물로 삼아 음식을 기분 좋게 먹고 마시는 데 필요한 보조수단으로 삼는다. 게다가 다실에 온갖 아름답고 진기한 명품을 갖추고 자신의 능란함을 자랑하며 다른 사람의 서투름을 조롱한다. 이 모두 다도의 근본이 아니다.

그러니까, 대나무 그늘 아래에 작은 다실을 갖추고, 수석을 모으고, 초목을 심고, 숯을 갖다 놓고, 가마를 걸고, 꽃을 꽂고, 차 도구를 장식하고, 모든 산천자연의 수석을 한 방으로 옮겨 춘하추동 설월화(雪月花) 풍경을 음미하고, 초목번성의 계절을 느끼며, 손님을 맞이하여 예경을 갖추고, 쏴쏴 부는 솔바람 소리를 차 끓는 가마솥 속에서 들으며 세상의 사념을 잊고, 졸졸 흐르는 위수(渭水)[328]를 한 국자 흘려서 마음 속 먼지를 씻어내니 바로 선경이로구나. 예의 본(本)은 공경이고 그 용(用)은 사물을 화합하게 하는구나. 이것은 공자가 예(禮)의 체용(體用)을 말하는 부분으로 즉 다도는 마음의 법이구나. 예를 들어 귀공자가 와도 그 교류를 담박하게 하고 아첨하는 일 없이, 또 나보다 아랫사람의 회석에도 경(敬)을 품으며, 게다가 불만 같은 것은 공중에 내뱉어버리고 웃으니 더욱 존경스럽

327 천지중화(天地中和): 중(中)이라는 것은 곧 하늘이 내려준 타고난 성품이며, 그 안에 천 번 변하고 만 번 화하는 이치가 들어 있고, 화(和)라는 것은 하늘에서 내려주시는 천도(天道)를 받을 수 있는 그릇을 말함. 곧 인간의 몸과 마음을 말하며 근본은 중(中)이고 화(和)는 그것의 드러남을 말함.
328 위수(渭水): 황하의 가장 큰 지류.

다. 가섭의 미소,[329] 증자[330]의 일유(一唯),[331] 진여세계의 현묘(玄妙)함[332]의 진미 등 말로는 설명할 수 없는 이치 등은 찻자리를 준비하는 것에서부터 다구를 갖추고, 예법과 음식 의복 등에 이르기까지 초라하지 않고, 아름답고, 오래된 도구로 마음을 새로이 하고, 사시풍경을 잊지 않고, 깨지지 않는 계를 지키고,[333] 가난하지도 사치하지도 않고,[334] 삼가 소원(疎遠)하지 않으니, 이것이 바로 진실한 다도라고 할 만하다. 이것에서 곧 천지자연의 온화함을 즐기고, 산

329 가섭의 미소: 이심전심(以心傳心), 염화시중(拈華示衆)의 미소, 선종의 기원.

330 증자(曾子, BC 506~BC 436): 중국 춘추시대의 유학자. 공자의 도(道)를 계승하였으며, 그의 가르침은 공자의 손자인 자사를 거쳐 맹자에게 전해져 유교 사상사에서 중요한 위치를 차지한다. 동양 5성의 한 사람.

331 일유(一唯): 공자가 제자들을 모아 놓고 "나의 도는 하나로써 일관한다[吾道一以貫之]."라고 말했을 때 다른 제자들은 그 말의 참뜻을 몰라 생각에 잠겼으나, 증자는 선뜻 "부자(夫子)의 도는 충서(忠恕)뿐"이라고 해설하여 다른 제자들을 놀라게 하였다.(夫子: 덕행이 높아 만인의 스승이 될 만한 사람, 忠恕: 스스로 정성을 다하며 남의 사정을 헤아릴 줄 앎) "子曰: 參乎! 吾道一以貫之。曾子曰: 唯(네)。"

332 진여세계의 현묘함(眞如玄妙): 진여(眞如)는 (梵)tathatā의 번역. 있는 그대로의 모습, 만물의 본체로서의 영구불변한 진리. 우주만유에 널리 존재하는 근원적인 실체, 법성, 실상. 현묘(玄妙)는 도리(道理)나 이치(理致)가 깊고 미묘(微妙)함.

333 깨지지 않는 계[대지도론 제22권: 깨지지 않은(不破) 계율]: 다섯 무더기 계[五衆戒] 가운데 네 가지 무거운 계(4바라이죄)를 제외한 나머지 무거운 계를 범한 것을 결함이 있다[缺犯]고 말하고, 나머지는 깨졌다[破]라고 말합니다. 또는 몸으로 죄를 지으면 결함이 있다[缺]고 말하고, 입으로 죄를 지으면 깨졌다[破]라고 합니다. 또는 큰 죄를 지으면 '결함이 있다'고, 작은 죄를 지으면 '깨졌다'고 말합니다. 여기에서 '다섯 무더기 계[五衆戒]'란, 계의 경중에 따라 처벌에 차이를 둔 다섯 가지를 말합니다. 즉 가장 무거운 죄인 바라이죄, 바라이죄 다음으로 무거운 승잔죄, 승잔죄 다음으로 무거운 파일제죄, 파일제죄 다음으로 무거운 파라제제사니죄, 그리고 마지막으로 비교적 가벼운 죄인 돌길라죄입니다.

334 가난하지도 않고 사치하지도 않고: 불빈불사(不貧不奢).

천목석을 화롯가에 옮겨 오행[335]을 갖춘다. 천지의 강물을 길러 그 풍미를 입으로 맛보니, 대단하구나. 천지중화의 기운을 즐기는 것은 다도의 근본이다.

또 『동해야화』[336]에서 이렇게도 말하고 있다.

고려와 당나라의 진기하고 기이한 도구, 애써 구해 이것을 사랑하는 것은 원래 인지상정(人之常情)이라, 나 이런 마음이 없기를 바라며, 귀공자와 교류하며 꽃 아래 달 앞에 회석을 마련하여 다향(茶香) 놀이로 나날을 보낼 생각 없으니, 한 칸의 모옥(茅屋)[337]에 종이를 엮어 시를 지으며, 한 벌의 무명으로 몸을 감싸, 중의 모습을 허물지 않은 채 생을 보내고, 죽음을 기다리는 것 외 다른 생각 있을 수 없구나. 그렇지만 또 물건의 좋고 나쁨을 모를 정도의 분별은 없지 않아, 잠시 눈을 즐겁게 하는 일은 있어도, 계속해서 애써 구하는 마음 없으니, 내가 얻을 수 있는 한 즐거움이구나, 애써 구하는 사람은 고(苦)로구나. 지금 어른께서 사람 있는 곳으로 나를 끌어내니 즐거움이 없구나.

다쿠안은 차는 천지중화의 기운을 즐기기 위해 있는 것이지 모

---

335 오행(五行): 우주만물을 이루는 다섯 가지 원소. 즉 금(金), 수(水), 목(木), 화(火), 토(土).
336 『동해야화(東海夜話)』: 수필 분야, 에도 전기, 작자는 다쿠안 소호(沢庵宗彭).
337 모옥(茅屋): 띠나 이엉 따위로 이은 허술한 집.

임이나 음식을 위한 것이 아니며, 다실을 훌륭하게 꾸민 뒤 진귀한 다기를 모아 차인인 체하기 위한 것이 아니라고 하면서, 그 당시 차의 모습을 비판하고 있다. 특히 『동해야회』에 보이는 문장에는, 성 안으로 초대되어 차를 대접받는 것은 성가신 일로, 자신은 차나 향 등의 놀이를 하며 세월을 보낼 생각은 없고, 그런 것에는 즐거움 또한 없다고 하고 있다.

"지금 어른께서 사람 있는 곳으로 나를 끌어내니 즐거움이 없구나."에서 말하고 있는 어른이란, 넌지시 쇼군 이에미츠(家光)를 가리키고 있음에 틀림없다. 다쿠안에 대한 이에미츠의 후의는 때로는 도를 넘어서 다쿠안을 구속하는 것에 가까웠다.

다쿠안은 실로 방대한 저서를 남기고 있다. 문화인으로서 지식인으로서의 학문 교양의 깊이와 폭을 생각해 볼 때, 이 당시의 선승 중에 아마 이 사람과 겨룰 자는 없을 것이다. 이 점에서는 고게츠조차 다쿠안보다 한 발 뒤처진 측면이 있다. 다쿠안은 여하튼 다재다능한 사람에게 있을 법한 취미 생활에 대해서, 그런 생활에 빠지는 것을 스스로 경계하고 반성하면서 이를 의식적으로 피했다. 다기에 대해 그 좋고 나쁨을 구별하는 안목은 충분히 갖추었으면서도 "물건의 좋고 나쁨을 모를 정도로 분별은 없지 않아, 잠시 눈을 즐겁게 하는 일은 있어도, 계속해서 애써 구하는 마음 없다."라는 것처럼, 취미로 그것을 완상(玩賞)하기는 하나 소장하려고 하지 않고 일시적으로 눈을 즐겁게 하는 것으로 만족했다.

고게츠는 명품을 감상하고 그것을 애장할 정도의 식견과 재력을 겸비한 사람이었지만, 굳이 그것을 소장하려고 하지 않았다. 다쿠안도 명품에 무관심했던 것은 아니었겠지만, 물건을 소유하는 애착을 물리쳤다. 그것은 다쿠안이 자신이 머문 절에다 자기 재력으로 명품다운 것을 하나도 남기지 않은 것을 봐도 알 수 있다.

다쿠안은 대덕사 개산의 300년 기일(忌日) 때는 만사를 제쳐두고 대덕사로 돌아갔고, 고가쿠 소코[338]의 백주년에는 대덕사의 대선원(大仙院)에 갔으며, 스승인 잇토 쇼테키[339]의 33주년에는 남종사에 돌아갔는 바, 그만큼 대덕사의 훌륭한 법등(法燈)에 대한 보은의 마음이 강했다. 1638년 잇토 쇼테키의 제사를 끝내고 남종사에 머물고 있을 때, 고미즈노오 상황의 부름으로 원(院)[340]에 올라가 원인론[341]을 강의했는데, 상황이 감탄을 하였고 그 후 머지않아 상황이 다쿠안에게 국사호(國師號)를 수여하겠다는 조칙이 있었다. 다쿠안은 이것을 고사하고, 다이토국사[342]의 뒤를 이은 대덕사 2세 텟토 기코[343]가 아직 국사호를 하사받지 않았으니 그에게 국사호를 추증해 주시기를 바란다며 스스로 받지 않았다. 다쿠안은 이런 됨됨이의 사람으로서 명품에 집착하지 않았을 뿐 아니라 명예

---

338 고가쿠 소코(古岳宗亘, 1465~1548): 주290) 참조.
339 잇토 쇼테키(一凍紹滴, 1539~1612): 주282) 참조.
340 원(院): 법황이나 상황이 정사를 보던 곳.
341 원인론(原人論): 중국 당나라 승려 종밀(宗密)의 저서. 『화엄원인론(華嚴原人論)』을 말함. 1권. 화엄종 종지(宗旨)로 인간의 기원을 고찰하며, 불교가 유교나 도교보다 뛰어난 이유를 설명.
342 다이토국사(大燈国師 = 宗峰妙超): 주144) 참조.
343 텟토 기코(徹翁義亨, 1295~1369): 가마쿠라~남북조시대 승려. 대덕사 2세.

도 집착하지 않았다. 대덕사 부흥은 고게츠와 같은 사람이 없었으면 불가능했으며, 또 다쿠안과 같은 사람이 없었더라도 할 수 없었다. 가람의 부흥도 큰 역사(役事)였으며, 선(禪) 그 자체의 부흥 또한 대사(大事)였다.

다쿠안의 차 세계를 보여주는 것으로서 그에게 『다구시가(茶具詩歌)』라는 제목의 희귀한 시가집이 있다. 다쿠안이 제대로 차에 대해서 서술한 것은 이 시가집밖에 없는 듯한데, 와카에 한시를 덧붙여 각각 26수로 되어 있다. 「이로리」[344]로 시작해서 「차호」로 끝나는데, 일단 「이로리」라고 제목 붙인 것을 들어보자.

숯 그늘 남과 북의 그 경계. 짙은 청색의 유리색 하늘이구나.

엄한에 잠에서 깨어나니, 눈이 쌓여 있네.

사촌사방(四寸四方)에 봄색이 재촉한다.

여덟 명의 벗이 이로리를 둘러싸고 앉아 있네.

이것이 온기이며, 친교구나.

숯은 이로리의 숯이며, 북과 남은 추위와 따뜻함을 말하는 것이 겠지. 26수의 제목만을 여기에 들어 보면, 「이로리」는 삼발이[345]를

---

344 이로리(囲炉裏): 방바닥의 일부를 네모나게 잘라내고, 그 곳에 재를 깔아 취사용·난방용으로 불을 피우는 장치.

345 삼발이: 일본어에서는 오덕(五德)이라고 하며, 발이 셋 붙은 쇠로 만든 기구. 화로의 재 속에 박아놓고 주전자, 냄비 따위를 올려놓아 음식물을 끓이는 데 씀. 이로리에서 요리할 때는 조리기구 등을 올릴 수 있는 갈고리[自在鉤]

노래하며, 이어서 풍로, 탁자, 부젓가락, 선반, 찻잔, 천목, 숙우, 뚜껑 받침대, 숯 그릇, 국자 걸이, 차선, 갈고리, 차시, 국자, 대추 모양 차호, 말차통, 다건, 차솥, 어깨가 올라간 모양의 차호, 아랫 부분이 넓은 차솥, 입구가 넓은 차호(大海), 줄무늬가 있는 차호(常陸帶), 조릿대 모양의 국자걸이(篠耳) 순으로, 마지막에 「차호」로 되어 있다.

여기서 주목해야 할 것은, 다쿠안은 다구의 일반명사를 열거하고는 있지만, 구체적으로 명기를 제시하고 있지는 않다는 점이다. 다쿠안이 차를 소양으로 삼기는 했지만, 명품 다구에는 구애받지 않았다는 것은 이것을 봐도 알 수 있다. 수많은 다쿠안의 저작을 봐도 겨우 한두 가지의 예를 제외하고는, 다기에 이름을 새겼다는 기록이 없고 이름을 새기는 것도 다쿠안은 좋아하지 않았다.

대덕사의 차에 대해 고게츠와 다쿠안을 대표로 들어 말한다면, 고게츠는 다기가 가지는 미적인 가치를 놓치지 않아 차를 아름다운 것으로 파악했으나, 다쿠안은 '천지중화의 기운을 즐기는' 것으로 인식하면서 차를 마음의 문제로 파악하고 있다. 차에서 이 양면을 제거해 버리면 다실의 차는 성립되지 않는데, 시대를 같이 하여 이 두 사람이 출현하여 차의 본연의 모습을 각각 결정적으로 표현하고 있는 것은, 대덕사의 차가 다도사(茶道史)에서 큰 위치를 차

를 이용하나, 주전자나 냄비 등이 커서 갈고리를 이용할 수 없을 때는 대신 삼발이를 사용하여 그 위에 조리기구 등을 올려 놓고 요리를 함.

지하는 만큼, 아주 흥미롭다 할 것이다.

대덕사의 차를 생각할 때, 이 두 사람 다음으로 주목해야 할 사람으로서 세이간 소이[346]를 잊어서는 안 된다. 세이간은 고게츠의 뒤를 계승하여 남종사에 머물렀는데, 다쿠안에게 뒤를 이을 후사(後嗣)가 없어서 다쿠안이 죽은 뒤 동해사의 2세 주지로 추대받아 그 곳에 기거했다. 교쿠시츠, 다쿠안, 고게츠가 죽은 뒤의 대덕사의 실력자였다고 할 것이다. 그 시기에 호소가와 타다도시[347]가 귀의하고, 사카이의 호상도 귀의했다. 세이간에게 『다회16개조(茶事十六か条)』[348]라는 저서가 있는데 이 책을 보면 세이간 당시에는, 대덕사가 다도계에서 지도적인 발언자의 위치에 있었다는 것을 알 수 있다. 그 16개조의 처음에,

만약 다도를 하는 사람은, 다이묘라면 다이묘에 어울리게, 권력이 있는 사람이라면 권력에 맞게, 또 와비차인이라면 와비차인에 어울리도록, 각각의 분수를 받아들이면 어떤 비난도 받지 않을 것이다. 다이묘, 권력자, 또는 와비를 즐기며 한거하는 사람, 각자 자신

---

346 세이간 소이(清巖宗渭, 1588~1662): 주238) 참조.
347 호소가와 타다도시(細川 利, 1586~1641): 에도시대 전기의 다이묘.
348 세이간 선사 다회16개조(『清巖禪師茶事十六ヶ条』)에 「다이묘 유력자의 차」라는 항목이 있는데, 쵸닌(町人: 도시 상인 계층)의 차에 대해 다이묘차라는 형태가 있다. 다이묘차라면 역대 도쿠가와 장군의 차 지도자였던 후루타 오리베(古田織部), 고보리 엔슈(小堀遠州), 가타기리 세키슈(片桐石州) 등 다이묘 차인의 다풍(茶風)을 가리키는데, 오리베에게는 색다른 성격이 있어 다이묘 차와는 성격을 달리한다. (다회의 마음가짐).

의 분수에 알맞게 머무른다.

라며, 분수에 맞는 차를 주장하고 있다. 신분에 상응하는 차여야 한다는 것인데, 이 시기에 이르러서 진정한 차가 행해지기 어려워진 생태를 한탄하고 있다.

　"요즘 진정한 차인이 드물다. 다도를 하면서 일대사(一大事)를 모르고서는 지금 진정한 다도가 되기는 어려운 것이다."라고 하면서, 차의 '일대사'라는 것을 말하고 있다. 세이간 스스로 이 일대사가 무엇을 의미하는가에 대해서는 말하지 않았으나, 차의 정신성을 강조하는 한마디라는 것은 이해할 수 있다. 만약 선과 차가 근본이 같다[一味]라는 것을 고려한다면, 선승으로서는 차의 정신면을 중시해서 논하는 것이 자연스런 방향일 것이다.

　세이간은 이처럼 차의 일대사를 말하면서, 천성적으로 미에 대한 뛰어난 감식안도 가지고 있었는데, 이 사람만큼 차의 미를 마음의 문제로 끌어들이고자 노력한 사람은 드물다. 그러한 노력을 너무 의식적으로 강조하여 약간의 거부감도 생기지만, 세이간이 남긴 서적을 보면 그런 거부감 속에서도 그 노력에 쏟은 고심의 정도는 크게 인정할 만하다.

　세이간보다 약간 늦게 등장한 사람으로 고세츠(江雪), 고운(江雲), 스이간(翠嚴) 등이 있으며, 또 교쿠슈(玉舟), 덴시츠(天室)[349] 등

349　덴시츠(天室, 天室宗竺, 1605~1667): 에도시대 전기 승려, 대덕사 190세.

도 있는데, 각각 대덕사에 입주하거나 남종사 혹은 동해사에 머무르며 대덕사의 선(禪)에 무게를 두었지만, 대덕사의 차 또한 계승한 인물들로 평가된다. 족자로서 묵적이 중시되고 유행해 간 풍조 속에서, 이들은 소위 '다실에 걸어 두는 족자'로 불리는 필적을 써서 남기고 있다. 대덕사의 차가 족자와 떼려야 뗄 수 없는 관계가 된 것은, 세이간 이후 이런 사람들에 의해 시작된 것으로 보인다. 대덕사의 차 문화를 이런 관점에서 살펴보면, 또 다른 입장에서 논할 필요가 있을 것이다.

색인

* 이 색인은 각주에 나오는 용어에 대한 색인임. 본문에 등장하는 차, 초암다실과 관련된 용어를 각주에서 자세히 설명했음.

연표(年表)

*『초암다실의 미학』에 나온 연표를 정리함.

헤이안시대(平安時代: 794~1192)

헤이안쿄(平安京)가 정치·문화의 중심지인 시기로서, 일본의 궁중 귀족 문화가 찬란한 꽃을 피운 시대.

가마쿠라시대 이후의 무가시대(武家時代)에 대비해서 왕조시대(王朝時代)라고도 함.

〈헤이안쿄(平安京)는 지금 교토시(京都市)의 중심부로, 당시의 수도였으므로 경(京)을 붙임.〉

가마쿠라시대(鎌倉時代: 1192~1333)

가마쿠라에 막부(幕府, 바쿠후)가 설치되어 막부가 정치의 중심이 된 시기.

미나모토노 요리토모(源賴朝, 1147~1199)가 가마쿠라 막부를 연 1185년을 기점으로 하기도 하지만, 미나모토노 요리토모가 1192년 정이대장군(征夷大將軍)에 부임하면서 막부가 확립되었으므로, 1192년을 기점으로 삼기도 한다.

〈가마쿠라(鎌倉)는 도쿄와 인접한 가나가와현 남동부에 소재하는 시(市).

정이대장군(征夷大將軍) : 헤이안시대 초기에는 이민족 토벌을 위해 파견된 장군을 뜻했으나, 미나모토노 요리토모 이후는 막부의 정권과 병력을 장악한 자의 직명.〉

무로마치시대(室町時代: 1336~1573)

1336년 아시카가 다카우지(足利尊氏, 1305~1358)가 겐무 정권(建武新政: 1333~1335)을 쓰러뜨리고 정권을 잡은 때부터 오다 노부나가(織田信長, 1534~1582)에게 멸망될 때까지의 시대.

정치적으로 혼란을 거듭하였으나, 문화적으로는 찬란한 일본 예술의 꽃을 피움. 이 시기에 일본 고유의 다도, 꽃꽂이, 수묵화 등의 전성기를 누렸으며, 단순하고 엄격한 일본 건축이 발달함.

일본의 왕조가 남조(南朝)와 북조(北朝)로 나뉘어 대립하던 남북조시대(南北朝時代: 1336~1392)를 시대상으로 분리하기도 하나, 넓게는 이 시대도 무로마치시대에 포함시킨다.

〈겐무 정권(建武新政: 1333~1335)은 고다이고천황(後醍醐天皇, 1288~1339)이 가마쿠라 막부를 쓰러뜨리고 교토로 돌아와서 다시 집권을 한 2년간의 정권을 말함.〉

센고쿠시대(戰国時代: 15세기 후반~16세기 후반)

무로마치시대 말기인 15세기 후반부터 16세기 후반까지 일본

각지의 다이묘(大名)들이 군웅 할거하여 서로 다투던 시대. 1467
년 오닌의 난(応仁の乱)이 계기가 됨.

아즈치 · 모모야마시대(安土桃山時代: 1573~1600)

센고쿠 시대 말기 오다 노부나가(織田信長, 1534~1582)와 도요토
미 히데요시(豊臣秀吉, 1536~1598)가 혼란한 사회를 통일하여,
집권하던 시대의 명칭.

1573년 아즈치성(安土城)에 기거하던 오다 노부나가가 무로마치
막부를 축출하였으므로 '아즈치'라는 이름이 붙여졌다.

오다 노부나가 사후 1582년부터 도요토미 히데요시가 집권하던
시기를 특히 모모야마시대라고 지칭함.

에도시대(江戸時代: 1603~1867)

1600년 세키가하라 전투(関が原の戦)에서 승리한 도쿠가와 이에
야스(徳川家康, 1542~1616)가 에도(江戸)에 막부를 연 때부터 15
대 도쿠가와 요시노부(徳川慶喜, 1837~1913)가 메이지(明治) 천
황에게 정권을 돌려준 때까지의 시기를 지칭함.

이후를 메이지시대(明治時代: 1868~1912)라고 한다.

역자 후기

감사의 마음으로 맺으며

이 책의 원본을 손에 쥔 지 10년을 훌쩍 넘겼다. 한 책이 세상에 나온다는 것이 참으로 큰 작업이며 큰 인연이라는 것이 그간의 인고(忍苦)의 세월과 인연들을 되새겨 보면 가늠이 된다.

한 학승이 대학원 논문 준비로 필요하니 번역을 해 주었으면 하고 이 책을 내밀었는데, 한 학기 수업도 끝난 2009년 12월, 초암다실의 미학을 파헤치는 저자의 글을 따라가다 보니 마치 선수행의 안내라도 받는 듯이 어느새 마음의 평정을 얻을 수 있었던 기억이 있다. 이 책을 건네주신 영광스님께 감사를 드린다.

전체 12장으로 구성된『초암다실의 미학』은 그 뒤 동국대학교 인도철학과 교수이신 김호성 교수님의 주관으로 발행되는『일본불교사공부방』에 10회(2015~2022)에 걸쳐 연재되며 번역 출판의 긴 세월을 버텨오게 된다. 연재를 통해 초발심을 잃지 않고 나 자신의 마음가짐을 다잡을 수 있도록 군건한 받침대를 놓아 주신 김호성 교수님께 감사를 드린다. 야나기 무네요시(柳宗悅)의『나무아미타

불(南無阿彌陀佛)』(모과나무 간행) 강독부터 『처음 만난 관무량수경』(동국대학교출판부)에 이르기까지 불도(佛道)의 길을 안내해 주신 교수님께서 추천사까지 흔쾌히 적어 주셨다. 정진의 롤 모델인 김호성 교수님께 감사를 올린다.

본 번역서의 출판을 위해 고인이 되신 후루타 쇼킨(古田紹欽) 선생님의 아드님인 후루타 신에(古田信衛)님과 수십 통에 걸친 문자와 서류를 주고받으며 대한해협을 사이에 두고 약 1년여를 보냈다. 잘 챙겨 주신 덕분에 세심한 계약서가 체결되었고, 코로나19 사태에 몸조심을 당부한다는 따뜻한 배려의 글을 받기도 했는데, 인연이 닿게 된 후루타 신에님께 감사를 드린다.

번역은 어려웠다. 내용면에서도, 고어체 문장 면에서도. 이 원문을 처음부터 끝까지 꼼꼼히 읽어 보며 고어체 문어(文語)에 도움을 준 츠노다 레이코씨(角田玲子, 오차노미즈お茶の水 대학 박사과정 수료. 당시 수료 상태였는데, 지금은 박사학위를 취득했는지 나의 불찰로 확인을 하지 못했음)에게 마음 깊이 감사를 드린다.

상업용 출판이 판치는 세상에 '부처님 말씀'을 세상에 전하고자 불교학술서와 불교경전 등을 외곬으로 출판하는 민족사는, 대표이신 윤창화 선생님이 『당송시대 선종사원의 생활과 철학』, 『선불교』 등의 저자이며 일본 문화에도 깊은 안목이 있으신데, 윤창화 선생님께서 이 책의 출판을 맡아 주셔서 한없는 영광이며 깊은 감사를 드린다.

결혼하며 한평생 세 분야의 석사와 박사논문을 마치느라 분주히 살아온 아내를 묵묵히 산처럼 지켜보고 챙겨 준, 올곧은 나의 도반이며 반려자인 노태환님께 한없는 고마움을 느끼며 감사를 드린다. 딸 은정, 아들 영수, 그리고 논문과 번역의 힘든 와중에 태어났지만 우리에게 큰 웃음과 찐한 행복을 안겨준 손녀 성은이와 사위 박찬성에게도 감사하다.

한 줄기 서늘한 바람이 머릿속을 관통한다. 마무리되어 다행이라는 안도감이 생긴다. 긴 장정(長程)이었다. 그럼에도 이 긴 번역의 길을 걷게 한 것은 내 영혼을 숨쉬게 하고, 나 자신을 되찾고 싶고 마음이었다. 『초암다실의 미학』은 나의 본래면목을 맑히는 글이었는데, 하루의 번역은 하루 절을 참배하는 것과 같다고 스스로 위안 삼았다.

끝으로 차와 선을 주제로 자작(自作)한 시 한 수를 옮기며 하심(下心)의 마음으로 글을 맺는다.

차茶와 선禪

이현옥

흰 찻잔 녹차 잎 푸름을 물들이니
나와 너 경계가 어느 결 사라지고

담박하고 은은하며 묘하게 머무노니
있는 듯 없는 듯 묘유(妙有)의 향(香)이로다

둘 아닌 색향미(色香味)로 영혼을 맑혀 주니
홀연히 나타난 선(禪)의 자태이런가

저자 약력

후루타 쇼킨(古田紹欽, 1911.5.22.~2001.1.31.)

일본의 불교학자. 기후켄 야마가타시(岐阜県 山県市) 출생.
도쿄제국대학(東京帝国大学) 문학부 인도철학과 졸업. 홋카이도대
학(北海道大學) 교수, 일본대학(日本大學) 교수, 하나조노대학(花園
大學) 객원교수 등을 역임.
일본의 불교학자로 불교와 선을 사상적 측면에서 폭넓게 연구. 대
학시절에 인도철학이나 불교 관계에 대해 너무 난해한 강의를 들
은 자신의 경험에 비추어 현대인도 알기 쉬운 언어로 불교를 해
설하는 것으로 정평이 있음. 불교학자 스즈끼 다이세츠(鈴木大拙,
1870~1966)를 스승으로 모셨으며, 스즈끼 다이세츠의 사후(死後)
마쯔가오카 문고(財團法人 松ヶ岡文庫)의 운영(文庫長)을 이어받음.
문학박사. 저서로는 『古田紹欽著作集』(全14卷, 講談社, 1980~81
年), 『日本仏教思想史』(角川書店, 1960年), 『正法眼蔵随聞記』(訳
著, 角川文庫, 1960年) 『仏教と文学』(創文社, 1973年), 『茶の湯とは
何か－禅と茶との間－』(禅文化研究所, 2000年) 등등 다수.
후루타 쇼킨 기념관(古田紹欽 記念館)이 기후켄 야마가타시에 있
음.

이현옥(李鉉沃)

현재 대구가톨릭대학교 강의교수.

이화여자대학교 불어교육학과, 연세대학교 대학원 불어불문학과 졸업, 석사. 일본 토호쿠대학(東北大學) 대학원 연구생, 고려대학교 대학원 일어교육학과 석사. 동덕여자대학교 일어일문학과 대학원 문학박사. 동국대학교 불교대학원 차문화콘텐츠학과 석사.

『CAMUS 희곡작품에 나타난 여성연구』(1985), 「시마자키 도손의 『집(家)』 고찰」(1997), 「시마자키 도손(島崎藤村)의 근대성」(2002), 「『천우학』 고찰—가와바타 야스나리의 禪과 마계」(2016), 「다치하라 마사아키의 『겨울의 유산』에 나타난 선불교의 변용」(2019), 「(전업주부의) 심리적 스트레스 감소를 위한 차명상 프로그램의 개발」(2023) 등 논문 다수.

동덕여자대학교, 건국대학교, 동국대학교, 대구가톨릭대학교 등에서 강의하며, 포교사와 차인으로 활동 중임.

초암다실의 미학
-차와 선의 만남-

초판 1쇄 인쇄   2024년 1월 5일
초판 1쇄 발행   2024년 1월 15일

저자   후루타 쇼킨(古田紹欽)
역자   이현옥
펴낸이   윤재승

주간   사기순
홍보   윤효진
영업관리   김세정

펴낸곳   민족사
출판등록   1980년 5월 9일 제1-149호
주소   서울 종로구 수송동 58번지 두산위브파빌리온 1131호
전화   02-732-2403, 2404
팩스   02-739-7565
홈페이지   www.minjoksa.org
페이스북   www.facebook.com/minjoksa
이메일   minjoksabook@naver.com

ISBN 979-11-6869-046-2   03100

값 22,000원

- 이 책 내용의 전부 또는 일부를 재사용하려면 반드시 저작권자와 출판사의 서면 동의를 받아야 합니다.
- 잘못된 책은 구입한 서점에서 바꿔 드립니다.